人物でよむ
西洋社会福祉のあゆみ
室田保夫 編著

ミネルヴァ書房

はしがき

　2011（平成23）年3月11日，東日本大震災が勃発し，大海嘯の発生は多くの尊い生命と生活の手段さえ奪っていった。その瞬間にいたるまでは何の変哲もなく，人々は日常の生活を営んでいたのである。それが一瞬のうちに消失するという大惨事を誰が予想しえたのか。大自然という脅威のエネルギーに驚く以外，如何なる瞬時の対応をすべきか，そのすべを我々はもたなかった。さらにそれに伴う福島原発の事故は，人類の文明への危機として受けとめられた。我々が築いてきた文明と科学は果たして正しかったかどうか，根本的に考えていかなければならないという反省を迫られており，それは地球という小さな星に住む人類の課題でもあるのだ。

　ところでこのニュースは一瞬のうちに全世界を駆け巡った。そして日本への支援のメッセージは全世界からとどいた。まさに地球の裏側においても映像をともないながらリアルタイムに伝わっていったのである。2～3世紀前なら考えられないことである。このような世界中に張り巡らされたネットワークの発達は，もちろん地球という存在を小さなものにしていく。グローバル時代とも称されているが，そうした世界的な空間の共有化にもかかわらず，世界には自然災害だけでなく多くの課題が山積している。しかし世界的な空間の共有化は，即，矛盾の解決と結びつくものではない。現代社会において，各地にはまだ紛争が絶えないし，テロ活動や宗教の対立，戦争，貧困問題，病気，差別，虐待，暴力，そして自然災害といった課題は山積している。21世紀といった一見，高度文明社会にありながらも，そうした根本課題は地球上からなくならないし，平和への希求は続いていく。我々は人類の未来を明るいものと信じていくしかない。

　これまで『人物でよむ近代日本社会福祉のあゆみ』（2006）と『人物でよむ社会福祉の思想と理論』（2010）を多くの人の協力のもとで上梓してきたが，中心は日本であった。この視野を世界，とりわけ西洋に広げ，国際的な視点で福祉を見るとき，如何なる事実と真実が確認できるであろうか。それはこれら地域の国々にも様々な歴史があり，その中で種々の福祉活動が展開されてきたし，今後も展開されていくであろうということは容易に想像できる。そしてこれらの活動は世界中の各

地域において地下水脈のように流れているということであり，その精神は伏流として存し，各地で噴出している。こうした人類の福祉や平和を求める活動によって，人々は幸福な人生に一歩ずつ近づけていけるのである。

　もちろんその事実を限られた人物で理解するというのは至難の業であることはいうまでもない。まして30人程度の人物で語れるはずがない。しかし本書はさしあたり西洋を中心にして，人類の福祉に貢献した人物をあげて，少しでもかかる課題に近づけてみることを意図しての上梓である。また本書は人物の顕彰でも，まして偉人伝を目指したわけではなく，福祉に携わったユニークかつ代表的な人物を取り上げ，彼らの生き様と業績，思想を振り返ってみたものである。長い時間的歩みと世界という空間からみれば，小さな「点」にすぎないが，彼らの先駆的な業績は後世に残しておかなければならない福祉を学ぶものの遺産でもある。

　世界の中，とりわけ西洋に限定しても30人程度を選ぶということは，時代的にもまた地域的にもきわめて大きな限定を余儀なくされる。しかしさしあたり密林にブルドーザーで道を切り拓くような気持ちでもって本書を構想し，構成した。このことは人道，博愛にかける人物像，社会との対決をした人々，また地の塩として生きた人々，非常にユニークでまた素晴らしい人々の群れとの出会いの場でもある。かかる人々が華やかな人生ではなく，まさに「世界の良心」「福祉の先駆者」「社会変革の旗手」「平和の聖人」として形容される生き様を後世の我々に残してくれたのは，まさに「福祉の世界遺産」なのかもしれない。人間という等身大の眼をとおして，社会改良や変革，人権，平和，差別の撤廃，社会的弱者への共感，そして生存の意味を突きつけ，実践していった人々の生き様を是非ともよみ解いてほしい。21世紀に生きる我々の勇気と指針になれば望外の幸いである。

　最後に今回の上梓にあたってもこれまでと同様，多くの執筆者の方々に1章を7頁に簡潔に執筆していただいた。深甚から感謝申し上げます。なお，用語については執筆者の表現を尊重しつつ可能なかぎり統一性を持たせた。この企画は最初の本を出した時から，読者の要求もあり漸く実現したものである。今回も今井小の実先生，倉持史朗先生には協力を給わった。また，ミネルヴァ書房の音田潔氏には本著の企画の段階から出版までお世話になった。記して感謝申し上げたい。

2013年7月4日

　　　　　　　　　　　　　　　　　　　　　　　　　　編者　室田保夫

目　次

はしがき

序　論　歴史と人間，そして福祉……………………………………………1
　　　　　1　はじめに／2　近代以前／3　近代へ／4　国家と救貧／5　資本主義社会の形成と社会問題／6　近代の「光と影」／7　社会問題の解決／8　世界の福祉をみる視点／9　福祉への視点と福祉をよむこと／10　戦争，災害，科学そして人間／11　結びにかえて

第Ⅰ部　慈善・社会事業の時代

〈時代的背景〉……………………………………………………………………18

第1章　ジョン・ハワード——監獄改良運動の創始者………………………24
　　　　　1　出生から青年期／2　監獄の中へ／3　監獄改良の展開／おわりに

第2章　トマス・チャルマーズ——隣人愛による社会実験…………………31
　　　　　1　生い立ち——不真面目な青年チャルマーズ？／2　宗教家としての回心——大病克服と隣人愛による救済への決意／3　グラスゴーにおける貧民救済実践——コミュニティの回復に向けて／おわりに——チャルマーズの貢献と限界

第3章　ジョージ・ミュラー——神の恵みの証としてのブリストル孤児院…38
　　　　　1　その誕生から聖書知識協会の創設まで／2　ブリストル孤児院の創設と発展／3　国際的伝道活動と石井十次への影響／おわりに

第4章　ルイ・ブライユ——点字の父…………………………………………46
　　　　　1　幼年時代／2　点字の発明／3　完成した点字／4　点字の認知／おわりに

第5章 ヨハン・ヒンリッヒ・ヴィヘルン……………………………………53
　　　　——ラウエハウス，ヨハネスシュティフトの創設者
　　　　1　「ハンブルク下町のフランチェスコ」の誕生／2　ラウエハウスの創設／3　「インネレ・ミッション」の提唱／4　エファンゲリッシェス・ヨハネスシュティフトの創設／5　ヴィルヘンの歴史的意義／おわりに

第6章 ウィリアム・ブース——救世軍の創始者……………………………61
　　　　1　その誕生と救世軍の創設／2　救世軍の展開／3　『最暗黒の英国とその出路』をめぐって／4　晩年のウィリアム・ブース——日本との関係／おわりに

第7章 F. E. C. ウィラード——アメリカにおける矯風運動の指導者………68
　　　　1　生い立ちから教員時代まで／2　禁酒運動へ／3　活動の多様化／4　ウィラードの著作と晩年の活動／おわりに

第8章 ファーザー・ダミアン——ハワイ・モロカイの聖者………………76
　　　　1　神父への道／2　ハワイ・モロカイ島へ／3　モロカイの聖者として／4　ダミアンの晩年と死をめぐって／おわりに

第9章 オクタヴィア・ヒル——居住環境改善のパイオニア………………83
　　　　1　その誕生と都市住宅問題への関心／2　住居管理事業の展開／3　COSのメンバーとして／4　活動の展開／おわりに

第10章 バーネット夫妻——トインビー・ホールの設立者…………………90
　　　　1　バーネット夫妻について／2　トインビー・ホールを設立するまで／3　トインビー・ホールの設立と活動の展開／4　バーネットと慈善事業，教会／おわりに

第11章 チャールズ・ブース——イギリス社会調査の創始者………………97
　　　　1　その誕生とロンドン貧困調査まで／2　ロンドン貧困調査／3　ラウントリーの貧困調査／おわりに

目　次

第12章　エレン・ケイ……………………………………………………104
　　　──女性・児童福祉へ影響を与えたスウェーデンの思想家
　　　　1　ケイの生涯／2　ケイの時代のスウェーデン／3　ケイの母性保護思想──『児童の世紀』・『恋愛と結婚』から／4　日本への影響／おわりに

第13章　トーマス・ジョン・バーナード………………………………112
　　　──児童救済事業のパイオニア
　　　　1　その誕生とドクター・バーナード・ホーム前史／2　ドクター・バーナード・ホームの誕生／3　ドクター・バーナード・ホームの事業活動／おわりに

第14章　レオン・ブルジョワ──社会連帯主義の現代的意義…………119
　　　　1　政治の舞台へ／2　社会連帯主義／3　国際的連帯へ／4　日本の社会事業への影響／おわりに

第15章　ジェーン・アダムズ──セツルメント運動のリーダー………126
　　　　1　生い立ちからハル・ハウス開設まで／2　ハル・ハウスでの社会事業実践／3　平和・女性運動家としてのアダムズ／おわりに──アダムズと日本

第Ⅱ部　社会福祉の時代

〈時代的背景〉……………………………………………………………134

第16章　ウェッブ夫妻──ナショナル・ミニマムの提唱者……………140
　　　　1　夫妻の生い立ちとパートナーシップの開始／2　初期の業績／3　「救貧法および貧困救済に関する王立委員会」における活動とその後の訪日／4　晩年の政治への傾倒／おわりに

第17章　ヘレン・ボーザンケット………………………………………147
　　　──1909年王立救貧法委員会多数派報告書の主要な執筆者
　　　　1　COSの活動／2　ヘレンの『家族』／3　多数派報告書の論点と主張／おわりに

v

第18章　M. リッチモンド──ソーシャル・ケース・ワークの母……………155
　　　　1　リッチモンドの原風景／2　COSの総主事／3　ケースワーク論の構築／おわりに

第19章　アリス・ザロモン──ドイツ福祉職を創出するフェミニスト……162
　　　　1　前半生──「より良き社会」「女のための福祉」を目指して／2　後半生──ヨーロッパ大陸型教育モデルの提示／3　なぜ,「基礎のない一輪の自転車にのっている日本社会事業界」との欠陥が指摘できたのか／おわりに──フェミニストたる生き方への回帰

第20章　ヤヌシュ・コルチャック──子どもの権利の尊重………………169
　　　　1　コルチャックの生きた時代／2　コルチャックの福祉実践と思想／3　コルチャックの死／おわりに

第21章　ウィリアム・ベヴァリッジ──自由を実現する統制的な手段……176
　　　　1　青年期の転職／2　ベヴァリッジ報告／3　完全雇用と市民社会／4　住宅政策と世界平和──究極の安全に向けて／おわりに

第22章　ヘレン・ケラー──障害を乗り越えて……………………………183
　　　　1　誕生, サリヴァン先生, そしてラドクリフ・カレッジ／2　社会的活動をめぐって／3　岩橋武夫とヘレン・ケラーとの邂逅, そして来日／4　戦後のヘレン・ケラー, そしてその晩年／おわりに

第23章　ヘレン・ハリス・パールマン──ソーシャルワークの先駆者……191
　　　　1　その誕生とソーシャルワーカーとしての出発／2　ソーシャルワーカーへの道／3　問題解決理論をめぐって／4　現代のソーシャルワーカーたち, 思想家たちへのバトン／おわりに

第24章　リチャード・ティトマス…………………………………………198
　　　　──ソーシャル・ポリシーの「3つのモデル」
　　　　1　出自と若き日の保険会社での勤務／2　LSEへ／3　保健サービスへの関心／4　ソーシャル・ポリシーの「3つのモデル」／5　日本への影響／おわりに

目　次

第25章　ウィリアム・シュワルツ──相互援助の思想と実践……………205
　　　　　1　シュワルツの経歴と「相互援助の思想」の形成／2　「相互援助の思想」とグループワーク／3　媒介機能とソーシャルワーク理論としての展開／おわりに

第26章　マーティン・ルーサー・キング・ジュニア………………………212
　　　　　──公民権運動の指導者
　　　　　1　天職の道へ／2　モントゴメリー・バス・ボイコット／3　公民権法制定までの道のり／4　非暴力を礎に／5　非暴力運動を世界に／おわりに

第27章　ホイットニー・ヤング………………………………………………220
　　　　　──公民権運動とソーシャル・アクションの指導者
　　　　　1　黒人の生活向上のために／2　NUL事務局長として／3　To Be Equal をめぐって／4　ヤングのソーシャル・アクションとは／おわりに

第28章　N.E.バンク-ミケルセン──ノーマライゼーションの父 ………227
　　　　　1　生い立ち／2　ノーマライゼーションの誕生と実践・普及／3　ノーマライゼーションの意味／4　ノーマライゼーションの理念の発展と日本への貢献／5　社会福祉実践思想への貢献／おわりに

第29章　エド・ロバーツ──自立生活運動の父として生きた人生…………234
　　　　　1　障害を受けたことと学生生活改善運動／2　自立生活運動の展開／3　世界的な自立生活運動の必要性／4　エド・ロバーツの思想／おわりに

第30章　マザー・テレサ──貧困者・病者への愛と祈り……………………241
　　　　　1　修道女として生きる／2　貧しい人々に捧げる人生／3　ノーベル平和賞と来日／4　マザー・テレサの思想／おわりに

人物史年表　249

各人物の活躍した時期　258

vii

人名索引　259

事項索引　261

〈コラム〉
 1.　音楽と社会福祉実践——ヴィヴァルディの活動　45
 2.　ビスマルク　60
 3.　「孤児列車」（Orphan Trains）　75
 4.　ミュルダール夫妻　111
 5.　アガサ・クリスティと里親制度　154
 6.　アメリカにおけるフィランソロピー　190
 7.　JFKの時代，アメリカの夢そして正義　219

《写真出典一覧》

[第Ⅰ部] 扉絵：川名隆史ほか『路上の人びと――近代ヨーロッパ民衆生活史』（日本エディタースクール出版部，1987）
第1章 ジョン・ハワード，ハワード，J．／湯浅猪平訳『監獄事情』（法務大臣官房司法法制調査部『法務資料』377号，1962）／『監獄事情』（初版）の目次：矯正図書館所蔵
第2章 トマス・チャルマーズ，当時のトロン教区の様子：http://www.newble.co.uk/chalmers/photowallet.html，2012年3月11日アクセス
第3章 ジョージ・ミュラー，アシュリー・ダウンの五つの施設：（Müller House, Bristol 所蔵）
第4章 ルイ・ブライユ，ルイ・ブライユが開発した点字：大河原欽吾『ルイブライユの生涯――点字の発明とその普及』（日本ライトハウス，1970）
第5章 ヨハン・ヒンリッヒ・ヴィヘルン：北海道家庭学校所蔵／ラウエスハウス（1836年当時）：Johann Hinrich Wichern Sämtliche Werke herausgegeben von Peter Meinhold (Bd. 4. Teil 1-2). Schriften zur Sozialpädagogik: Rauhes Haus und Johannesstift, Lutherisches Verlagshaus, 1958-1959.
第6章 ウィリアム・ブース，市長公舎前のブース大将の葬列：「救世軍日本開戦100年記念写真集編集委員会」編『救世軍日本開戦100年記念写真集』（救世軍本営 テッド・モーリス，1997）
第7章 F. E. C. ウィラード：http://www.wctu.org/，2011年12月14日アクセス／1905年にアメリカ国会議事堂内彫像ホールに据えられたウィラードの彫像：サラ・F・ウォード『フランシス E ウィラード――女性たちの代弁者』アンカークロス出版，2009）
第8章 ファーザー・ダミアン，ダミアンの墓石：『ダミアン――ダミアン神父帰天百周年記念誌』（イエズス・マリアの聖心会，1989）
第9章 オクタヴィア・ヒル：www.canonsociaalwerk.eu，2012年3月31日アクセス／現在のパラダイス・プレイス：執筆者所蔵
第10章 バーネット夫妻：http://www.toynbeehall.org.uk/，2013年6月5日アクセス／現在のトインビー・ホール，執筆者所蔵
第11章 チャールズ・ブース：http://booth.lse.ac.uk/，2012年6月7日アクセス
第12章 エレン・ケイ：http://www.britannica.com/，2012年5月16日アクセス／エレン・ケイの死亡記事，執筆者所蔵
第13章 トーマス・ジョン・バーナード，現在の Barnardo's の様子：Barnardo's 所蔵
第14章 レオン・ブルジョワ：http://www.nobelprize.org/nobel_prizes/peace/laureates/1920/，2013年7月30日アクセス／*Solidarité* 表紙：http://classiques.uqac.ca/classiques/bourgeois_leon/solidarite/solidarite.html，2013年7月30日アクセス
第15章 ジェーン・アダムス：http://www.uic.edu/depts/lib/specialcoll/services/rjd/jamc.shtml，2013年3月16日アクセス（Copyright © 2011 The Board of Trustees of the University of Illinois.）／子どもたちに語るアダムス（ハル・ハウスにて）：http://www.swarthmore.edu/library/peace/Exhibits/janeaddams/addamsindex.htm，2013年3月16日アクセス（Swarthmore College Peace Collection）

[第Ⅱ部] 扉写真：マーティン・ルーサー・キング・ジュニアと公民権運動，Getty Images
第16章 ウェッブ夫妻：Seymour-Jones, C. *Beatrice Webb-Woman of Conflict*, Allison & Busby, 1992／ウェッブ夫妻の墓石：執筆者所蔵
第17章 ヘレン・ボーザンケット：Lewis, J. *Women and Social Action in Victorian and Edwardian England* (Edward Elgar, 1991)／ロンドン・スラム街のある家族（1901年）：Yapp, N. *gettyimages 1900s* (Könemann, 2001)
第18章 M. リッチモンド，家庭訪問に備える人々：HISTORY of Social Work (http://www.

historyofsocialwork.org/，2013年3月20日アクセス)。
第19章　アリス・ザロモン，ベルリン女子社会事業学校（1914年頃）：Alice-Salomon-Archiv der ASFH Berlin.
第20章　ヤヌシュ・コルチャック，コルチャックと子どもたち（L. ベルファー画）：近藤康子『コルチャック先生』（岩波書店，1995）
第21章　ウィリアム・ベヴァリッジ：National Portrait Gallery, London／大恐慌時の職業紹介所：Look and Learn Ltd
第22章　ヘレン・ケラー，東京会館での歓迎会：岩橋武夫編『ヘレンケラー――アルバム』（主婦の友社，1948）
第23章　ヘレン・ハリス・パールマン：Pearlman, H. H. *PERSONA : Social Role and Personality*, The University of Chicago Press, 1968／*Social Casework* 表紙，執筆者所蔵
第24章　リチャード・ティトマス：http://www2.lse.ac.uk/library/archive/holdings/social_policy.aspx，2013年4月20日アクセス／LSE の外観：http://ja.wikipedia.org，2011年12月19日アクセス）
第25章　ウィリアム・シュワルツ：Berman-Rossi, T. ed. *Social Work : The Collected Writings of William Schwartz*, F. E. Peacock Publishers, Inc., 1994
第26章　マーティン・ルーサー・キング・ジュニア：dpa／時事通信フォト／大群衆を前に演説するマーティン・ルーサー・キング・ジュニア（1957年5月17日）：Getty Images
第27章　ホイットニー・ヤング：The Atlanta University Center Robert W. Woodruff LIBRARY 所蔵／現在のアトランタの黒人街（オーバー街）：執筆者所蔵
第28章　N. E. バンク-ミケルセン，知的障害者施設を訪問（社会福祉局長の頃）：花村春樹 訳・著『「ノーマリゼーションの父」N・E・バンク - ミケルセン 増補改訂版』（ミネルヴァ書房，1998）
第29章　エド・ロバーツ：チャワ・ウィリグ・レビイ／全身性障害者問題研究会訳『自立生活運動人物史』（自立生活研究・研修センター叢書）カンザス州立大学自立生活研究・研修センター，1990年／カリフォルニア大学州立大学バークレー校サウザーゲート（正門）：執筆者所蔵
第30章　マザー・テレサ，激務の合間をぬって愛の手を差しのべる（「死を待つ人の家」にて，1995年8月22日）：片柳弘史 s. j. 写真・編訳『愛する子どもたちへ――マザー・テレサの遺言』（ドン・ボスコ社，2001）

序　論

歴史と人間，そして福祉

1　はじめに

　気の遠くなるような宇宙という空間でビッグバンの結果，地球が誕生したのは40数億年前であり，その過程で様々な生物が生まれた。そしてヒト，人類の原型である猿人が誕生したのは数100万年前とも言われている。今，その地球には約70億の人々が暮らしており，今世紀末には100億に達するとも予測されている。人間が生まれ死んでいくという繰り返しの中で，悠久の時間が流れ，地球という限られた空間には無数の人々の生の営みが存在している。地球上で人々が定住生活に移行し，共同生活を営むことによって比較的安定的な生活を送ることが可能となった。こうした人々の長きにわたる暮らしの営みを通して，現代が存在することをまず確認しておこう。

　それは人間という存在を理解する大きな鍵でもあるのだ。我々は「福祉」を論じていくとき，その背景となった時代，社会や国家とともに「人間」という存在を意識していかなければならない。人々の生活史（生存史），あるいは福祉の歴史を把握しようとするとき，時には長期的スパンに立って，現在を確認することも必要である。すなわち過ぎ去った時間と来たるべき時間の一点に，我々の「今，ここ」が存することの確認である。そして人類が文明を創造し，文化を保持しながらその歩みを始めたのは，人類史からみればきわめて浅い歴史でしかない。さらに我々がここで対象とする近代は，せいぜいこの数世紀にすぎない。悠久の歴史からいうとほんの一瞬なのである。

　本書は近代西洋社会における福祉の展開を背景に，その時代に活躍した著名な人物を取り上げ，その生き様を紹介する。しかしここでの西洋は紙幅の関係からも，世界で最初の産業革命を遂げたイギリスやヨーロッパ諸国，そしてアメリカという国に限定せざるを得なかった。また，近代に限定したのは，福祉としての

何らかの制度や仕組みが近代特有の有り様と深くかかわっているからである。しかし一握りの人物像を描いて西洋の福祉の歩みを，それも限られた国や地域で叙述するということは，不可能であることは承知している。「はしがき」にも記したように，さしあたり「密林にブルドーザーで道を切り拓くような気持ち」でもって本著を構想した。1人の人物の生涯とその歩みという歴史の「点」が「線」になり，そして「面」になるには，ほど遠いかもしれないが，中国の故事(『淮南子』)に「一葉落ちて天下の秋を知る」という言葉があるように，知的興味と想像力をもって小さな出来事から，可能なかぎり，ことの本質に接近していってほしい。

この「序論」では近代西洋の歴史を背景にして，福祉に影響を与えた思想や哲学にふれながら，西洋の福祉の流れと本著の刊行の意図を簡単に述べておきたい。もちろん紙幅の関係もあり，産業革命をいち早く為し遂げ，近代社会を現出させたイギリスにスペースを多く割いている。他の国や地域についての歴史的展開や特徴については，第Ⅰ部，第Ⅱ部のそれぞれの「時代的背景」を参照されたい。

2　近代以前

多様な人間の福祉を追求する営みは古代社会から存してきたことはいうまでもない。家族や地域といった親密圏，公共圏において人々が集団生活をし，共同体の中で生を営むとき，自然発生的な助け合い，相互扶助が生まれるものである。そして次第に掟や約束事が形成されていくことになる。また宗教との関係も密であり，古代ユダヤ教，仏教，キリスト教，そしてイスラム教のような世界宗教が勃興し，人として生きる精神的糧が与えられてくることになる。その意味で西洋においてはキリスト教の聖書が説く「愛」や律法，隣人愛，慈善（カリタス）といった思想は普遍性をもって広範囲に広がっていくことになる。古代の代表的な神学者としてアウグスティヌス（354～430）が登場するが，キリスト教との関係は西洋の社会福祉をみていくときの一源流である。

こうしたヘブライズムの流れと，一方，都市国家ポリスの形成から発展していったギリシャを中心に展開されるヘレニズムにおいては，宗教に依拠しないロゴスが重視されていく。奴隷制度を基盤としながらも，人間重視の哲学が伝統と

して生まれた。ソクラテスやプラトン，アリストテレスらによって，理性でもって認識していく主体の探求が追求されていった。たとえばその一人アリストテレスは『ニコマコス倫理学』において，正義や博愛，共通善，そして人間の幸福とは何か，といったことをすでに論究している。

中世社会はローマカトリックの影響が大きく，人々は生活から政治にわたってその規範に左右されていた。その代表例が13世紀のトマス・アクィナスの『神学大全』であり，これによって人間とキリスト，そして神学の関係が説かれた。中世はカトリック中心の社会であったが，神学だけでなく教会との関係性の中でカリタス論，慈善の考え方が流布していった。またキリスト教界の秩序はヨーロッパ社会の現出でもあり，福祉の歴史からいえば，教会を中心にしたカトリック慈善事業の開花期であった。一例をあげれば13世紀初頭，イタリアのアッシジで清貧生活に甘んじ，修道会を設けてキリスト教伝道や慈善事業を展開した聖フランチェスコの業績や生き方は有名である。しかし概して中世は宗教が政治と結びつき，権力化した構造となっていた。そして贖罪としての慈善行為が広範に行われた。また中世の都市においては商人がギルドを形成し，市場，行政へのかかわりとともに，その組合員内の福祉活動も展開することになる。

11世紀末から13世紀末まで十字軍の遠征を敢行したローマカトリック教会は財政的に困窮をきたし，経済的支援のために免罪符を乱発した。こうした形式的な教会の活動やその在り方に対して，ドイツではルターが16世紀初めに教会批判を展開する。当然，教会の儀式としてもあった喜捨の行為は非難された。そして彼は有名な著『キリスト者の自由』を刊行する。15世紀から17世紀にかけて，中世的秩序は徐々に崩壊していく。16世紀初め，ルターやカルヴァンらによって宗教改革の狼煙があがり，各国においてローマ教会への批判が展開され，プロテスタント教会が勃興する。ルネッサンス期，人間復興の時代，そして近代へと時代は進んでいくことになる。

3 近代へ

近代は人間が主役に躍り出た時期と称されている。宗教改革によって神の従属物たる人間から，たとえ神を意識しようとも人間の主体性を取り戻すことであっ

た。この流れには多くの転換が必要である。経済的には産業革命の登場であり，政治的には自由や自然権，民主主義，社会契約説等々が提唱された。哲学に眼を転じると，代表的な哲学者の一人デカルトが，有名な「我思う故に我有り」(Cogito ergo sum) と唱導したように，人間が考える主体として登場することになる。それは「信仰」によってではなく，考える主体としての「われ」(自己)の獲得であった。彼の代表作に『方法序説』(1637) がある。フランシスコ・ベーコンも哲学を人間それ自身の探求のためのものであることを経験論として提唱していった。またこの時期，ガリレオ・ガリレイ (1564〜1642) が登場し近代科学の基礎をつくった。こうした時代的背景のなかで，17世紀，政治哲学者のトマス・ホッブスが『リヴァイアサン』(1651) を刊行する。ホッブスはこれまでの価値体系であった教会に代替するものとして，国家の力を説いたのである。

18世紀になるとカントがあらわれ，哲学それ自体を人間自身の探求の対象として位置づけ，人間の理性や道徳に関心を払っていった。すなわち人間に存在する「悪」を超越するためには「道徳律」が必要であり，国家間の「戦争」をなくすための平和を追求した。また先のホッブスや J. ロックによって人権，自然権の思想が登場する。近代西洋社会は神の一元的支配から解放され，ホッブスの自然権の考え方，あるいはロックの抵抗権や革命権といった政治思想，さらにルソーらによって社会や国家との契約を結ぶことにおいて，主体としての人間が据えられていった。そして，ベンサムは「最大多数の最大幸福」と功利主義を唱えていった。功利主義の考え方は，その後 J. S. ミルが1861年に『功利主義』(*Utilitarianism*) を著しているが，彼の特徴は『自由論』(*On Liberty*) で展開したように，物質的な幸福の追求のみならず人間の内面的な「自由」を探求していった点である。かくして功利主義の考え方は福祉政策と密接な関係を有していくことになる。

4 国家と救貧

これまで近代の流れにつき瞥見してきたが，ここでイギリスの救貧法 (Poor Law) の歴史を若干論じておくことにしよう。16世紀になって救貧法が登場するが，既述したようにそれ以前はキリスト教会の役割が大きく，また慈善やギルド

といった組織をとおして自発的に貧困者への救済が行われていた。西洋の思想，とりわけイギリスにおいては16世紀中葉から，貧困者や孤児，社会から逸脱する人々を包摂していく救貧思想が登場し，救貧に関する法律がいくつか制定される。そして1597年法（Act for the Relief of the Poor）で結実し，1601年に有名なエリザベス救貧法として展開されていくことになる。それはまた国家の貧困政策としての性格を有するとともに，貧民管理・治安政策の一環でもあった。具体的にそれは教区を単位とし，貧民監督官が実際の業務にあたった。労働可能な貧民，無能力貧民，児童をその対象にし，それぞれに強制労働，扶養，徒弟奉公を対策として規定したのである。

しかし教区と貧民の所属をめぐる軋轢が生じ，定住法（1662）が制定される。さらに救貧法の不備を補うために，ギルバート法（1782）やスピーナムランド制（1795）等の法を定めた。そしてその間隙を埋めるようして，私的な慈善事業や博愛事業，そしてボランティア活動，また協同組合といった自主的な活動が展開されていったのである。概して救貧法の思想は人々の権利から要求されるものでなくあくまでも国家行政からのアプローチであった。

この救貧法は1834年の新救貧法（New Poor Law）まで続いた。新しい法は，同年に提出された「救貧法調査王命委員会報告」に基づき実現したが，17世紀初頭以来の救貧法の大改正であった。その背景には資本主義経済の発展による社会変化への対応がある。具体的には教区の整理，貧民管理の行政機関の改革，ワークハウス中心の救貧策となっている。そして救済水準を最下級の労働者以下としたが，この法律は第二次世界大戦後の1948年の国民扶助法の成立まで続いた。

かかる救貧法はイギリスだけではなく，ドイツやスウェーデンといった国々でもみられるものであるが，文化や政治の相違から内容も違っていたことはいうまでもない。ここでは近代にかけて貧困の課題に国家が介入し，政治の課題として展開させていくことになるということを確認しておくにとどめる。すなわち，換言すれば公的な国家福祉の在り方が民間や企業福祉，協同組合，福祉のボランティアや団体・組織といった様々な福祉を生んでいくことになる。

5　資本主義社会の形成と社会問題

　産業革命（Industrial Revolution）は，18世紀から19世紀にかけイギリスにおける工場制機械工業による生産の一大変革と，それに付随する社会変革を意味している。産業革命によって，これまでの農業中心社会から資本主義経済を中心とする社会への大変革を遂げることとなる。近代都市が生まれ，生活様式の大変革が現出した。一方，そこには近代的「貧困」の課題が浮上する。福祉への眼差しは愛他的に発露されながらも，他者に対して時には排他的かつ差別的に展開されていった。しかし換言すれば，それが近代という時代であり，その過程が近代化である。そして18世紀中葉に『国富論』の著者であり，近代経済学の祖と呼ばれるアダム・スミスが登場する。一方，彼は『道徳感情論』（Theory of Moral Sentiments）を著わすが，結果として他者との「同感」（sympathy）以上に経済行為が大きなウエイトを占めてくるようになる。つまり自由主義経済の発展こそが，近代の大きな課題，貧困の解決に貢献するものであると認識されていた。こうした考え方はさらにマルサスが18世紀末に『人口論』を著わし，人口増加と食糧供給の差が貧困問題を必然的に生み出し人口過剰状況を招来し，救貧法などによる社会改良の無意味さを指摘したことにも窺える。また，1858年にはサミュエル・スマイルズが『自助論』（Self Help）を著わし，自助・自立の精神を説いたが，それは近代国家による福祉政策の貧困を支えるものであり，個人が責任をもつという哲学であった。

　18世紀末から19世紀初めにかけてドイツ哲学界においては，ヘーゲル（1770～1831）が登場する。この時代はドイツ帝国の成立するときでもあり，この国家としての意味づけを行ったのがヘーゲルでもあった。彼は『法の精神』（1821）を上梓し，個人と国家の問題を，主観的精神，客観的精神，そして絶対精神という概念を駆使し，弁証法的に説明していった。そこでは個人の課題は最終的に国家に止揚されていくことになる。彼は市民社会における「社会」の役割の中の一つに福祉の領域（「福祉行政」ポリツァイ）を置くことを考える。しかし個人の福祉の課題は，ややもすれば国家至上主義となっていく。それは宰相ビスマルクが社会保険時代を築いた時代背景と合致する。そしてドイツはその後の展開において

「社会国家」として，福祉国家の先駆的なものを形成していった。

一方，貧困問題は福祉の歴史においても最大の課題であるが，資本主義を根底的に批判する社会主義や共産主義の考え方が登場する。すなわちマルクスやエンゲルスによって科学的社会主義が構想されるに至る。エンゲルスの『イギリス労働者階級の状態』(1845) やマルクスの初期哲学や経済草稿，『共産党宣言』(1848) にみられるように，史的唯物論でもって人間疎外への取り組み，資本主義を否定し新しい社会を歴史の必然性として語られていった。そして『資本論』第１巻 (1868) が刊行された。かかる考え方は1917年，ロシアにおいて初めて実現し，東欧諸国に拡大していった。社会主義国ではその国家理念が誕生することによって，従来の民間の自主的な慈善事業や組織，団体等は国家によって収斂されていき，それへの評価はネグレクトされてきた。

こうした社会主義思想の影響を受け，イギリスにおいては19世紀後半から20世紀にかけてフェビアン主義，キリスト教社会主義といった志向を背景に社会改良運動が展開されていく。またフランスにおいては，個人のアトム化への批判，人々の強い絆と連帯を志向した社会連帯思想が社会学者のレオン・ブルジョアやデュルケームによって唱導される。そうした状況は近代の矛盾，貧困問題や社会問題に如何に向き合うかという共通項の結果であろう。それが具体的には，資本主義，社会主義・共産主義との関係で，慈善や博愛，社会事業，社会改良主義，体制変革の社会主義社会といった戦略が描かれることになる。その背景には資本主義経済の展開とその矛盾としての貧困，労働問題，社会問題の顕現がある。そこには近代社会の「光」と「影」が存在した。その近代の産物としての社会問題（生活問題）は奈辺に存し，誰が如何なる方法でもって解決していこうとしたのだろうか。

6　近代の「光と影」

歴史をみるとき常に想い浮かべるのは，社会と人間の織りなす「綾」の面白さであり，人の生き様の「妙」であり，そして人間として生まれた意味の探求，達成感と無念さであろうか。ここで19世紀中葉，イギリスで誕生し，本書（第６章）でも取り上げた救世軍（The Salvation Army）という一キリスト教派についてみておこう。救世軍は特異なキリスト教団体で，政治的なものでは決してないが，そ

の活動の性格から，近代が生み出した団体と考えられる。

　救世軍の誕生期，19世紀中葉は「世界の工場」として誇った輝かしいヴィクトリア期の繁栄時代から大不況期（Great Depression）を迎え，慢性的な不況に陥っていく。国家政策として救貧法はあったけれども，失業や貧困は社会問題化し，一方で労働運動や社会主義，社会改良運動が展開されていった。かかる状況を背景にして，救世軍はキリスト教派でありながら「近代の光と影」すなわち，「近代の影（暗黒）」の部分に積極的に光を当てていこうとして誕生した。そしてそれを理論化する著として19世紀末にウィリアム・ブースの『最暗黒の英国とその出路』(In Darkest England and the Way Out) が刊行された。ここでブースは「沈められた10分の1」(The submerged tenth)，つまり「失われた人々」「見棄てられた人々」「排斥された人々」といった300万人に及ぶ落魄した民の実態とともに，彼らの精神的かつ物質的救済策を披歴している。それはスタンレーが描破したアフリカの未開社会の暗黒と同様，文明国・イギリスの「最暗黒」の存在とそれに光を当てる試みであり，一方で当時の慈善事業，救貧法（Poor Law）体制への批判的視点を持った広大な社会的スキームであった。そして世界各国に伝道と社会事業が併せ持って展開されていくことになる。救世軍の活動には第一義としてのキリスト教伝道とともに，実際の社会へのかかわりにおいて公共性も存在したのである。

　こうした視点は19世紀のロンドンにおいて，ヴィクトリア朝の繁栄とその陰に光を当てたヘンリー・メイヒューの『ロンドンの労働者と農民』(London Labour and the London Poor) やケロウ・チェズニーの『ヴィクトリア朝の下層社会』(The Victorian Underworld) が描写するところであったし，小説家チャールズ・ディケンズ（Charles Dickens）の『オリヴァー・ツイスト』『クリスマスキャロル』といった社会小説が時の福祉政策を批判しながら，近代の裏社会を暴露した。

　一方，C. ブースや S. ラウントリーによる科学的な社会調査によってその実態が白日のもとに晒されていった。前者はロンドン調査『ロンドンの人々の生活と労働』(1889) を，そして後者はヨーク市の調査『貧困――都市生活の一研究』(1901) を発表したのである。こうして，ロンドンという大都市だけでなく，地方の都市も貧困やスラムといった資本主義社会の影の部分が科学的に実証されていった。かくして貧困問題，労働問題，都市問題といった社会問題の課題が一般化し，「近代の影」の部分が国家や政治の課題として認識されていった。

序　論　歴史と人間，そして福祉

7　社会問題の解決

　このように近代が醸し出した社会問題や生活問題を如何に解決していくか，これは人々の権利要求とともに，為政者が政治的課題として取り組んでいかなければならないものでもあった。かつ民間の人々が己の問題として自発的に対処していったものでもある。その方法は国や地域によって一律ではなく，またその主体も国家，家族，公共団体，会社，民間の慈善事業と多様な展開がなされていく。
　イギリスでは，既述したように17世紀の初頭に救貧法が制定され，この体制は19世紀の救貧法改正を経て，20世紀中葉まで続いていくことになる。かかる時代状況を背景にして1869年に連絡統制機関としての慈善組織協会（COS）が設立された。これはドイツのエルバーフェルトシステムとともにソーシャルワークの原点となっている。また従来からボランティア活動や慈善事業が展開されてきた伝統をもつが，国家の責任に視点が置かれると，その歴史は19世紀，20世紀と連続して，国家政策を補完，補足する意味合いでもって認識された。しかし市民社会の成熟によって，市民自らが新しい組織，NPOやNGOといった団体を創設し，福祉政策の運営をはかっていった。そうしたものは組合活動や企業での互助組織にも窺える。これらの活動にはボランティア精神や自助，共助の考え方が大きな力となっている。
　さて，ここでアメリカ社会に眼を転じておこう。アメリカは17世紀以来，多くの移民によって成り立った国であるといえる。そこには自助と自立という精神が伝統的に確立され，コミュニティ精神も横溢していた。また多くの慈善施設や病院，感化施設が創設されていった。そしてイギリスで勃興したセツルメントの展開はハル・ハウスの創設者，J. アダムズの事業と思想に影響を与えた。
　また，既述したCOSは時を経ずしてアメリカに移入され，それはソーシャルワークへと発展し，20世紀をとおして個別的な対人援助活動が行われていくようになった。具体的にその理論化に貢献した一人が「ケースワークの母」とも称されたM. リッチモンドである。彼女は1917年に『社会診断』（*Social Diagnosis*）を著し，個別援助技術を理論化・体系化をしていった。そして1922年には『ソーシャルケースワークとは何か』（*What is social case work?*）を著した。アメリカ社

9

会においては建国以来，移民の課題が重要な課題となるが，アメリカで醸成した自立の思想とプラグマティズムはより合理的な解決方法を生み出していく。そこには心理学も影響した。20世紀の偉大な科学者の一人にフロイト（1856～1939）がいる。社会を動かす要因としてマルクスが経済の課題にアプローチしたのと反対にフロイトは人間の無意識の領域に注目し，その考え方は心理学のみならず哲学，社会福祉等の発展に貢献した。かくてアメリカにおいてその援用を経て，20世紀にソーシャルワークが発展していくことになる。

　アメリカは自動車産業や鉄鋼業等をとおして経済大国となっていったが，1929年，大恐慌を経験し，ニューディール政策のもと，社会保障法（Social Security Act）が制定される。そして戦前からのアメリカの大きな特徴としては，カーネギーやロックフェラーといった企業家による社会貢献の活動やキリスト教会，人々の自発的なボランティア活動を見逃すことはできない。また1960年代からの公民権運動の流れは，人種問題，選挙制度へのアプローチ，かつ支援活動として展開され，現在もマイノリティーの権利擁護の活動として脈々として受け継がれている。

　一方，イギリスでは1942年の「ベヴァリッジ報告」が，第二次世界大戦後「ゆりかごから墓場まで」という福祉国家（welfare state）の政策につながることになる。この福祉国家という概念はファシズム期における「戦争国家」（warfare state）に対峙する概念として登場した。社会主義社会に対抗するものでもあった。さらにスウェーデン，デンマーク，フィンランドらの北欧福祉国家の形成がみられた。またドイツにおいては「社会国家」という概念が登場し，福祉国家形態と連動していくことになる。またフランスでは社会連帯思想に立脚し，国家と民間との連携の中で施策が展開されていった。しかし国家の行政機構として硬直した福祉国家像よりも，民間の様々な活動を組み込んだ視点が必要であろう。

　福祉政策や福祉サービスは国家政策だけでなく，多様な主体のなかで運営され，行われており，その複合，重層化した中に福祉の現在があるのである。国家にしろ，公共にしろ，はたまた私的な慈善やボタンティア活動であっても，その一つ一つの尊い実践には，それなりの意味があり，未来に続くものである。歴史はそれを見逃してはならない。もちろんそれには歴史全体の中での位置づけが必要である。

8　世界の福祉をみる視点

　既述したように現代はグローバル社会であり，地球規模の視点が必要である。それは世界が共有する普遍的な視点である。民主主義や人権の思想はとりわけそれが未熟な社会において，その実現に向けて努力していく必要があることはいうまでもない。

　それとともに，福祉においてはその国の特殊性あるいは，これを特質と表現してもいいが，その国が独自に築き上げてきた文化的基盤，伝統，土着性を無視すべきではない。言語も違い，生活様式，宗教，政治等々多くの国家間，民族間には差異が存在する。そしてその国独自な歴史と文化，価値観がある。いわば「福祉人類学」的発想が必要である。その意味からも今回はその対象としていない東欧や南欧，ロシア，そしてアジア，アフリカ，南米，豪州等への視点も重要な課題としていかなければならない。

　歴史を学ぶ意味は現代を相対化していくことにも通じる。西洋を知ることの意味は，西洋を相対化することでもある。また西洋と一口にいっても多くの国家や民族が存在し，それぞれ特有の宗教・文化を保持している。ひとつの福祉の制度や思想が他国に伝播していくとき，純粋培養されていくのではなく，そこにある文化や土着性，歴史を看過することはできない。あるいは各国・各地域にはそれを受け入れていく土壌，素地が存在する。かかる点をふまえ，福祉の普遍性や価値なるものを追求していく視点が重要である。

　たとえば日本との関係についてふれておくことにしよう。鎖国制度から解き放たれた近代日本は，「西洋芸術」として多くの技術を移入してきた。それは文明化された西洋への「遅れ」への認識であり，資本主義化であり，いわゆる近代化であった。その近代の展開のなかで日本は失っていったものも多い。その国が他国の文化を受容するとき，ヒントになるものとともに，その根底に存在する文化を意識していくことは当然である。内村鑑三が近代日本とキリスト教を論じるとき，「Jesus」（イエス・キリスト）とともに「Japan」（日本）の「二つのJ」があることを指摘した。常に日本という意識を念頭においていたことは，異文化に接触した時の受容の普遍的態度であろう。

また，本書で取り上げた人物のなかにも直接日本を訪れ，インパクトを与えた多くの人がいる。明治時代のJ. ミュラー，W. ブース，ウエッブ夫妻，そして大正期のJ. アダムズ，昭和期のヘレン・ケラー，最近においてはマザー・テレサらである。さらに日本人が直接外国での視察や調査，あるいは重要人物と直接出会うことにより影響を受けることもあり，また接触がなくとも文献をとおしてその人物に私淑する場合も多々あることはいうまでもない。他国のものはその国の文化的土壌の上に形成されたものであり，またそれを移入するとき，受け入れる文化的基盤や伝統を考慮していかなければならない。そして文化受容は受け入れる側の主体的な判断が必要である。でなければグローバル社会の本当の意味が喪失していくし，いかなる内発的な発展もないであろう。いわゆる「グローカル」な視点である。

9　福祉への視点と福祉をよむこと

　福祉という領域は人間が生きていく上において，その人が歩む人生，誕生から死に至るまで，とりわけ「メイクシフト」(makeshift)，「生存」（権）といった根本的な領域にかかわってくることはいうまでもない。したがって我々が福祉の歴史を語るとき，生活や生きることの本質的な課題に向き合っていく必要があろう。それはもちろん他者への眼差しとともに，己の生き様にもつながってくる。人は人と交わりながら生きていく。他者の幸・不幸を意識するかしないかは別にして，支え，支えられながら生涯を送っていくのである。そしてそれは宗教に依拠した名もなき無私の実践の場合も多い。科学的認識に依拠した行為と実践かもしれないし，また一方，社会や国家変革を目指した人々の行動であるかもしれない。そしてその実践は献身・奉仕といった特別な行為でなく，人間として当たり前の行為なのかもしれない。

　たとえば本書で取り上げたハワイの孤島でハンセン病患者に奉仕したファーザー・ダミアンの無私の福祉活動は，神父としての当たり前の行為であった。また，それは人間の生活や生存までも脅かされた人への当然の行為であった。キング牧師が黒人差別に立ち上がったのも人として生きる行為が不当なる環境の中にあることへの抗議であった。その背景には差別や貧困があることはいうまでもな

いが，それを見過ごすことができない思想の発露が出発点であったことを考えておく必要がある。

　J. ハワードからマザー・テレサまで，ここで取り上げた人の多くは福祉の先駆者，パイオニアとして評価される人々である。時として宗教的信念のもと，信仰に駆られた行為であったし，また現実の悲惨な状況から社会や国家に働きかけ，法や制度の実現，世論形成に努力していった。ちなみに最後に取り上げたマザー・テレサは活躍の舞台が主にインドであるが，マケドニアに生まれ，カトリック信者であり，その原点がアイルランドのロレット修道会ということもあり，30人の中の最後に加えた。いずれにしろ生きることを疎外されてきた人々を支援することによって，彼らの生きることの意味を見出していく人生の在り方をもよみ解いてほしい。また，その際には他者の生涯への共感にかかわり，よりよき社会や国家形成へと関わったユニークな人々の魂の群れを，時代と地域を背景によみ解いていっていただければとも思う。人々は歴史の中で生まれかつ生存し，生活を営むという当たり前の連続性のなかに存在するものである。歴史とは人々の生活が過去から現在，そして未来に受け継がれていく時間を表象するものであり，また宇宙の中の小さな星に住む人類の永劫の営み，かつよりよく生きていこうとする人類の叡智の営みであるといえるからである。

10　戦争，災害，科学そして人間

　こうして近代西洋の歴史を紐解いてみて，また限定した一握りの人物をとおして世界の福祉の一端を覗いてみても，同じ人間に生まれながら，幸福に生涯を全うする人がいる中で，あらためてそれを享受できない多くの人が存在していたことを思わざるを得ない。そして今も社会や国家政策の不十分な状況下で貧困や病気などで苦しんでいる人が何と多いことか。さらに人類の歴史をみる時，戦争という悲惨な現実に直面する。もちろんこれは，人類誕生以来の人間の悪と国家との，そして政治の課題でもあり，たとえばカントが『永久平和のために』(1795) を著わしたように，平和や非戦の大切さを思わざるを得ない。状況の困難な背景となっているものにこの戦争という問題が横たわっていることにも気づかされる。本書で取り上げた第二次世界大戦のナチスの課題に接近しても，ヤヌシュ・コル

チャックの生き様，またマザー・テレサといった人物も背景に戦争を意識していかざるを得ない。戦争の際に大量殺戮が行われ，また戦争ゆえに障害者，孤児，家庭崩壊等々が引き起こされたことはいうまでもない。

戦争という国家の政治的帰結とともに，科学や経済優先の結果，その対策の不備があったりするが，それはまさに人間のなせる業の結果でしかない。そして，スリーマイル島 (1979)，チョエルノブイリ (1986)，日本のフクシマ (2011) 等での原発事故を考えるとき，近代科学と人間の存在そのものとの関係を根本的に考えていかなければならない課題である。それは近代の優生思想や医学と倫理との整合性を問うていく作業とも連動して，地球規模で人類の課題，福祉の根本的な哲学に据えていく必要がある。もちろん社会科学においてもそうした課題は存在する。

たとえば20世紀の偉大な社会哲学者カール・ポランニーは『大転換』以来，市場社会のなかでの「人間の自由」の課題を追求してきた。それは経済という近代の歩みのなかで「社会」という課題に向かい合うこと，換言すれば「人間」の疎外の問題，すなわち経済と倫理（道徳）の課題と関連する。この追求は経済という大情況の中に，社会や個人個人がもつ価値観があり，「市場」に嵌め込まれた社会からの文化や道徳といった主体的な人間存在の復権にほかならない。

ニュートン以来の近代科学はその発展の陰に，多くのものを犠牲にしてきたことも事実である。ポストモダンの旗手フーコーは人間が社会や国家によって馴致されていく存在として捉えた。また構造主義思考の系譜は西洋の文明社会重視の思考方法から解きほぐし，文化の多様性を指摘し，近代科学への批判を展開し，サルトルの実存主義やハイデッガーやヤスパースによって，「原存在」としての人間への理解が提起されていった。それらは歴史哲学や社会福祉，人間の生きる価値論とも関連する。

11　結びにかえて

以上の論点には我々が何を価値として歴史をみていくかという問題，何を普遍的価値としていけば未来はあるのか，といった課題が網羅されている。あらゆる学問の出発点がおそらく人間の幸福の追求という課題が背負わされているし，お

そらく社会福祉学のみならず，歴史学や経済学もそうであろう。人間が生きるという，そして当たり前に生を全うするというところに原点があるはずであるし，それが疎外されているところに福祉の出発点がある。したがって人間の歴史において，生まれ死にゆく人間が果たして満足して己の生を営んだか，何のいわれもなく不幸に貶められたのではないか，そしてそれを救う手段が講じられていなかったのではないか，といったことである。そしてそれは誰が責任を持つのかといった現実的かつ哲学的課題でもあるのだ。現代的な視点から言えば，「国家」の安全保障よりも，そこに住む人間一人一人の生存，生活を保障した「人間の安全保障」(human security) は普遍的なキーワードであろうし，世界共通の普遍性をもったものである。したがってそれは人々の公共性の創造につながるものである。

またこの課題は「人間の価値」が「自由」や「平等」とともに，「生活」や「生存」という最低限の価値がその中でも特に優先される社会への希求を生じさせる。「福祉倫理」や「共通善」に関する議論は「正義」論としても展開されていく必要があるだろう。加えて，「可傷性」として我々自身の他者への共感という課題も福祉の原点である。来たるべき社会や国家の在り方の実現のためには人間の精神の豊かさを信じていくことが必要である。そしてそれへの道は過去の反省的方法の中で，ヒントを吟味していくことも大切である。畢竟，人間が人間という感性と自由の主体性を以て，知恵を出し合いながらよりいいものを構築していくしかないのだろう。

[室田保夫]

第Ⅰ部
慈善・社会事業の時代

ロンドンの救貧院の男子収容者用の寝室

I　慈善・社会事業の時代

■□ 時代的背景 □■

　この第I部では，18世紀後半から主として19世紀に活動を展開した社会事業（慈善・博愛事業）の人物の事跡をたどる。それぞれの人物の活動や思想，彼らが関わった社会事業関係の諸制度は当時の社会状況や経済体制などと決して無関係ではなく，往々にして深い関係性を有している。

　そこで本論では，初期近代から市民革命や産業革命などを経て近代社会へ向かう西洋諸国の時代状況をふまえ，社会事業に関係する諸制度の動向や上記人物の活動を概説したい。

1　16世紀から18世紀

▌時　代

　中世においては，ローマ教皇を頂点としたキリスト教（カトリック）が，ヨーロッパ各地のすみずみに至るまで聖俗両面に強い影響力をもっていた。しかし，イギリスやフランスなどでの王権の伸長や，16世紀前半に起こった宗教改革によってその支配力は大きく低下していった。17世紀に入ると新旧キリスト教の対立は各地で紛争を巻き起こし，イギリスではいち早く市民革命を迎えた。一方で長く続く異常気象と食料生産高の低下，黒死病（ペスト）の蔓延など同世紀のヨーロッパは「全般的危機」の時代であった。大きな社会不安の中で「魔女狩り」が横行したのもこの時期である。また，絶対王政下のイギリスなどでは重商主義政策のもとで新大陸（北アメリカ）進出もこの時期に本格化し，世界中を舞台にした列強諸国の植民地争奪戦も激しさを増していった。この過程でアフリカ各地から多くの人々が奴隷という貿易「品」として連行されていく悲劇をも生んだ。

　18世紀に入り，イギリスでは蒸気機関の発明とその実用化（動力革命），紡績・繊維産業を中心とした工業機械の発明により産業革命が進行した。時を同じくして，農村地域における大規模な「囲い込み」によって多くの農民が土地を失って都市部へ流入し，これらの人々が賃金労働者として産業革命を支えた。他の西洋諸国に先駆けて産業革命に成功したイギリスは「世界の工場」として長期にわた

る繁栄を築いていくことになる。

　同世紀の後半になると、イギリスの植民地支配に抵抗してアメリカ合衆国が成立し独立宣言を発表した（1776年7月4日）。また、ブルボン朝が支配していたフランスでも革命が勃発、89年8月に「人間と市民の権利の宣言（人権宣言）」が採択された。これらによって自由権・平等権などからなる基本的人権が確認され、国民主権・三権分立など市民社会の基本原理が確立し、西洋諸国は近代社会へと扉を開いていくことになる。

■ 慈善・救済事業

　本書の序論にも記述されているように西洋社会における貧民対策の歴史は古い。特にキリスト教（カトリック）教会が強大な力を誇った中世までは、貧民たちは教義的にもその存在価値を見出され、後にみられるような排斥の対象ではなかった。そのため王や貴族、修道院などによって大規模な慈善事業が行われた。また、商工業の発達とともに成長した都市部では、商人や職人らのギルドが構成員への手厚い相互扶助を展開していた。

　しかし、16世紀に至ってルターやカルヴァンらに指導された宗教改革が進行すると労働と勤勉さにもとづく経済的自立が推奨され、「貧しさ」に対する価値観は大きく修正された。貧民達に対する救貧事業はキリスト教的価値観と切り離され、貧困は怠惰・放蕩・不道徳等の結果として貧民個人に付随する問題として認識されていくようになった。イギリスでは国王ヘンリー8世の首長令によって救貧事業の担い手であった修道院が閉鎖し、多くの貧民が生存の糧を失った一方で、人口増加と食料不足による実質的賃金の低下も貧民のさらなる増加に追い打ちをかけたという指摘もある。

　各地を彷徨する貧民は犯罪や疫病などを持ち込み、社会秩序を乱すものとして移流先の住民や為政者から忌避された。イギリスでは1530年代から物乞いや浮浪する貧民を処罰したり都市部から放逐するための法制が整備された。ロンドンにはブライドウェルと呼ばれる矯正院が建設されたが、大規模な社会・経済変動によって数多くの貧民が発生している以上、それらの施策の有効性は限られていた。16世紀後半に入ると労働力を有する者とそれ以外の貧民（高齢者や児童等）との処遇上の区別が図られ、前者には就労や矯正を施し、後者には住民から徴収する救

貧税を財源とした救済が行われるようになった。これら一連の改革は1601年の救貧法（エリザベス救貧法）として結実し，治安判事と貧民監督官が教区住民の救済の担い手とされた。しかし，財源とされた教区住民からの救貧税の徴収がはかばかしくない反面，18世紀には囲い込みや産業革命のもとで貧民がさらに急増し，それらへの対応は困難を極めた。貧民や債務者等を労役場や矯正院等に収容して苛酷に扱い，増大する救貧ニーズを抑制する政策が試みられたが，ジョン・ハワードが監獄調査の過程で出会ったのはこのような人々である。他方，フランス革命の飛び火を恐れて労働者の生計を補助するスピーナムランド制度（1795）などが施行されたが，貧困問題の根本的解決にはほど遠い状況であった。

2　19　世　紀

▍時　代

　フランス革命と続くナポレオン戦争という脅威があったものの，19世紀に入ってもイギリスの経済的優位は続き，ヴィクトリア女王の治世にはその黄金期を迎えた。次いでフランスやドイツ等の西洋諸国においても産業革命が進行した。特に新世界・アメリカではゴールド・ラッシュなどを契機とした西部開拓（西漸運動），南北戦争後の国内統一により市場が拡大し産業の発展も著しかった。戦争中，1863年にはリンカーン大統領によって「奴隷解放宣言」が出された。宣言が出された背景については様々な要因が指摘されるが，工業化によって産業資本の成長著しい「北部」では奴隷であることよりも製品を消費できる賃金労働者であることの方が好ましかったともいわれる。

　このようなアメリカ等の台頭は同時にイギリス一国の繁栄の終わりを意味した。そして，工業国へ成長したことにより帝国主義政策を進める西洋諸国は，非工業世界への市場拡大と現地の天然資源を求め，植民地のさらなる獲得のために鎬を削った。本論では具体的に取り上げることはできないが，このような状況下での植民地住民の生活破壊の悲惨さも容易に想像がつくだろう。必然的に起こる列強同士の衝突や現地住民からの激しい抵抗・独立運動をも抑え込んでいくために，西洋各国はとめどない軍備の拡張を行った。世界大戦の足音はすぐそこまで迫ってきていたのである。

時代的背景

■ 慈善・博愛事業と救貧制度

　前述のように，19世紀に入るとイギリス以外の国々でも産業革命が進行した。資本主義経済の進展とともに，階級分離や賃金労働者とその家族の生活困窮は，時期の差はあれども西洋諸国共通の社会問題として深刻化していった。工業化の舞台となる都市部では過密状態，環境汚染や衛生上の問題が人々の健康や発達を蝕んだ。それらは特に，男性労働者に代わり工場や炭鉱労働の主役となった女性や児童には苛酷な労働条件とも合わさって大きなダメージとなった。一般市民には賃金労働でしか生きる術がないという反面，資本家側にとって高度な技能を必要としない工場労働等はいつでも労働力が「交換可能」であった。しかも，資本主義経済の必然ともいえる不況の波は，またたく間に労働者たちに「失業」という形で襲いかかった。しかし，アダム・スミスらが唱えた自由放任主義（レッセフェール）はこのような事態に対する政府の介入を否定していた。

　また，市民革命で培われた人権思想，すなわち自由と平等を保障された新しい市民像は，旧来の封建制や身分制の打破に貢献した一方で，皮肉にも経済的自立をなし得ない貧民を非難し抑圧する強力な根拠ともなり得た。つまり，自由の獲得には自己責任が伴う。失業や貧困状態はその人の道徳的欠陥などの個人的事情・責任によって生じたものであるという貧困認識は，自由放任主義にもとづく政府の政策（＝不介入）を補完する役割を果たしたのだった。

　これらの政策思想は必然的に救貧法制にも影響を与えた。T. R. マルサスは人口増加による貧民の増殖を懸念する立場から公的救済制度を否定し，功利主義思想の大家・J. ベンサムは救貧事業の適正さを保つには中央集権的機構を整備して，国家による救貧抑制を強化するよう主張した。そして，救貧費用を抑制するために貧民の労役場収容を貫徹し，そこでの生活条件を一般労働者のそれよりも低位なものとする原則（劣等処遇の原則）を全国で統一実施とする新救貧法（救貧法の大改正）が1834年にイギリスで成立した。

　同法の成立は救貧ニーズの抑制と救貧費削減には一定の効果があったものの，市中に渦巻く貧困問題を根本的に消し去ることはできず，自由放任主義者たちの予想に反して資本主義の歪みはますます深刻さを増していった。このように救貧事業にかかるコストの増大とそれらを抑制する課題は各国共通のものであったが，ドイツのエルバーフェルトでは市民の篤志家からなる貧民扶助員が貧困家庭の訪

I　慈善・社会事業の時代

問調査と生活改善のための支援を行い，一定の効果を上げていた。このエルバーフェルト制度における「調査」と，それにもとづく救済の「個別化」というアプローチはイギリスの慈善組織協会（COS）や日本の方面委員制度にも大きな影響を与えた。

　さらに自由放任主義思想と資本主義経済に異議を唱え，それらを規制する動きも見られた。イギリスでは新救貧法に不満をいだく労働者達が政治的権利の獲得と社会的地位の向上を目指して1830年代よりチャーティスト運動を展開し，67年や84年の選挙法改正によって都市労働者や農民が参政権を獲得していった。また，社会主義思想の普及とともに労働運動が急速に発展し，児童労働の規制を目的とした工場法（1802）を皮切りに労働条件の向上を実現させたが，このような動きはイギリス以外でもみられた。統一を実現したばかりのドイツでは社会主義や労働運動を懐柔するために宰相ビスマルクのもとで社会保険制度（疾病保険，災害保険法，廃疾・老齢保険）を成立させている。また，フランスにおいても首相であったL.ブルジョアによって社会連帯主義が提唱され，一連の社会政策が実施されていった。

　他方，このような資本主義経済のひずみは，政府や産業資本家らにとっても座視できない問題となっていた。経済や植民地経営，軍事面に及ぶ多国間競争の激化は恒久的な労働力や軍事力を必要としたが，際限のない労働力の食いつぶしはそのような状況を困難にした。とりわけ次世代を担う児童を取り巻く問題は深刻であった。先述のような生活環境の悪条件や過重労働，家庭生活の不安定さからくる棄児や虐待，無教育，不良化等の問題に加え，フランスなどでは19世紀末に早くも少子化問題が顕在化してきた。イギリスにおける矯正学校法（1854）・授産学校法（1857）の制定，アメリカ・イリノイ州では少年裁判所（1899）を設置して非行・犯罪傾向の児童への対策が図られ，初等教育法（イギリス・1870）をはじめとした学校教育・保健制度も整備された。また，被虐待児保護と加害者の処罰を盛り込んだ児童虐待防止法もイギリスで1889年に成立している。このような公的な救済制度に先行して深刻な児童の境遇に手を差し伸べていたのはJ. ミューラーやT. J. バーナード，ドイツのJ. ヴィヘルン等の民間事業家たちであり，アメリカに端を発した児童虐待防止協会は組織的に児童問題に介入し虐待防止のための法制化を促していった。

　19世紀では児童問題に限らず，資本主義の構造的問題が生み出す人々の困難に

支援を行う民間の慈善・博愛事業が発展した。そのような数多くの慈善事業を組織化して貧困問題を抱える人々へ個別訪問を行い，ケースワーク的な手法を用いて自助・自立を促す支援を展開した団体にロンドンの慈善組織協会（COS）があった。COS の活動の根底には，貧困の原因があくまでも人々の「個人的責任」にあるという認識があったが，救貧法に規定された苛酷な労役場収容に代わる在宅での個別支援という道をひらいた。COS の指導者の1人であったオクタヴィア・ヒルは貧困者の劣悪な居住問題に注目し，彼らの居住環境を改善する取り組みには国家的政策が必要であるとも主張した。

　COS の活動と同時期のイギリスではセツルメント運動も発展した。オックスフォード学派と呼ばれる人々に指導された運動は，貧困問題が深刻な地域に知識人や学生が住み込み，貧困者達への教育活動などを通じて彼らの主体性を促し，地域社会や生活環境の改善を実現しようというものであった。1884年には最初の運動拠点・トインビー・ホールが建設された。バーネット夫妻らセツルメント運動の指導者たちは COS の人々と異なり，貧困問題が人々の個人的責任の範囲を超えた（資本主義）経済・社会状況によって生み出され，その緩和や解決には国家の介入が必要であるという認識をしていた。彼らの貧困原因に対するこの認識は，19世紀末頃から行われた C. ブースや S. ラウントリーの大規模な貧困調査によって裏づけられることとなった。この両者の貧困原因に対する調査は，貧困問題がもはや貧困者たちの個人的問題ではなく，「社会問題」であることを客観的に証明し，これまでの貧困認識に対して大きな修正を迫ることになる。さらに COS やセツルメント運動はアメリカでさらなる発展を迎え，社会福祉援助技術の体系化や専門職制度の確立に大きな貢献を果たした。

　時代は20世紀に移り社会事業や社会福祉が本格的に始動していくが，その素地は多くの人々の困難や苦悩を経ながらも着実につくられていたのである。

◆ 参考文献
クウィーン，S.／高橋梵仙訳『西洋社會事業史』（ミネルヴァ書房，1961）
乳原孝『「怠惰」に対する闘い』（嵯峨野書院，2002）
朴光駿『社会福祉の思想と歴史』（ミネルヴァ書房，2004）
ボードイン，S. M.／伊藤茂訳『貧困の救いかた』（青土社，2009）

[倉持史朗]

I　慈善・社会事業の時代

第1章　ジョン・ハワード
―― 監獄改良運動の創始者

[John Howard] 1726年9月2日，イングランドに生まれる。73年ベッドフォードシャー州の州執行官（行政長官）に就任。管轄地での裁判・監獄の悲惨な実態を目の当たりにし，囚人救済と監獄改良のためにイギリスなどヨーロッパ諸国の監獄の実態調査を始める。77年，調査報告ならびにその改善策を提起した著書『監獄事情』を刊行。以後，監獄調査を継続しながら検疫所や避病院，慈善施設などの調査も行い，次々と報告書を発表した。ロシア帝国内を視察の途中，ヘルソンにて診察した伝染病患者から感染し，90年1月20日死亡。

　西洋史の流れが中世から近世，近代へと移りゆく中で，様々な要因によって社会の中に生まれる貧民や失業者，孤児などはいつしか取締りや処罰の対象とされていった。一般的な犯罪者たちとともに送られた監獄（懲治場・牢獄）では，不潔と空腹と獄吏による虐待が彼らを迎えた。そのような状況のなかで，イギリス人ジョン・ハワードは，人はどのような状態にあっても「人間として」取り扱われるべきであるという信念を掲げ，囚人救済と監獄改良に挑み，その人生を捧げた。18世紀後半の頃である。

1　出生から青年期

■生い立ち

　ジョン・ハワードは，1726年にイングランドのミドルセックス州ハックニー（現・ロンドン特別区）で誕生した。母はすぐに亡くなり，商人であった父親の所有地・ベッドフォードシャー州カーディントンで幼少期を過ごした。カルヴァン派の信仰を持つ父の勧めた学校へ入学し教育を受けるが，身体も弱く学業に関心を持たない彼は，読み書き能力も十分ではなく英語の長文を書くにも難渋した。

　10代半ばにはロンドンの雑貨商のもとへ徒弟に出されたが，父親の他界によって多くの財産と土地を相続した。その後，虚弱な身体の療養のためヨーロッパ諸

国を旅行するなど気ままな生活を送り，20代半ばには自身の看病をしてくれた50歳代の女性と結婚している（約3年で死別）。このようにハワードの前半生は，当時のジェントルマンとしての典型的なものだった。

■ 投獄経験と慈善事業

1755年11月にリスボン大地震が起こった。妻と死別したばかりのハワードは被災地救援を思い立ち，ハノーヴァー号に乗船してポルトガルのリスボンを目指した。ところが，同船は7年戦争でイギリスと敵対していたフランスの私掠（武装）船に拿捕され，彼は捕虜として投獄された。フランスでの捕囚生活では飢餓と不潔とが彼を苦しめたが，やがて釈放されイギリスへ帰国した。フランスでイギリス人捕虜や船員が残酷な境遇にあることをその身をもって知ったハワードは，帰国後には彼らの釈放のために奔走した。

カーディントンへ帰郷した彼は，父から相続した所有地にいる借地人たちの住宅改善や，その子弟の学校を整備する等の慈善活動を行った。また，58年にはヘンリエッタ・リーズという女性と再婚した。しばらくこの平穏な生活が続き夫婦は初めての子を授かるが，妻は出産後まもなくこの世を去った。ハワードは悲嘆に暮れたが，後に全ヨーロッパの監獄を訪ねゆく彼の傍らには必ず妻の肖像画があったと言われている。ただ，残された長男の養育には非常に厳格な態度で臨んだためか，息子はやがて精神を病み，長い療養生活に入っていくことになる。

そして1773年，47歳になったカーディントンの名士ハワードは，ベッドフォードシャー州の執行官（行政長官）に就任した。実態としては名誉職ともいえるこの地位に就いたことによって，彼の人生は大きな転機を迎える。

2　監獄の中へ

■ ハワードは何を見たのか

州執行官の職に就いたハワードは，その職務を他の人間に代行させず自身で全うしようとした。そこで彼は州で行われていた裁判を視察し，人々が裁判を受ける前から何カ月も監獄に拘禁されていること（巡回裁判・四季裁判等，当時の裁判は年に数回しか開廷しない），たとえ無罪の評決を受けても監獄に連れ戻されて獄吏

などに所定の手数料を支払わなければ拘禁され続けている事実に驚愕した。

　ハワードは自身の投獄経験以外に，監獄についてはほとんど知識を持っていなかったが，彼が監督する地域で見た裁判・監獄の現状に対しては大きな不満を抱き，「神が私に下された悲惨な人々を救う機会」をゆるがせにはできないと考えた。そこで自分の州の監獄を改善するための手本を捜し求めイングランド中の監獄を巡り訪ねた。しかし，どの地域の監獄を訪ねても彼の目に映ったのは悲惨な情景でしかなかった。

　当時のイングランドをはじめとするイギリス国内には，主に重罪犯や債務者（借金を返済できない者も投獄されていた）を拘禁する監獄と，貧民・浮浪者・微罪者などを拘禁する懲治場（他に国事犯などを拘禁する監獄等）とが存在したが，それらは政府の管理下に置かれておらず，私人が所有する監獄もあった。何より些細な犯罪に対して簡単に死刑が適用されるという根本的な問題も存在していた。

　監獄の中は，性別・年齢に関係なくすべての者が混合収容され不潔で悪臭を放ち，不道徳な行いが日常化していた。そのため，獄内では牢疫病（監獄熱：チフスの一種）が蔓延し，罹患した囚人を出廷させた裁判では裁判長以下数百名が感染して死亡するという事件も起きていた。水・食料をはじめ寝具・衣服などの給与だけでなく，新鮮な空気さえ（窓を設けると課税対象となるため）不足し収容者は飢餓にあえいだ。また，四六時中収容者たちに鉄枷をつけて拘束している監獄もあった。さらに博徒が自由に監獄へ出入りし，典獄（監獄長）自らが収容者に酒類を販売し，酒盛りを奨励する始末であった。獄内の収容者の待遇は金銭次第で，収容された人々は様々な理由で自分の財産や衣服までをも獄吏たち（正式な俸給を受けていない者が多かった）にゆすりとられ，拘禁され続けた。ハワードも行く先々で幼年囚等が抱えた負債を支払い，多くの人々を監獄から解き放った。

■大陸での監獄視察

　初期の視察旅行によって，イギリスの監獄が「怠惰と総ゆる罪悪との棲家」であり「悪徳の学校」でしかないと理解したハワードは，今度はその改革の参考を海外の監獄に求めることにした。ハワードは，1775年のオランダ，ベルギー（フランダース）等の監獄視察を皮切りに83年までに5回のヨーロッパ大陸の監獄調査を行ったが，海外の視察を終えるとすぐにその成果をもってイギリス国内の監

獄視察を行った。

　フランスではバスティーユ監獄の視察は拒絶されたものの、ほとんどの監獄は清潔に保たれていた。オランダでも監獄は清潔であり収容者たちは健康で、道徳的・宗教的教育と更生自立のための作業が徹底されていた。同国では貧民児童に対する教育が充実しており、そのことが監獄の債務者や死刑囚を減少させているとハワードは分析した。スイスの囚人の少ない原因についても同様の感想を持ち、監獄の状況を改善・維持するには同国のように責任ある監察（視察）官を任用することが重要だとも覚った。さらに、牢獄病（監獄熱）がイギリスの監獄にのみ存在しているのだという事実を知った。

　中でも大きな感銘を受けたのはベルギーのガン（ヘルト）監獄で、そこでは徹底された分類処遇・夜間独居、特に実益ある作業が奨励されており、ハワードは4度同地を訪れ念入りに視察を行っている（最後の訪問時には作業が廃止され、監獄は荒廃していた）。国外の監獄を丹念に調査するハワードの胸には、収容者たちの生命を「死刑や獄内の病気によって奪うことは少しも関心するに足りぬとする我国（イギリス）の世論」を転換させるという思いがあった。

　そして、このように度重なる視察と調査の成果は、やがて『監獄事情』という一冊の大著に結びついた。

3　監獄改良の展開

■『監獄事情』

　数年におよぶ実態調査をもとに、ハワードは『イングランドとウェールズの監獄事情、その予備調査と諸外国の監獄見聞』（*The State of the Prisons in ENGLAND and WALES, with Preliminary Observations, and an Account of Some Foreign Prisons*）を自費出版した（1777）。

　ハワードは述べる。「私が熱望したのは著作者としての名声ではない。私は哀れな人々の叫びを耳にしてその救済のために身を捧げた。この目的を達成するために、私は何人にも議論の余地のないほど確実な資料を収集することを私の務としたのである」と。その言葉に従い、同書ではイギリス監獄における囚人の惨状と悪習を詳らかにし、それに対するハワードの改革案が掲げられている。諸外国

I 慈善・社会事業の時代

の監獄の実態やイギリス監獄に関する統計資料（収容者数・獄吏の人数や俸給表・諸手数料等：すべてハワード自身が実測した）は先の改革案に対する根拠として提示された。

ハワードによる「監獄の構造及び管理に関する改良案」は、まず監獄を建設すべき土地（河川の近辺又は高地）とその構造（収容者の分類処遇設備、作業場の設置等）について言及している。監獄の管理方法の改善策については、その要諦を①典獄や獄吏、医師や教誨師等に適当な人物を得ること、②彼らには俸給を与え獄内の手数料を廃止すること、③石灰消毒を行うなど獄内を清潔に保つこと、④適切な食料・寝具・衣服などを収容者に給与しその内容を明確に掲示すること、⑤作業に従事させ、勤勉な者は拘禁期間を短縮したり、善行証を付与するなど優遇をすること、⑥判事等の中から監察官を任命し定期的な巡閲を実施すること、等と示した。ハワードは「囚人は改善不能なりという意見は明らかに間違って」おり、「獄内で彼らの保健と労働に適切な注意が払われるならば、彼らは国の内外において有為の人間となるであろうことは疑いない」と強く主張したのである。

ハワードの監獄巡歴の記録は、イギリス社会に大きな驚きをもって迎えられた。ベッカリーア（C. Beccaria）の『犯罪と刑罰』（1764）以降、知識人たちは過酷な刑罰の有効性に疑問を抱いていたし、奇しくもイギリス議会（下院）の一部の人々も監獄改革に関する方策を練っている時期であった。本書によって「議会は諸監獄の実情をよりよく知り得るであろうし、裁判官は自己の管轄下にあり而も彼等が犯罪人を投ずるその監獄が所期の目的に適っているか否かを判断し得るであろう」とハワード自身が述べているように、彼の業績は監獄改良を進める議員たちにとっても明確な指針となった。議会はハワードを専門家として迎え、収容者の保健に関する法令や、彼の提言により新方式の監獄建設を行う法令等を決定

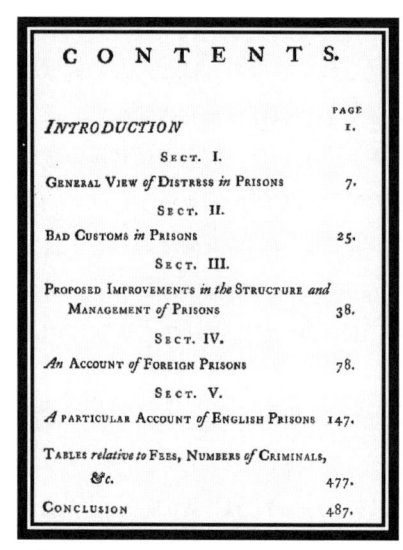

『監獄事情』（初版）の目次

していった（建設は実現せず）。

■ その後の活動

　1777年に『監獄事情』を発表した後も彼の監獄調査は続いた。デンマークやスウェーデンでは監獄の不潔さや悪臭に辟易し、ロシアでは残酷な笞刑を受ける罪人の姿を見た。83年に訪れたスペインでは宗教裁判所の監獄を視察し、イタリアでは慈善施設や救貧院等を訪れ、ローマで法王ピウス6世に謁見した。このように彼の調査記録には次々と新しい内容が書き加えられ、『監獄事情』も版を重ねていった。

　1780年代に入るとハワードの関心は避病院や検疫所等にも広がり、疫病が蔓延する土地に赴いて自ら避病院に収容される体験等を通して実態を調査し、時には医学的知識を用いて患者の診察も行った。89年には『ヨーロッパにおける主要な避病院について』（An Account of the Principal Lazarettos in Europe）をその成果として発表した。

　60歳を超えてもハワードの関心と身体は監獄へと向かい続け、「隠遁生活をするよりも更に一層広く人類のために役立ちたいという真剣な希望」を抱いて、1789年にロシアから東洋へ向かう旅に出発した。ロシアではトルコとの戦争で傷ついた兵士たちの病院等を視察した。しかし、黒海に近い町ヘルソンで医師に見離された女性の診察を行い、自らも病を発症した。ハワードの病状は回復には向かわず、90年1月20日の早朝、彼の長い巡歴は終わりを迎えた。

おわりに

　最後の巡歴に出る直前、ハワードは「我国（イギリス）に対して私の過去の努力の成果を委ねる」という言葉をその著作に残している。けれども、彼の意図に反して、彼一人から始まった監獄改良は長い時間をかけて世界的なムーヴメントへと発展した。ハワードの信念と行動は、より広く、そして後世の人々の眼をも監獄へと向けさせたのだ。

　さらに、彼の死からおよそ100年、日本でもハワードの生涯に大きな感銘を受け、その後の半生を監獄改良と慈善・社会事業に捧げた青年がいた。同志社に学

ぶ留岡幸助である。家庭学校を創設した留岡は，自身の論文や著作の中でも幾度となくハワードの思想や功績について言及している。このように19世紀後半から監獄改良が始まったこの国においても，ジョン・ハワードという人物が存在した事実は，監獄改良を志す人々にとって精神的な拠り所となっていたのである。

◆ **引用・参考文献**（さらに深く学ぶ人のために）

Howard, J., *The State of the Prisons in ENGLAND and WALES, with Preliminary Observations, and an Account of Some Foreign Prisons*（T. CADELL and N. CONANT, 1777）.

留岡幸助『獄制沿革史』（磯村政富，1900）

ビローズ，H.／湯浅猪平訳『ジョン・ハワード伝——その生涯と性格と業績』（刑務協会横浜支部，1938）

ハワード，J.／湯浅猪平訳『監獄事情』（法務大臣官房司法法制調査部『法務資料』377号，1962）

エリクソン，T.／犯罪行動研究会訳『犯罪者処遇の改革者たち』（大成出版社，1980）

ハワード，J.／川北稔・森本真美訳『十八世紀ヨーロッパ監獄事情』（岩波書店，1994）

［倉持史朗］

I　慈善・社会事業の時代

第2章　トマス・チャルマーズ
―― 隣人愛による社会実験

[Thomas Chalmers] 1780年3月17日，スコットランドのアンストラザーで誕生。セント・アンドリュース大学卒業後，キルメニー教区牧師時代に大病を患うも奇跡的に生還する。その経験から，福音主義とマルサス理論に立脚した救貧法に依存しない慈善（隣友）救済活動をグラスゴーのセント・ジョン教区で積極的に展開した。1828年，エジンバラ大学神学教授。47年5月31日死去。

　チャルマーズは，宗教家として福音主義による隣人愛に基づいた貧民救済を大都市グラスゴーで実施したが，その実績は，19世紀後半における慈善組織協会（COS）の自由主義的貧困救済原理とケースワークの発達にも影響を与えた。

1　生い立ち――不真面目な青年チャルマーズ？

　チャルマーズは，1780年にスコットランドにあるアンストラザーという小さな港町に毛織物業と海運業を営む家に生まれた。父ジョンは町長を務めた敬虔なスコットランド教会の信者で，母エリザベスは近隣の貧民家庭を訪問し物心両面で支援を惜しまなかった。
　3歳で教区学校へ入学したチャルマーズは，11歳でセント・アンドリュース大学へ最年少で入学するが，学業成績は平凡であった。彼は数学と自然科学に親しみはじめ，さらに政治思想に関心を持ち，大学内外の政治論議に参加しはじめる。卒業後は，聖職者になるためセント・メアリー・カレッジへ進学したが，当時からスコットランド教会の教義たるカルヴァニズム神学大系には熱心ではなかった。このため彼は，両親の希望どおりに牧師に就任せずエジンバラ大学の聴講生になり，1802年に母校セント・アンドリュース大学の助手になる。しかしここでも学生に学問を教えず政治や社会談義をして過ごしたため，わずか1年で解職されて

しまう。その後両親を助ける必要から，彼はキルメニー教区へ牧師として赴任した。

　しかし学者になることに専心したいチャルマーズは，ここでも牧師の仕事には関心を示さず，日曜礼拝を最低限実施するだけで大学の教授職に応募したりしていた。当然ながら，教区牧師として適任ではないという近隣の同僚や長老たちからの非難を浴び，また彼のやる気のない説教のせいで教会への募金収入も減少してしまった（市瀬 2004：95-100）。

2　宗教家としての回心——大病克服と隣人愛による救済への決意

　こうした彼に家族との死別と肺結核への罹患が追い打ちをかけた。生死を彷徨うほどの闘いは2年続いた。病床で過去を反省する日々のなかで，彼はウィルバーホースの福音主義の教義に触れ，贖罪による救済と回心にもとづく信仰実践を行うことを決心する。奇跡的に健康を取り戻したが，やせ衰えて容姿は老衰者のようになってしまった。

　1811年，教壇に復帰したチャルマーズはまるで別人のように高尚で力強く，情熱的な雄弁家となり，教区住民を驚かせたという。説教ばかりでなく，教区家庭を訪問して礼拝を奨励し，生活問題を抱えている人たちの個別相談を熱心に行い，困窮した人々へは物心両面の支援を開始する。その資金のために聖書教会の支部を作って募金活動を行ってその財政的基盤を整えていった。

　当時のキルメニー教区での伝統的な救済慣行は，教会募金，遺贈寄付などを基金とした現金給付であった。また教区そのものが小さく（人口は800人程度），住民相互の距離も近かったので，労働能力のある貧民に対しても近親者や隣人が自発的に援助していた。救貧法による救済は存在したが，それを活用しなくても最低限の生活保障をできたのである。チャルマーズは福音主義を伝道する宗教教育を家庭訪問によって強化しながら，隣人愛による共同体の連帯意識を育み，住民相互の自発的な慈善行為を促進しようと考えていた。彼は単なる金品施与だけでなく，貧民家庭を定期的に訪問し親密な関係を築いて個別的な事情を的確に把握しつつ，道徳的教化を通じて貧民が自身の生活改善を達成するための自尊心や独立心を涵養していくことが自立へつながることを学び取ったのである（市瀬 2004：

100-103)。

3 グラスゴーにおける貧民救済実践——コミュニティの回復に向けて

▍大都市グラスゴーの貧民救済状況

その後1815年にチャルマーズはグラスゴーのトロン教区へ転出する。キルメニー教区には，階級差もなく信仰心あふれる住民が多かったので，彼の救済活動は比較的容易であったが，グラスゴーでは一筋縄にはいかなかった。産業革命の影響から綿工業，機械業，染色業などが集積しはじめてスコットランド最大の都市に急成長したグラスゴーの人口は12万人を超え，さらに各地から求職者が集積したので平均賃金は低下し，16時間労働しても最低限の生活すら充足できず，同地区は1万人を越えるグラスゴー最大のスラムであった。

当時のグラスゴーでは，公的救済たる救貧法のほかに，スコットランド教会による募金活動で得た金品で貧民を在宅救済するものがあったが，公式上定住権を持つ者だけが救済されていたので，実際には定住権を持たない流入した底辺労働者は公的救済や教会救済の対象ではなかった。これらの人々には中産階級による博愛団体が寄付金給付を行っていたが，チャルマーズから見ればそれは無分別的な施与であり，貧民たちの依存心を助長させるものと映った。また都市化が急速に進行したグラスゴーでは，伝統的な教区での教育が荒廃し，教区学校も消滅したので，多数の児童が教育への平等な機会を失い，無学のまま放置され，道徳的にも荒廃していた。このため貧民を貧困と無知から解放し社会を再生していく彼の挑戦が本格的に始動するのである。

ではチャルマーズは具体的にキルメニー教区で培った隣人愛による慈善救済をどのようにグラスゴーで展開していったのであろうか。

チャルマーズは最初に困窮のせいで道徳的に荒廃していた児童の問題を重視し，これを解決するために寄付金を募り1816年に教区に日曜学校を復活させた。牧師による家庭訪問を通じて教育の意義を説き続け，その徹底が功を奏し，18年には全部の地区に学校を設立させ，1,200人を超える児童が学びの機会を得た（市瀬2004：108-110)。彼は後にこう述懐している。

Ⅰ　慈善・社会事業の時代

当時のトロン教区の様子

「人は無知であればあるほど，その状態に甘んじる…（中略）…教育に対する欲求は，最初の段階において，自発的に起こってくるものではない。無知に沈んだ者は，自らの自発的な行動によってそこから抜け出すことはない」（三宅 2006：289）。

それゆえに，働きかけをするなかでそうした精神の涵養を実施していくのだ。

　折しもグラスゴーではセント・ジョン教区（人口8,000人）が新設された。これを自分自身の救貧法廃絶を通じた慈善救済の絶好の実験地として捉えた彼は，この教区を救貧法による救済から独立させ，教会と住民の善意による財政基盤だけで慈善事業を運営するため1819年にここに転任するのである。

■ マルサス主義者として救貧法の廃止を提言

　なぜ救貧法は貧民救済にとって不要であるのか。それはチャルマーズがトマス・ロバート・マルサス（T. R. Malthus）の主著『人口の原理』から大いなるインスパイアを受けていたからである。彼は，マルサスの理論から貧民は幾何学的な過剰人口から発生すると解釈し，貧困からの脱却方法は，家庭訪問を徹底し，キリスト教による道徳的教化を通じて自立心ある生活習慣を身体化させるという貧民の品行改善しかないと考えた。救貧法といううわべだけの救済は，「コミュニティの団結心や相互への責任感を破壊する害悪でしかな」く，それは「最悪の事態」なのであるから「廃絶されなければならない」のである（石田 2004：74）。

■ 慈善行為の四つの源泉と「救済に値する者／値しない者」

　救貧法廃止を目論んだチャルマーズは，セント・ジョン教区で1819年10月1日から23年7月1日までの3年9カ月間にわたって救貧法に依存しない貧民救済実験を開始した。

彼は教区をさらに25地区に分割し，長老と執事（deacons）を配置した。長老は，主に福音主義を説いてキリスト教の理念を貧民に伝える役割を持ち，執事には家庭訪問をする過程で貧民の「隣人」となりながら詳細な生活調査を実施させ，倹約や節制の奨励，定職の斡旋，労働不能者に対する親族支援の強化，近隣住民への働きかけによって労働能力者を日常的に支援することで相互扶助観念を確立しようとした。彼は，慈善救済には「四つの自然的源泉」が必要であるとした。それらは，①生活の自助，②親族からの支援，③労働者階級同士の相互扶助行為，④最終手段としての有産階級による慈善である。

では，実際に貧民救済を担当した執事たちの実践内容をみてみよう。

執事たちは，チャルマーズの慈善原理に沿って救済を実施していくが，そのときに必要とされたのは，「彼ら〔貧民〕を何かに依存させる形で救済するのではなく，むしろ彼らを独立するように救済してやることが目的である」という考えであった（石田 2004：73）。

執事たちは，チャルマーズから労働無能力者への救済の許可を得たが，労働能力者への救済にはかなりの注文をつけられた。後者へは，地主や信頼に足る隣人の証言を付した上での3年間の居住証明と雇用主への聞き取りを踏まえた家族の収入源を徹底的に調査することを前提としていた。そこから一般的困窮（general indigence）の基準として，疾病・年齢・収入が週6シリング（農夫の平均収入）に満たないことを「救済に値する」（deserving）要件とした。

では「救済に値しない」（undeserving）要件とはどのようなものか。それは執事たちが実施した貧民との「対面調査」の描写からうかがえる。「個々の事例が受ける精密な調査は，忍耐強く，詳細に至るまで徹底して行われた。教区内のどの家庭であっても，教区の基金〔救貧法〕に依存するという堕落した状態に陥ることを，執事は断じて許しはしないだろう。酒浸りの者は飲酒をやめるように命令され，従うまで彼らの申請は考慮すらされなかった。怠惰な者は即座に就労するよう命じられた。彼らが仕事がないと不平を漏らせば，執事たちは親切にも雇用者に問い合わせ，彼らの就労を支援した。倹約しない者には，収入があるのに自らの選択で浪費し困窮に追い込まれたのであれば，自ら招いた窮状に耐えなければならない，と忠言が与えられ」，このような一次調査でほぼ飲酒，怠惰，浪費を原因とする申請は排除された。この調査過程では執事から救貧法へ依存する

Ⅰ　慈善・社会事業の時代

表 2-1　セント・ジョン教区での貧民救済状況の変化

	実験前（チャルマーズ赴任前） （1815年10月〜19年4月）		実験後（チャルマーズ赴任後） （1819年10月〜23年7月）
一般的困窮	総数62件	総額1,400ポンド	13件認定／32ポンド支出
重病又は回復見込みない者			2件認定／14ポンド16シリング
犯罪に由来する者			5件認定／19ポンド10シリング
労働無能力者（老齢，障碍）			労働無能力者への支出は214ポンド

出所：石田（2004：72）より作成。

ことの害悪が貧民に積極的に伝えられた（石田　2004：73，傍点は引用者）。

　この実験期間の新規救済申請認定ケース数は，結果的に20件で66ポンド支出されたが，それは貧者に向けた夜間礼拝で収集された寄付のみで賄われたのである。チャルマーズは，この事実をもって，当該教区での貧民救済には，救貧法は必要ないと主張したが，この過小な新規ケース認定数に読者は驚かれるかもしれないが，この過小な新規ケース認定数をどのように評価するかは意見が分かれるかもしれない。第1に，彼の実践で実施された一次調査で排除された「救済に値しない」貧民は，おそらく，その多くが救貧法によって救済されていたと推測できること。第2に，それゆえにチャルマーズは救貧法の存在を認めていたが廃止の対象と考えていたために，その運用に興味を示さなかったからだろう。しかし，1万人のスラムの中で「救済に値する人々」が20件しかなかったということは，逆にスラムの深刻さを物語っていたと理解することができるだろう（表2-1）。

　こうしたチャルマーズの救貧実践は，マルサスから救貧法廃止の同盟者として賛辞を送り続けられ，当時同じグラスゴーで綿織物工場を経営し，「空想的社会主義」を提唱した，かのロバート・オーエン（R. Owen）でさえ視察に来たほどであった。

おわりに──チャルマーズの貢献と限界

　チャルマーズの実験は，彼がエジンバラ大学へ1823年に転任した後も14年間継続されたが，1837年にはなぜか終息してしまった。しかしながら，彼の慈善実践原理とその方法は，巨額の救貧税の膨張に苦闘していた各地の教区では好意的に

捉えられた。彼はイングランドの救貧法を廃止する方法なども提言したが具体的には採用されなかった。資本主義国として確固たる自由主義的な労働市場の整備を必要としていたイングランドでは通用しなかったのである。彼の原理と方法は，あくまでも伝統的な村落共同体を基盤とするキリスト教的救済であることには変わりなかったからである。とはいえ，彼の児童教育の必要性を教区民へ説き続けた点や貧民救済申請にあたっての「救済に値する者／値しない者」を選別するという方法論は，COSなど多くの自由主義的慈善団体の支援方法に影響を与えたことは明らかである。

　様々な批判が今日的視点からあるにせよ，「無縁社会」と形容されるほどコミュニティが弱体化し，多くの人たちが人知れず亡くなってもなお，有効な手立てを「地域福祉」実践が打ち出せていないようにみえる現在の日本にあって，「住民のちから」を信じながら，彼らをエンパワし続け奮闘した彼の実践思想は，その意味で再評価されるかもしれない。

◆ 引用・参考文献（さらに深く学ぶ人のために）
Dodds, J. *Thomas Chalmers : A Biographical Study*, Wiiliam Oliphant and Co., 1870.
マルサス，トマス／大淵寛ほか訳『人口の原理』（中央大学出版部，1985）
市瀬幸平『イギリス社会福祉運動史』（川島書店，2004）
石田好治「トマス・チャーマーズによる救貧思想の実践──グラスゴー，セント・ジョン教区における私的慈善の試み」（立命館大学『政策科学』11巻2号，2004）
三宅博「トマス・チャーマーズの基金論──『学術および教会の基金の効用と誤用について』」（『教育学研究紀要』第52巻，2006）
金沢周作『チャリティとイギリス近代』（京都大学出版会，2008）

［伊藤文人］

| I | 慈善・社会事業の時代 |

第3章 ジョージ・ミュラー
―― 神の恵みの証としてのブリストル孤児院

[George Müller] 1805年9月27日，プロシア，クロッペンシュタットに生まれる。諸悪を重ね投獄されることもあった。しかし25年友人の誘いから信徒の祈祷会に出席することを契機に品性改まり新生活に入る。国際伝道を目指し渡英。友人クレークと34年ブリストルに独自の伝道組織として聖書知識協会を設立。36年にその組織を通じてブリストル孤児院を開設。75年から92年まで国際的伝道旅行を展開，86年末に訪日。98年3月10日永眠（93歳）。

多くの人々にとって，目に見える世界こそが現実的で実際的であり，目に見えないもの，永遠のものは，ぼんやりとした非現実的な世界としか受け止められない。しかしジョージ・ミュラーにとって目に見えない神こそが現実的なものであった。人は，自我を放棄し，目に見えない神に全面的に寄り頼むことによってこそ安全であることを，ミュラーはその生涯を通じてこの世に示した。その孤児院経営法は人に頼るのではなく目に見えない神にのみ全面的に寄り頼む経営法であった。祈りに応える神の恵みを証すること，それがミュラーが孤児院を創設し経営することの第一義的な目的であった。晩年ミュラーは国際的伝道旅行に乗り出し，1886年末来日，各地で講演した。それは石井十次や金子尚雄等に大きな影響を与えた。近代日本における慈善事業の火種は実にミュラーによって灯されたと言って過言でない。

1 その誕生から聖書知識協会の創設まで

▎誕生から新生まで

ミュラーほど，罪と不従順にまみれた生活が，信仰によって劇変し，敬虔な信仰の生涯を生き抜いた人はいない。1805年の誕生から新生までの時期は，罪と不従順，放蕩の生活の中にあった時期であった。収税吏員をしていた父の仕事の関

係で何回も転居している。父親はお金を自由すぎるほどミュラーに与えた。そのためミュラーは浪費癖となり，親を騙してまで，また盗みを働いてまでも浪費するようになっていった。それでも父親はミュラーに聖職につかせるための教育を受けさせようした。21年末，16歳のとき，一人前の詐欺師となっていたミュラーは，遂に投獄されてしまう。しかしその後幸いにも聖職者養成で知られるハレ大学に入学した。大学町ハレには多くの神学生がいたが，ミュラーから見れば，真の「主をおそれる」者はほとんどいなかった。

　転機は突然やってきた。1825年11月の土曜の夜，一友人に誘われ信者の家で行われた祈祷会に参加することになる。26歳となっていたミュラーは無意識のうちに求めていたものをそこに見出した。ミュラーはそこで無学な信徒らが神の前にひざまずいて祈る姿に初めて接し感銘を受けた。当時プロシアでは，立って祈るのが一般的だったからである。ミュラーの精神の奥底には霊的な飢えがあった。ミュラーはこの既存の教会とは異質な素朴で霊的なこの集会に出席することを喜んだ。彼は聖書を探求するようになり，ひざまずいて祈るようになり，その生活は次第に変化していった。

▌新生活の開始とフランケの孤児院

　1826年から，ミュラーは新生活に入る。しかし，それは新たな試練の始まりでもあった。信仰に生きるとは，人に頼まず，見えざる神にのみ寄り頼むことである。そのためには完全な自己否定が試練として要求される。新生活に入ったミュラーは，宣教に関する新聞，雑誌に目を向けるようになり，国際伝道を志すに至った。しかし，ある女性信者への恋愛感情は，それを妨げることになり，伝道熱は冷えていった。しかし，裕福で教養があり，将来を期待されたヘルマン・パルという兄弟の自己犠牲的な国外伝道を知ってミュラーは信仰と祈りを取り戻し，愛する女性への思いを断ち切った。その後，父から受けてきた送金も断ることにした。ひたすら神に寄り頼むならその必要がないと分かったからである。

　ミュラーは国際伝道の候補地を求めたが，決定しなかった。ミュラーはそのための十分な試練をなお経ていなかった。この間，ハレ大学神学生としてミュラーは教会で説教するようになっていく。2カ月間，フランケ（A. H. Francke）によって創設された孤児院の苦学生のための宿舎で過ごした。フランケはハレ神学教授

であり，1696年頃すべてを神に委ねる経営方針で孤児院を創設，1727年死去している。後のミュラーによる孤児院経営の原型がそこにあった。

■ ロンドンへ，そしてブリストルへ，聖書知識協会の設立

その頃，ポーランドのユダヤ人伝道を担っていたヘルマン・パルに再会した。パルは健康を害し，伝道活動を続けられないことを知り，ミュラーはユダヤ人伝道を継承しようと考え，ロンドン宣教協会で準備訓練を受けるため1829年ロンドンに向け出発した。そこで大病に罹ったことが，霊的な覚醒を体験する機会となった。また，その後，事業の同行者となるブレズレン派のヘンリー・クレーク（H. Craik）と出会うことになる。ミュラーは既成教会の枠にとらわれない巡回伝道を開始した。1830年ブレズレン派のアンソニー・グローヴズ（A. Groves）の妹ミス・メアリ・グローヴズ（Miss M. Groves）と結婚した。見えざる神のみに頼り，貧民救済に生涯を捧げ，この世に宝をたくわえない夫婦生活の開始であった。

1832年3月，友人のクレークはブリストルに赴き伝道活動を開始した。クレークはミュラーに協力を要請，4月ミュラーはそれに応じてブリストルへ出発した。そこでミュラーはハレで孤児院を創設したフランケの伝記を読み始めた。同年6月，28歳の若さでミュラーは，孤児院活動の第一歩として，困窮児童を集めての学習活動を開始した。34年には，クレークとともに独自の伝道組織として聖書知識協会（The Scriptural Knowledge Institution for Home and Abroad.）を設立した。新たな団体は，日曜学校，キリスト教主義の諸学校，聖書の頒布を行った。

2　ブリストル孤児院の創設と発展

■ ブリストル孤児院の創設

1835年11月，フランケに働いた神の導きと同じものを感じるようになり，それが信念となり，決意となっていった。土地と家屋，1,000ポンドのお金，子どもを世話する働き人を神に求めた。しかし献金を募ろうとはしなかった。孤児院は聖書知識協会の仕事の一部として開始された。36年4月1日，女子のための孤児院をブリストル，ウイルソン通りに開設することに決めた。5月には男女の幼児を保護する施設の開設を発表した。翌年には両施設に約30人ずつの孤児を保護す

るようになっていた。
　当時のイギリスにはまだ全国で10前後の孤児院しかなかった。キリスト教慈善事業団体による児童保護施設が多く開設されるのは，ドクター・バーナード・ホームが設立された1870年頃のことである。ミュラーが孤児院を開設した時期とは，ちょうど34年の改正救貧法によって公的な救済が抑制された時期であった。親の困窮の結果ホームレスとなった児童の最終的な行き場所は抑圧的なワークハウス（公的な救貧施設）であって，なんの職業教育も施されていなかった。その惨状をディケンズは「オリバー・ツイスト」として雑誌で発表（1837〜38）し，社会的な関心を呼ぶようになっていた。ミュラーは困窮児童がワークハウスに送られることを見ていられなかった。
　しかし，ミュラーの孤児院創設の真の目的は，神は必ず約束を守る忠実な方であること，ただ神の約束だけに頼ることが全く安全であることを立証することであった。そのため，寄付金を募ることはしなかった。如何に財政上困難に直面してもそれを公表しなかった。ただ神への祈りに対する応答としての臨時寄付金のみに頼る孤児院経営法を貫いた。借金も一切退けた。以後事業の規模は拡大していくが，入所する子ども達の必要が満たされない，ということは一度もなかった。

▎孤児院のその後の発展

　1837年，第3の少年のための孤児院を開設した。6年後の43年には第4の孤児院を開設した。45年，ウイルソン通りの借家の施設では，排水もよくなく，衛生上問題があり，周囲からの苦情も出てきていた。そこで，農作業もできる土地を求め，46年アシュリー・ダウンに理想の土地を見出し，そこに「新しい孤児の家」を開設することにした。300の窓があり，330人が居住できる施設であった。そして，49年，ウイルソン通りの四つの借家の子ども計300人が移転した。その後ミュラーは1,000人の孤児を保護することを構想するようになった。55年入所申込者は7,800人に達していた。翌年，400人を保護する第2の「新しい孤児の家」が完成した。62年には第3の「新しい孤児の家」を開設した。さらに68年第4の，70年第5の「新しい孤児の家」を開設した。アシュリー・ダウンには計五つの大きな建物に2,000人の子どもが居住することになった。

Ⅰ　慈善・社会事業の時代

■ 神の恵みを示すいくつかのエピソード

　孤児院は，祈りに応答する神の恵みを証するものであった。1862年の渇水の時，まだ水道の整備されていない時代であったので，屋内の井戸はすべて涸れてしまった。この時，近くの農家が救ってくれた。3年にわたってブリストルに猩紅熱，発疹チフス，天然痘の猛威がブリストル周辺を襲ったとき，これらの病気で死亡した子どもは1人もいなかった。65年1月暴風で屋根が壊れたとき，補修中風向きが幸いし，雨による損害を免れた。こうした出来事は，神の恵みの証として年次報告書等で紹介されていった。ミュラーが保護した児童数は計1万人を超えた。入所児童の死亡率は高いのが一般的であったが，ミュラーの施設においてはきわめて低かった。

3　国際的伝道活動と石井十次への影響

■ 国際的伝道活動の開始

　1875年，65歳になっていたミュラーは祈りに対する神の恵みを全世界に証しようと決意することになる。かつて，ロンドンに向かったとき，国際伝道の道は絶たれた。まだその時期ではなかったからである。しかし，今，国際伝道の宣教師として活動する時を与えられた。その後，92年までの17年間の大部分が国際伝道旅行にあてられることになった。86年末には日本を訪問している。

■ 来日講演「信仰の生涯」

　ミュラーは，1886年12月，日本を訪問する。東京から関西に入ったミュラーは，翌年1月7日，8日と同志社で講演した。1日目の題目は「信仰の生涯」であった。その内容は，89年津田仙によって小冊子として流布された。新島襄が序文を書き送っている。その後救世軍の山室軍平が1935年，本小冊子を非売品として再刊行している。

　その内容は，1825年11月の霊的な回心体験を語った後，信仰増進の方法として以下3点を指摘するものであった。第1に，諸々の困難と試練こそが精神を鼓舞し，信仰を奨励するということ。通常人はそれを好まない。しかし，慈母が幼児を歩ませてその足を強くするように，それが必要である。第2に，聖書が示す啓

第3章　ジョージ・ミュラー

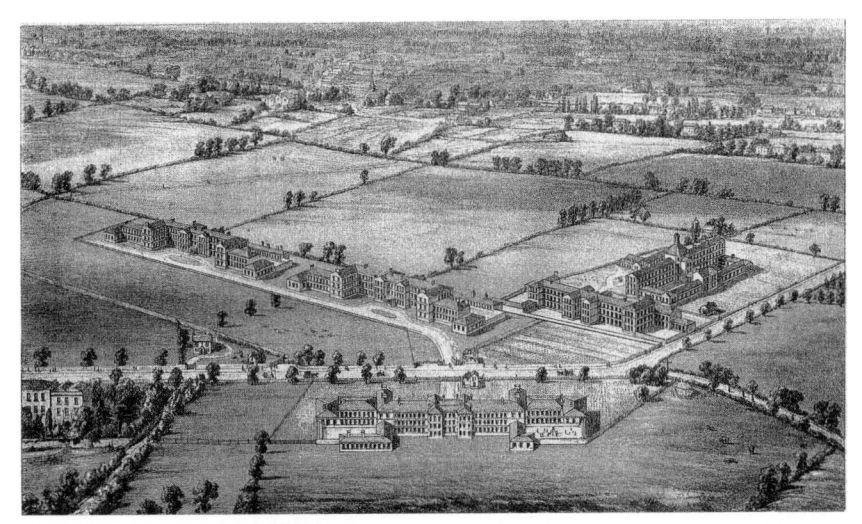

アシュリー・ダウンの五つの施設

示に親しむということ。聖書を探求することを通じて神を愛する者に対する神の働きを知ることができる。第3に，神に何を求めたか，その祈りへの神の応答という信仰上の記録を日記に記すことは，自己の経験からその益甚だ大である。最後にミュラーは，幾多の事業を創生する際に，絶えず信仰と祈祷を以て神に依頼したこと，小さな事柄についても常に祈りを先行させてきたことを強調した。

▊ 石井十次への影響

　ミュラーを紹介した著作の代表が A. T. ピアソンによる『信仰に生き抜いた人』である。本書には，彼が日本を訪問したこと，そして「石井というキリスト者が，同じような祈りによる孤児院を始め，ただ生ける神だけに依存して働くようになった」（ピアソン 1964：335）と記している。

　石井十次（1865〜1914）は，1887年初頭のミュラーによる同志社での講演「信仰の生涯」に間接的に接し，大いに刺激を受け，神のミュラーへの恵みは，自分にも働かないわけがないと信じるにいたった。石井はミュラーに刺激されミュラーに倣って奉仕の生涯への挺身を決意したのである。石井が岡山孤児院を創設するのはその直後，87年9月のことであった。石井の事業を支えたのも，その信仰と祈祷であり，日記であった。その後，岡山孤児院は機関誌『岡山孤児院新

報』を発刊（1896）するが，まもなく「信仰の生涯」（1897, 7～11号）を掲載した。

おわりに

　第二次世界大戦後，2,000人を収容保護できる五つの施設にはわずか180人の児童しか残っていなかった。労働世帯の生活は改善され，困窮を理由として施設に保護される児童数は激減していたのである。困窮児童を出生家族を含む環境から引き離して施設で保護するというそれまでの児童保護観は否定されていく。1946年のカーティス委員会報告とそれに基づく48年の児童法は，家庭生活の意味を強調し，児童の自宅外保護を避けるための家族支援への努力義務を新設の自治体児童部に課し，里親委託の増加，大規模施設の廃止と施設の小規模化を促していった。

　ブリストル孤児院もまた1948年の児童法の精神に従ってアシュリー・ダウンの施設を廃止し，ブリストル・コリッジに売却，その費用で小規模な分散ホームを新たに開設した。その後，家庭支援のためのファミリー・センターを開設，施設事業からは撤退した。

　しかし，現在も，ミュラーによる事業創立の精神（ミッション）は継承され続けている。信仰と祈りのみにより頼む事業の経営方針になんら変化はないのである。

◆ 引用・参考文献（さらに深く学ぶ人のために）
山室軍平編『信仰の生涯——ジョージ・ミュラル氏小伝並演説』（不二屋書房, 1935）
A. T. ピアソン／海老沢良雄訳『信仰に生き抜いた人　ジョージ・ミュラー——その生涯と事業』（いのちのことば社, 1964）
E. H. ブロードベント／古賀敬太監訳『信徒の諸教会——初代教会からの歩み』（伝道出版社, 1989）
同志社大学人文科学研究所編，室田保夫・田中真人編著『石井十次の研究』（同朋舎, 1999）
Janet and Geoff Benge. *Geore Müller-the Guardian of Bristol's Orphans*. Ywan Publishing, 1999.
細井勇『石井十次と岡山孤児院——近代日本と慈善事業』（ミネルヴァ書房, 2009）

[細井　勇]

■□ コラム1 □■

音楽と社会福祉実践
―― ヴィヴァルディの活動 ――

　季節の変わり目にはヴィヴァルディ作曲『四季』が流れているのを耳にする。バロック・古楽の流行もあって彼はよく知られた音楽家の一人であろう。社会福祉とは関係ないと思われるがそうではない。

　ヴィヴァルディ（1678〜1741）はイタリアのヴェネチアで生まれた。同時期にドイツではバッハ（1685〜1750）が活動した。イギリスは1600年代に救貧法が整備され，40年代のピューリタン革命など，近代国家を形成するが，国民統合が遅れたドイツやイタリアではキリスト教会の福祉的な役割（カリタス）が生き続けた。

　バッハがルター派の教会楽長として才能を発揮したように，ヴィヴァルディはイタリアのカトリック教会に付置された音楽院の司祭兼音楽指導者として活動した。父もヴェネチア・サンマルコ大聖堂のバイオリニストであった。ヴィヴァルディは四つの音楽院の一つであったピエタ養育院女子音楽院でバイオリンを教え，音楽隊を率いてプラハ，ウィーン，アムステルダムなどヨーロッパ各地を走り回った。髪の色から赤毛の司祭（Prete Rosso）とも呼ばれた。ピエタ養育院は，14世紀に，増加する捨子に心を痛めた修道士が設立した。ヴィヴァルディの時代にあっても，混乱の続くイタリア社会を背景として，貧困による捨子，婚外子，扶養能力がない親の娘たちが育てられていた。修道女のような清廉な生活を身につけさせられるとともに付属の音楽院ではコーラスや楽器の使い方が教えられる。ヴィヴァルディは彼女たちのために音楽を教育し，曲を作り，演奏会を開く準備・監督等の責任を負っていた。病弱であった彼を支えるための女性たちも配置されたという。

　この時期の音楽家自身も安定した生活を送れなかった。彼の晩年もはっきりしない。ピエタ養育院を離れて1741年，ウィーンで病死した。貧民のための共同墓地に粗末な葬式の後，埋葬された。この50年後，モーツァルト（1756〜91）も同じウィーンで死去し，同じように共同墓地に埋葬された。彼も幼時期から親とともに遍歴しながら多くの名曲を残した。『フィガロの結婚』のスザンナは強権的な封建領主に抵抗した。放蕩の後，地獄に落とされるジョン・ジョヴァンニは「ビバ・リベルタ」（自由万歳）と叫ぶ。フランス革命の時期であった。さらに100年後，名声と富を得たイタリアのオペラ作家ヴェルディ（1813〜1901）は音楽家のための養老院「音楽家の憩いの家」（Casa di Riposo per Misicisti）をミラノに遺したのである。

[田中和男]

I　慈善・社会事業の時代

第4章　ルイ・ブライユ
―― 点字の父

[Louis Braille] 1809年1月4日，フランス，クーブレに生まれる。12年，馬具製造用のナイフで遊んでいて，ナイフが目に刺さり失明。19年，王立パリ盲学校に入学。20年，シャルル・バルビエのソノグラフィーと出会い感銘を受ける。21年，盲人用文字の研究を開始。25年，縦3点2列の6点でアルファベット，数字等を表す「点字」を完成。29年，点字の全体系を示す書籍を出版。52年1月6日，永眠（43歳）。

　今から6,000年ほど前，メソポタミア南部に高度な文明を築いていたシュメール人は，粘土の板に葦の茎で絵文字を描き，穀物や家畜の数を記録しはじめた。これが人類最初の文字とされている。以来人類は，文字とともに文明や文化を育んでいくことになるが，視覚に障害のある人（以下，「盲人」）はその恩恵に浴することはできなかった。盲人が文字を持ったのは，今からわずかに200年前のことである。本章は，盲人の文字として世界に普及している「点字」の父，ルイ・ブライユについてみていくことにする。

1　幼年時代

■失　明

　ルイ・ブライユは，1809年1月4日，パリの南西40kmほどの所にある，クーブレという小さな村に生まれた。父の名はシモン・ルネ・ブライユ（S. R. Braille）といい，腕の良い馬具職人だった。母の名は，モニク（M. R. Braille）といった。12年，ルイが3歳のときのことである。父母が家を留守にした際，好奇心旺盛なルイは，父の仕事場へ足を踏み入れた。台の上にはナイフや錐などの道具が並べられていた。ルイはそこからナイフを小さな手に取り，父を真似て近くの革を切り始めた。しかし重いナイフはルイの自由にはならず，勢い余ったナイ

フがルイの目に刺さった。よく手入れされた父の道具が，ルイの目から光を奪う凶器となったのである。好奇心は発明家にとって不可欠の資質であるが，その代償は幼いルイにとってあまりに大きかった。

■ パリ盲学校へ

　この当時，盲人となった多くの人は，物乞いをするほか生きる道はなかった。このため，父母も家族もルイの将来を案じ，彼を甘やかすことはしなかった。父はルイが自活できるようにと簡単な革細工を教えた。最初にルイの中に才能の芽生えを見出したのは，1815年に新しくこの地区の司祭となったジャック・パリュイ（J. Palluy）であった。パリュイ司祭はルイにキリスト教の教えを授け，学校に通わせるべく校長アントワヌ・ブシュレ（A. Bucheret）に彼を紹介した。学校に入ると盲目のこの少年は，前日に聞いた授業の内容を暗唱し教師を驚かせた。成績は主席であった。2年が経ち，パリュイ司祭はルイの才能をさらに伸ばしてやりたいと考えた。ブシュレ校長はパリに盲学校があることを知っていて，それを司祭に話した。司祭はルイのことを領主のドルビリエ（M. d'Orvilliers）侯爵に相談した。慈しみの心の深い侯爵は，かねてからパリ盲学校に援助していた。その侯爵のはからいで，ルイは同盲学校への入学が決まり，さらに奨学金を受けられることになった。

2　点字の発明

■ バランタン・アウイの凸字

　王立パリ盲学校は，バランタン・アウイ（V. Hauy）が1784年に創立した世界最初の盲学校である。ルイ・ブライユがこの盲学校に入学したのは1819年2月15日のことだった。アウイは盲教育を始めるのに際し，どのような文字を使うかを模索した。最終的にアウイが選んだのは，紙をアルファベットの形に浮き上がらせた凸字だった。アウイの凸字は，文字の高さが3インチほどもあった。このため，印刷は容易でなく，ルイが入学した当時，盲学校には教科書は14冊しかなかった。さらに凸字の最大の欠点は，盲人が自分で書くことができなかったことである。このため，盲学校での教育は，もっぱら暗記の繰り返しであった。この

ような十分とはいえない教育環境の中で、ルイはその知性を輝かせていった。

■ シャルル・バルビエの文字との出会い

　ルイ・ブライユが盲学校に入学した翌年の暮れ、シャルル・バルビエ（C. Barbier）という軍人が盲学校を訪ねてきた。要件は、自分の発明した文字を、盲人の教育に採用してはどうかとの提案であった。バルビエは砲兵大尉であったが、夜間の演習や戦闘のとき、命令を隊員に正確に伝えることに苦慮していた。そこで彼は、命令を紙の上に凸出した点とダッシュで表現し、触って理解できる方法を考え出した。これは「夜の文字」と呼ばれた。バルビエはこの方法に改良を加え、縦2列の11点からなる文字を完成させ、これを「ソノグラフィー」（Sonography）と名づけた。そして、触って理解できるこの文字を携え、パリ盲学校を訪れたのであった。

　当時の校長はドクトル・ギーエ（Dr. S. Guillié）だった。ギーエ校長はバルビエの熱心な説明に耳を傾けながらもその採用には慎重だった。バルビエの文字は複雑すぎて、習得に時間がかかるという欠点もあった。バルビエは色よい返事を返さない校長に失望して辞去した。しかしバルビエは諦めなかった。ほどなくして、パリ盲学校の校長が交代した。1821年、バルビエは再びパリ盲学校を訪れた。新しく校長に就任したピニエ（Pignier）は、ソノグラフィーを生徒達に紹介することを約束した。かくして点で綴られたバルビエの文字が、ルイ・ブライユとパリ盲学校の生徒達に披露された。生徒達は、指先に伝わる明瞭な刺激に強い興味を示し、それまでの凸字とはまったく異なる感覚に目を輝かせた。やがてこの文字は教授の補助手段としてパリ盲学校で採用されることになった。

　ルイとその友人達はソノグラフィーをマスターし、互いに文書を交わしはじめた。自分でノートが取れ、家族に手紙が書けることは、盲人にとってこの上ない喜びだった。しかしソノグラフィーに習熟するにつれ、ルイはそこに多くの欠点を見出した。バルビエの文字が複雑であることは前にも触れたが、加えてバルビエの文字が速記文字からきているため、音を表現するのみで綴りに対する考慮が欠けていること、アクセント記号、句読点、数字に対する割り当てがないこと、さらにはバルビエの文字が縦に長すぎて全体を把握するには指先を上下に運動させる必要があることなどである。ルイはこれらの問題の一つ一つに解決策を示し、

それらはピニエ校長を通じてバルビエに報告された。バルビエは盲学校から伝えられた改良案にもっともな点を感じ、アイデアを次々に生み出す盲生徒に会ってみたくなった。かくして盲学校の校長室を訪れたバルビエを待っていたのは、12歳のまだ幼さの残る少年であった。しかし、その少年が話しはじめたソノグラフィーの欠点と優れた改良案を耳にするや、バルビエは大声で自分の文字を弁護しはじめた。55歳のこの軍人の迫力を前に、ルイは口をつぐむしかなかった。そして、このときからルイ・ブライユのまことに独創的な「点字」の開発が始まったのである。

■ 研　究

　ルイは研究に没頭した。まさにそれは寝食を忘れるほどのものだった。あるときはバルビエが開発した点字板に突っ伏して寝、あるときは通りの車の往来に朝の訪れを知った。夏休みにクーブレの自宅に帰ったときも研究の手を休めることはなかった。木立の根元に腰を据え、一心に紙に点を打っては触ってみるルイの姿を見た村の人は、それを盲人の新しい遊びであると思った。

　2年が過ぎた。1823年8月、ルイ・ブライユの「点字」はほぼ完成した。それはバルビエのものとは異なり、縦3点2列の6点で、アルファベット、句読点、アクセント記号、数学記号などを表現するものだった。ルイ・ブライユの点字はすぐさま盲学校内に広がった。最初の実験をともにした親友ゴーティエ（G. Gauthier）が、ルイの点字の完成をわがことのように喜び、学校中に宣伝して回ったのである。生徒達はルイの簡単で明瞭な点字に習熟し、その便利さを喜んだ。そして、勉強に、手紙に、日記にと使い始めた。このときの点字はまだまだ不完全なものだったが、とはいえ今日に続く点字はこのとき誕生したと言ってよいであろう。ルイ・ブライユの「点字」が完成するのは25年、ルイが16歳の時である。

3　完成した点字

　ここでルイ・ブライユの点字に若干の説明を加えておく。具体的な点の構成は表4-1を参照願いたい。まず、点字を構成する六つの点に左列の上から下に向

Ⅰ　慈善・社会事業の時代

表4-1　ルイ・ブライユが開発した点字

出所：大河原（1970：31）。

かって①②③，右列の上から下に向かって④⑤⑥と番号を打っておく。ルイはこのうち①，②，④，⑤の四つの点でアルファベットのaからjの10文字を表現することにした。四つの点で表現できるのは15文字であるが，形が同じで位置のみが変化する点は区別が難しい。そこでそうした点の五つの組合せを排除し，a～jに対し表4-1の最上段に示す点を割り当てた。続くk～tに対しては，a～jの点に③の点を加えたものとした。続くu, v, x, y, zおよびアクセント付きの五つの文字には，a～jの点に③と⑥の点を加えたものとした。さらにa～jの点に⑥の点を加えたものを「an」，「on」などの略字に使用した。またa～jの点を一段下にスライドさせたものを句読点や記号に当てた。数字はa～jまでの点字を流用し，その前に数字であることを示す「④⑤⑥」の数字符を置くことにした。またd～jの点字で音符のドからシまでを表した。なお，フランス語では使用頻度の少ないwは，初期のルイ・ブライユの点字には含まれていなかったが，1836年，イギリス人ヘイター（Hayter）の要請でこれを「②④⑤⑥」の点として加えた。

　以上のようにルイ・ブライユの点字はきわめて合理的に，かつシステマティックに構成されている。d～jまでの点字は一見規則性がないかのように見えるが，d, f, h, jの三つの点からなる点字は，三角形の直角の頂点が④，①，②，⑤と反時計周りに回転している。しかも四つの点からなるgをこれらの中心に置き，e, iの2点からなる点字を含めきれいな対称性を示している。特にこの性質は音符を現したときに，美しいメロディーとなって指先に現れる。こうしたことが，覚えやすく読みやすいルイ・ブライユの点字の特徴であり，世界のアルファベット圏の盲人文字をほぼ席捲した理由であろう。これを年端もいかない少年が思いついたのには驚きを隠せない。しかも彼は盲人である。文字を見たこともない人間が，新しい文字を発明したのである。

4　点字の認知

▌パリ盲学校に根ざしはじめる点字

さて，こうして生まれた点字であるが，パリ盲学校の生徒達の評価とは裏腹に，これが公式に認められるのには思いのほか時間がかかった。ルイ・ブライユは学業のかたわら点字の改良を進め，1827年，文法書を点訳した。翌年には点字音符の基礎を作った。29年には『単語と音譜と簡単な歌曲を，盲人のために点字で書き表わす方法』を出版し，点字の全体系を示した。これ以降，ピニエ校長は点字を盲学校教育に正式に採用するよう，政府に幾度となく陳情した。しかし，政府からは通り一遍の賞賛が帰ってくるのみだった。34年，ルイはパリ産業博覧会に点字の体系を展示するよう招待された。ルイはこの頃から健康を害し，翌年には結核のため喀血した。37年には，生徒達の手で世界初の点字の教科書であるフランス史の本が出版された。こうしてパリ盲学校内での点字の地位は着々と高まっていった。

▌危機と挽回

しかし，晴眼の教師は，こうした状況を必ずしも快く思わなかった。点字が普及しては，盲人の教師に職を奪われてしまうと考えたためである。1840年には校長がアルマン・デュフォー（P. A. Dufau）に代わった。もともと同校の副校長であったデュフォーは，校長就任後まもなく，学校内での点字の使用を禁止した。さらにそれまで長年にわたって蓄積されてきた，点字の本や教科書，点字で書かれた書類をすべて焼却してしまった。しかも点字板や鉄筆を押収するほどの念の入れようだった。生徒達はこれに激怒し，反旗を翻した。生徒達は校長に隠れ，針やフォークの先などで点字を書き，意志を伝え合った。見つかれば処罰されたが効果はなかった。こうした混乱を沈めたのは，デュフォーの甥のジョーゼフ・ガデ（J. Guadet）だった。

ガデは，1840年から副校長としてデュフォーの仕事を補佐していた。最初ガデはデュフォーに味方して点字の禁止に荷担していたが，やがて点字の有用性に気づきはじめた。そして，後には点字の理解者としてデュフォーを説得する側に

回った。43年,パリ盲学校は新築移転することになる。44年2月22日には新校舎の開校式が行われた。その席上,各界からの来賓者を前に,ガデは点字の発明の経緯を説明し,その有用性を実演して見せた。そしてその発明者であるルイ・ブライユに賞賛の拍手を送った。こうして「点字」の使用がパリ盲学校内で晴れて認められることになったのである。

おわりに

　ルイ・ブライユは一つの大きな仕事を終えた。ルイの病状はやがて悪化し,1852年1月6日,永眠した。2年後,政府はルイ・ブライユの点字をパリ盲学校で正式に採用することを決定した。その後年月は要したが,彼の点字は世界に広がった。1952年6月22日にはルイ・ブライユ没後100年を記念して式典が行われ,フランス政府は彼の遺体を同国の偉人達が眠るパンテオン墓地に移した。これは,点字の使用者が,「点字の父」としてのルイ・ブライユの功績を,世界に認めさせた瞬間である。なお,世界の多くの国では,点字のことを「Braille」と称している。

　冒頭でも触れたが,今から6,000年ほど前,人類は文字を持った。それ以来,人類は生物学的遺伝情報に「文字」による広義の遺伝情報を加え,それを子孫に伝えることで,豊かな文化,高度な文明を築いてきた。同様に,点字を得た盲人は,文化・文明の創造者,継承者の一員となった。点字が盲人の能力を伸ばし,活躍の場を広げたのである。かくして点字の発明以降,数多くの盲人が世界の歴史に名を残した。そのことは,とりもなおさずルイ・ブライユの歴史的偉業の証明である。

◆ 引用・参考文献（さらに深く学ぶ人のために）
大河原欽吾『ルイブライユの生涯――点字の発明とその普及』（日本ライトハウス,1970）
ジャン・ロブラン／沢田慶治訳『光の使徒ルイ・ブライユ――点字考案者の献身的生涯』（日本点字図書館,1970）
山口芳夫『愛の点字交響楽』（うらべ書房,1988）

[小西律子]

I　慈善・社会事業の時代

第5章　ヨハン・ヒンリッヒ・ヴィヘルン
—— ラウエハウス，ヨハネスシュティフトの創設者

[Johann Hinrich Wichern] 1808年4月21日，ドイツ，ハンブルクに生まれる。ゲッティンゲンおよびベルリンで神学を学び，33年，ハンブルクに児童施設ラウエハウス (Das Raehe Haus) を創設した。平信徒奉仕者ディアコニー養成所ブリューダーハウスを附設した。48年，「内国伝道」を提唱し，58年，ベルリンにヨハネスシュティフト (Johannesstift) を創設。81年4月7日，永眠（72歳）。

　産業革命の進行は，貧困，疾病，犯罪，劣悪な労働，児童問題等，新たな社会問題を惹起した。そのような状況下の1848年，マルクスとエンゲルスは労働者の団結を呼びかける「共産党宣言」を発表し，パリでは二月革命，ウィーン，ベルリンで三月革命が勃発，ヴィヘルンは「プロレタリアートの底辺において奉仕する教会の救済活動」である「インネレ・ミッション」（内国伝道）を提唱した。三月革命の失敗後，ビスマルクが経済力と政治力を伸張させたプロイセンの首相に就任し，普仏戦争を経てドイツ統一が達成される。ヴィヘルンは，激動のドイツで「内国伝道」の理念を具現化し，キリスト教社会改革 (Christliche Sozialreform) を牽引した。この章では，児童施設として世界的に注目されたハンブルクのラウエハウスと，内国伝道の中心を担ったベルリンのヨハネスシュティフトを中心に，ヴィヘルンの営みとその波及について概観する。

1　「ハンブルク下町のフランチェスコ」の誕生

　ヨハン・ヒンリッヒ・ヴィヘルンは1808年4月21日，ドイツ，ハンブルクで誕生した。15歳の時に公証人であった父が没し，6人の弟妹を養うために，2年間，全寮制学校の補助教員として働いた。
　ゲッティンゲンではフリートリッヒ・リュッケ（1791〜1855）に，ベルリンで

53

はリュッケの師シュライエルマッハー（Friedrich Ernst Daniel Schleiermacher, 1768~1834）に学び，また貧窮者対策施設の創設者コトヴィッツ（H. E. von Kottwitz, 1757~1843）と交わり，覚醒運動に触れた。ヴィヘルンは，この時期にハレを訪れ，A. H. フランケ（A. H. Francke, 1663~1727）が創設した児童施設を訪問し感銘を受けている。

ハンブルクに戻った後は，牧師補となり，貧しい家庭の子弟のために日曜学校や訪問伝道を始め，下層社会の実態を認識する。

2　ラウエハウスの創設

▎目的と構想

ヴィヘルンは，1833年に，ハンブルク市参事官であったカール・ジーヴェング（K. Sieveking, 1787~1847）の支援により，「道徳的に非行化した子供」を「キリスト教的家庭規律をもって救済」するための施設ラウエハウスをハンブルク郊外に創設した（北村 1984：14-15）。

ヴィヘルンは，家族を「善なるものが人間の心情に植えつけられ，はぐくまれ，守られるべき自然的・道徳的集団」と捉えていたが，現実にはそのような家庭生活が「汚され，破壊されている」状況に生きる子どもが存在した。それゆえ，彼は子ども達の救済のために，ラウエハウスを「いくつかの家庭からなる共同生活」として構成しようと考えたのである。

つまり「大きな，百人も収容する宮殿か兵舎のような建物でなく，むしろいくつかの小さい簡素な住居」を建築し，その住居は「子供が喜ぶような小公園によって区分」され，「それぞれの家では，いずれもせいぜい十二人の子供からなる三ないし四組の子供の家庭が，相互に分かれた部屋に集まって一緒に住む」こととし，「これらの家庭のそれぞれの中心点には，ひとりの成人した，両親または兄弟の代わりとなる友人」がなり「もうひとりの人がそれぞれの家の教師となり，そのような小さい家全体に対し特別の監督をする」という構想であった。敷地の片方には少年の家，他方の側には少女の家，敷地の中央に礼拝堂と広い食堂，館長の家が置かれるという建物の配置であった。館長の家では，病気の子どもに特別の看護が与えられ，また「新規の収容者を，館長がその気質状態を熟知する

第5章 ヨハン・ヒンリッヒ・ヴィヘルン

ラウエハウス（1836年当時）

まで一時的に受け入れたのちに，ふさわしい子どもの家庭に入れ，適切な監督者」（ブリューダーまたはシュヴェスター）に委ねられた（北村 1984：17-18）。

■ ディアコーンの養成所ブリューダーハウス

　ヴィヘルンは，ラウエハウスの担い手として，ブリューダー（英語の Brother にあたる）と呼ばれる献身者を養成するために，ブリューダーハウスをラウエハウスに併設した。

　宗教改革により壊滅された修道院・修道会の修士や修道女をプロテスタント主義のなかで再成し，福音主義教会における奉仕（ディアコニー）の実践を行うディアコーンの養成所であった。それゆえ，ヴィヘルンを「男子ディアコニーの父」と呼ぶ人もある。

　ブリューダーハウスにおいて，ディアコーン達は，ラウエハウスだけでなく，監獄や救貧院，病院の救護，学校看護等において働く者として養成され，彼らは刑事施設での奉仕，宿泊事業，浮浪者救護，アルコール依存症者のための救護，機関誌 *Fliegende Blätter* の刊行など，ディアコニーの実践を展開する。

3　「インネレ・ミッション」の提唱

　1848年の三月革命を，ヴィヘルンは「キリスト教界内部における社会的弊害の残酷な暴露」であると同時に「救済愛の日常活動の力強い開始を喚起するもの」

と受けとめた（北村 1984：47-48）。「共産党宣言」が発せられる状況を，ヴィヘルンは「脱キリスト教と世俗化」の問題と捉えていたが，同じ頃に，オーバーシュレジエンで，ペスト発生により数千人が孤児となる事態が起こる。彼はキリスト教的愛の救済活動に着手すべく，同地に赴き，その帰途，ヴィッテンベルク教会会議において，「キリスト教的・社会的目的，団体，施設，とくにインネレ・ミッション」を「時代の要求に対し福音主義教会の義務として」提案した。「教会は教会として実践に関し，大きな罪責を償い，新しいことを始めねばならぬ」と主張したのである。

　彼の提唱は，1848年11月，ヴィッテンベルク教会会議インネレ・ミッション中央委員会形成のための暫定委員会設置に至り，49年，ヴィヘルンが作成した「綱領」によって，インネレ・ミッション中央委員会の活動が開始された。その綱領および定款は，「ドイツ国民への覚書」（北村 1997, 2002）として発表され，全ドイツにおける福音主義教会の「内国伝道」のための活動が展開され，キリスト教社会改革が進められた。

4　エファンゲリッシェス・ヨハネスシュティフトの創設

▌プロイセン国王による招聘

　ヴィヘルンは，機関誌における執筆活動，講演，献金を集める旅行などにより，多くの支援者を得た。1840年代にはプロイセン国王フリドリッヒ・ヴィルヘルムからも関心を寄せられるようになった。57年1月には，国王は，ヴィヘルンを福音高等教会会議の高等宗教局評定官・議員として，同時に，監獄・救貧問題担当内務省参事官としてベルリンに招聘した。これに対し，ヴィヘルンは，ラウエハウスや福音主義教会での自由な活動から離れないことを条件に，主として冬はベルリンで夏はラウエハウスで業に従事することとした（北村 1987：2-15）。

　ヴィヘルンは，欧米各国における刑事施設の改革についての広汎な知見を基礎として，監獄問題を社会問題の中心的課題として把握し，プロイセンのベタニア病院建設や刑事施設改革等に参画した。そのようなヴィヘルンは，監獄改良の国際的な牽引役でもあったニューヨーク監獄協会（Prison Associaition of New York）の「通信会員」（Corresponding Member）でもあった。

■ ヨハネスシュティフトの構想

1858年，ヴィヘルンは，ベルリンでブリューダーハウス，エファンゲリッシェス・ヨハネスシュティフト（以下，ヨハネスシュティフト）を創設した。

ヨハネスシュティフトは，「キリスト教的信念」を「目的に至る方途に位置づけること」にあった。つまり，「兄弟愛」を有する「福音主義的男子」に，学業と実践的訓練によって，年少者の教育や男子病者の看護，刑事施設収容者や出所者のための奉仕，貧困者救護の援助のために，必要な技術的準備を施すことを目指したのである。このようなヨハネスシュティフトは，ベルリンだけでなく全プロイセンに対して，福音主義的に奉仕することが期待された（北村訳 1987：109-160）。

ヨハネスシュティフトの建築は，一面の長さが約100フィートの十二面の多角形で計画され，そこに六つの家が配置されることが構想された。まず，多角形の内部を，アーケードを巡らした円とし，このアーチの中心に簡素な家庭礼拝堂を設ける。円環の最も上の端に，約36人の子どものための家を用意し，園芸や耕作のための器具や子どもの運動場や遊園地のある中庭などを付設する。そこでは，「都市の最も不幸な家庭から出された」子どもや，「受刑中の父母を持つ子ども」を対象とし，同様の運命に陥らないように守ることを企図した。さらに，約40人から50人の男子患者のための病棟や，子どもとブリューダーのための厨房と食堂，ブリューダーのための仕事場などが設けられることが構想された。つまり，ブリューダーは，現に子どもや患者達とともに生活するなかで養成されることが目指され，これは，ラウエハウスと同様の目的を担うブリューダーハウスであった。

貧困，障害者問題，児童，高齢者・更生保護などに「救済愛」をもって対峙し，「兄弟愛」をもって支えるディアコーンの養成とその組織化に尽力したヴィヘルンは，1881年4月7日，ハンブルクにおいて永眠した（72歳）。

5　ヴィヘルンの歴史的意義

■ 欧米各国から注目されたラウエハウス

ヴィヘルンはラウエハウスを設立した際，両親または兄弟の代わりとなる大人と，子ども達は愛で結ばれるべきであり，それゆえ施設に鍵や塀などで逃亡を防

止する装置があってはならないと考え，開放処遇を採用した。犯罪や不良行為のある子どもを対象とする施設に逃亡防止装置があるのが一般的であった時代に，愛情に結ばれる家庭として開放処遇を採用したことは画期的なことであり，ラウエハウスは欧米各国の関係者に注目された。

たとえば，フランスのデュメス（Frederic-Auguste Demetz, 1796～1873）は，ラウエハウスを視察後，1840年に「家族舎制」を採用するメトレー農業矯正院を設立した。また，アメリカ合衆国のホーレス・マン（H. Mann, 1796～1859）は，監禁施設を有さないラウエハウスに感銘を受け祖国で視察報告をし，アメリカ国立監獄協会が設立した感化院バーナム・インダストリアル・ファームにおいても，ヴィヘルンの理念とラウエハウスの実践が参考にされた。

さらに，アイルランドの長老教会牧師スティーブンソン（W. F. Stevenson, 1832～1886）は，1852年にラウエハウスに論究した論文「祈りと労作」を発表し，同論文は，62年にイギリスで単行本化され，92年には，ニューヨーク監獄協会書記ラウンドによってアメリカでも刊行されるにいたった。

▌日本への影響

ヴィヘルンの働きについては『大日本監獄協会雑誌』においても早くから紹介されていたが，その名をキリスト教理念とともに受容し，自らの実践の基礎として位置づけたのは家庭学校の創設者留岡幸助（1864～1934）である（北村 1986）。

留岡は，ワインズ（E. C. Wines, 1806～79）の『文明諸国における監獄及び救児施設の状態』や，スティーブンソンの『祈りと労作』を通して，ヴィヘルンの理念と実践に注目するにいたった。彼は，スティーブンソンが記したヴィヘルンのラウエハウスでの実践理念 "the Rough House was a house of love, that it suffers no ramparts, nor walls, nor bolts, because the love of Christ binds faster than ramparts, or walls, or bolts," を，「感化学校ニハ外壁鉄窓アル可ラズ。宜シク愛心ヲ以テ充タス可シ」と，"No wall is the strongest wall, where the spirit of Chirst is." を「愛是最堅之牆壁也」と訳した。これらの言葉は家庭学校の理念的論拠と位置づけられ，また留岡の生涯の座右の銘となった（二井 2010：74-76）。

おわりに

　ドイツのギムナジウムの歴史教科書において，ヴィヘルンはマルクスと並んで，19世紀の社会問題に対して改革に取り組んだ存在として記述されている。彼が創設したラウエハウスやヨハネスシュティフトは，現代のドイツにおいても，児童問題や障害者問題，高齢者問題を扱う社会福祉施設を運営するとともに，福音主義的キリスト教社会福祉事業の担い手を育てる教育機関を併設し，実践を支える人材養成を行っている。愛による社会実践というヴィヘルンの理念は現在も具体的な事業として息づいている。

◆ 引用・参考文献（さらに深く学ぶ人のために）

Stevenson, W. F., *Praying and Working*. The Order of St. Christopher, 1892.
Johann Hinrich Wichern Sämtliche Werke herausgegeben von Peter Meinhold (Bd. 4. Teil 1-2). Schriften zur Sozialpädagogik: Rauhes Haus und Johannesstift, Lutherisches Verlagshaus, 1958-1959.
北村次一訳『ヴィヘルン著作選集1　インネレ・ミッシオンの創立』（キリスト新聞社，1984）
北村次一『ヴィヘルンと留岡幸助――キリスト教社会改革史』（法律文化社，1986）
北村次一訳『ヴィヘルン著作選集2　キリスト教社会改革の展開』（キリスト新聞社，1987）
北村次一編訳『ヴィヘルン著作シリーズ1　ヴィヘルン・ブリューダーシャフト史資料』P. マインホルト校注（法律文化社，1988）
北村次一訳『ヴィヘルン著作シリーズ2・3　ドイツ国民への覚書（上・下）』P. マインホルト校注（法律文化社，1997，2002）
二井仁美『留岡幸助と家庭学校――近代日本感化教育史序説』（不二出版，2010）
Das Raue Haus HP（http://www.rauheshaus.de/home.html, 2012年7月1日アクセス）
Evangelisches Johannesstift HP（http://www.evangelisches-johannesstift.de/stiftung, 2012年7月1日アクセス）

［二井仁美］

I 慈善・社会事業の時代

■□ コラム2 □■

ビスマルク

　今日では慣用句として定着している「飴と鞭（あめとむち）」。これこそは，1871年のドイツ統一の立役者として，また鉄血宰相として知られるビスマルク（1815〜98）の政治手腕を象徴する言葉である。ビスマルクは，62年以来のプロイセン宰相を経てドイツ帝国宰相として強大な指導力を発揮した。

　ドイツをイギリス，フランスに次ぐ大国へと成長させた巧みな外交手腕も知られるところだが，国内の政治に関してビスマルクが特に力を入れたのは，カトリック勢力の弾圧，社会主義の鎮圧，社会政策の立案の三つである。前二者はカトリック教徒が結成した中央党，社会主義運動や労働運動との関わりで勢力を伸ばしてきたドイツ社会主義労働党といったビスマルクの政策に抵抗する勢力を排除するためのもの。それに対してエポックメーキングなのが，社会政策の立案である。

　ビスマルクは，「社会主義の温床は貧困の問題にある」と考えて貧困の予防につながる疾病保険法（1883），災害保険法（1884），老齢廃疾保険法（1889）に基づく社会保険制度を創設した。社会保険とは生活する上でのリスクに備えて強制加入する保険のことで国民の生活を保障する相互扶助の仕組みであり，現在の日本についていえば医療保険，年金保険，雇用保険，労災保険，介護保険の5種類がある。

　国民の生活保障の中核をなす社会保険のさきがけとなる制度の導入は，実に画期的な出来事であった。その社会保険立法を整備する一方で，ドイツ社会主義労働者党をはじめとするビスマルクの政策に対抗する勢力に圧力をかけるというビスマルクの政治手腕，体制の統一こそが「飴と鞭」と形容されたのである。

　このビスマルクの考えを学説的に支えたのが，社会政策学会の設立（1872）というかたちで一大勢力となっていた社会改良を志向する経済学者たちである。イギリス的な自由主義経済学と対置されるドイツ歴史学派と呼ばれる系譜に位置づくシュモラー（1838〜1917）らは，階級間の利害対立をはじめとする社会問題の解消に国家的な干渉の重要性を認めた。

　1868年に明治維新を迎える日本は，ドイツと類似した経済発展を遂げる。1897年には日本でも社会政策学会が創設されるが，それはドイツ社会政策学会を手本にしている。日本における社会政策学派の父と呼ぶべき金井延（1865〜1933）や桑田熊蔵（1868〜1932）は留学先で触れたドイツ歴史学派の考え方に傾倒し，「私有財産制が生み出す階級対立を放任するのではなく，国家が調和すべき」という主張を展開することになった。

[杉田菜穂]

Ⅰ　慈善・社会事業の時代

第6章　ウィリアム・ブース
―― 救世軍の創始者

[William Booth] 1829年4月10日, イギリス, ノッティンガムで生誕。55年, キャサリン・マムフォルドと結婚。56年, メソジスト牧師としての按手礼を受ける。65年, 東ロンドン伝道会の創設。70年, キリスト教伝道会。78年, 救世軍（The Salvation Army）と改称。79年, 救世軍機関誌 *War Cry* の発刊。90年, *In Darkest England and the Way Out* を刊行。1907年, 来日。12年8月20日, 永眠（83歳）。

　世界にいち早く産業革命を起こし, 世界の工場たるイギリスは19世紀に華やかなヴィクトリア朝の時代を迎えた。しかしそこは資本主義社会の「光」とともに「影」を持つ社会であった。そこでそうした「影」の部分に光を当てようとする特異なキリストの教派が生まれた。ウィリアム・ブース率いる救世軍（The Salvation Army）である。19世紀後半に誕生した救世軍はイギリスのみならず, 世界各国に広がっていく。その基本的方針は伝道と社会事業とを併せ持つものであり, キリスト教の福音, そして人々の生活改善だけでなく社会改革にも大きな貢献をした。この章では創設者ウィリアム・ブースの歩みと救世軍の実践活動をみていく。

1　その誕生と救世軍の創設

■ 出自と初期の宗教活動

　ウィリアム・ブースは1829年4月10日, イギリス, ノッティンガムで誕生した。父はサムエル・ブースで, 釘製造を生業としていた。ブースの母は後妻のメイリー・モスである。しかし42年に父は死亡する。15歳の時, 通っていた教会の日曜学校の片隅で悔い改め, 回心するが, ここにキリスト者ウィリアム・ブースの原点がある。

　1849年, ブースは20歳の時, ロンドンに移住する。ここでは以前経験のある質

I 慈善・社会事業の時代

屋で働くことになり，当時の都市に住む下層社会の人々の実態にも触れていく。彼はジョン・ウエスレーの信奉者でメソジスト派に属していたが，51年にメソジストの改革派に加わっている。翌年4月10日，23歳の誕生日に自己の職を擲ち，専心伝道界に入り，改革派の伝道者となり，生涯キリスト教界において生きていくことを決断した。その後，ブースはメソジスト新派に属している。

1855年6月15日，ブースは以前から交際していたキャサリン・マムフォルドと結婚することになり，翌年，長子ブラムエルが誕生した。そしてメソジストの牧師として按手礼を受ける。ブースはその後，巡回伝道者となり，イギリス各地を伝道して回り，メソジスト新派とも袂を分かちリバイバル運動に献身していった。

ロンドンイーストエンドへ

1865年7月2日，ブースはロンドンで貧しい人々が多く住むイーストエンドに入り，ここで伝道を開始することとなった。19世紀中葉のロンドンは，繁栄とともにエンゲルスが『イギリス労働者階級の状態』(1845) で描破したように，労働問題，社会問題が顕現化し貧しい人々が多くを占めていた。とりわけイーストエンドはスラム化していたのである。当初，ブースは数週間の予定でこのイーストエンドでの伝道を考えていたが，この地に腰を据えて働くことになる。すなわちブースは社会の最底辺で生活している人々の生活をつぶさに知ることになり，彼らに福音を伝えるために東ロンドン伝道会を創設した。

この伝道会は70年にキリスト教伝道会と改称され，ロンドンのホワイトチャペルに本部を定めて活動を展開する。さらにキリスト教伝道会は78年に軍隊様式でもって伝道活動を展開することとなり，救世軍 (The Salvation Army) と改称された。かくして救世軍はここに本格的なスタートを切ったのである。ちなみに翌年には救世軍の機関誌 *War Cry* が発刊され，その印刷物という活字体でもって伝道を中心に据えて救世軍が何たるかを人々に訴えていった。

2　救世軍の展開

世界的展開

さて1878年にスタートした救世軍はロンドンに本部を持ち，地元の救世軍を固

めながら，「血と火」の軍旗，「救いと聖潔」を救世軍の柱にして，世界各国に広がっていった。その方針の一つは「適合」ということであり，救世軍の根本的な方針を揺るがせることはないが，伝道していくその国の文化や政治に見合った形で土着させていくことになる。それは一方で国際主義というように，神の下での人類の平等性という視点が内包されての拡大であった。また各国において展開されていく救世軍は経済的な自給を基礎に据えていった。日本救世軍の指導者山室軍平の言う如く「救世軍は世界各国に，何れも根から生抜の，救の軍隊を樹立することを理想とするものである。……（中略）……至る処確実なる事業の根をおろし，而して段々東西南北に其の枝を広げて行くことは，救世軍の主義であると謂ねばならぬ」(山室 1906：188）と。このように伝道と社会事業を併せ持って世界各国へ拡大していくが，次に救世軍の拡がりを瞥見しておくことにしよう。

■ 北アメリカとオセアニア

　まずアメリカについてであるが，1879年，救世軍兵士シルシーが家族を伴ってフィラデルフィアに移住した。彼はここで職を得て，その余暇を利用し救世軍の活動を展開していった。そしてロンドンに向けて士官の派遣を要請した。80年2月，ブース大将はレイルトン中将と一隊（7人）を送り，本格的にアメリカでの戦いを開始した。この8人の軍隊でもって，ニューヨークにも一隊を創設していった。レイルトン中将到着後7カ月においてすでに12の小隊を有したが，最初の1年間において大きな成果を得，その後も順調にアメリカ全土にわたって拡大していくのである。ちなみに救世軍社会事業の象徴ともいえる「社会鍋」の発祥の地はサンフランシスコであり，96年，調理用の鍋に「Keep the Pot Boiling」という言葉を添えて吊るしたことが淵源となっている。さらに隣国カナダにおいて開戦したのは82年7月のことであり，これはアメリカから派遣された数人の士官による。そしてトロントにカナダの本部が置かれることになる。

　オーストラリアで救世軍が活動を展開したのも1880年代の早い時期である。それはジョン・ゴーアと建築師のサンダースの2人がともに，ロンドンのキリスト教伝道会の回心者であったことに依拠している。このオーストラリアの地においても同様な運動が必要であると考え，多数の回心者を得た。士官の派遣をロンドンに要請し，81年にサザーランド大尉を派遣し，翌年にはバーカー少佐を派遣す

I 慈善・社会事業の時代

る。隣国ニュージーランドは83年，ポラード大尉とライト中尉が本部から派遣されることになる。このようにイギリスと関係の深いオセアニアの国には80年初期に伝播している。

■ ヨーロッパ，そしてアジア

　ヨーロッパを見ておくと，カトリックの国，フランスに救世軍が伝播したのは1881年３月のことである。ブース大将の長女カサリンやソーパル（後のブラムエル・ブース夫人）らが中心となり，戦いが開始されることになる。82年にスイス，スウェーデンに伝道を開始し，86年にはドイツ，87年にはイタリア，オランダ，デンマーク等に進出している。

　アジアに目を向けると，1882年にインド，翌年にはセイロン，そして日本には日清戦後の95年９月から伝道が開始されることになる。救世軍が開設された地域においてブースは伝道のため講演旅行を企てている。このように大凡，19世紀において世界各国の主なる国において救世軍は拠点をおき，「血と火」の旗が掲げられ，キリスト教伝道とともに貧困，病気，障害，飲酒，売春，戦争，犯罪問題等々で苦しむ人々に救いの手をさしのべていった。

3　『最暗黒の英国とその出路』をめぐって

■『最暗黒の英国とその出路』の刊行

　ブースは1890年10月20日，61歳の時，『最暗黒の英国とその出路』（*In Darkest England and the Way Out*）を上梓することになる。ここでは彼の著作をみることによって救世軍の方針，ブースの根源的な思想について見ておきたい。この著が上梓されるやベストセラーとなったが，その著の扉にはブースにとって出版の直前に天に召された妻への感謝の辞が記されている。

　イギリスの探検家ヘンリー・モートン・スタンレー卿（1840〜1904）は1878年に『暗黒大陸を横断して』を出版し，そして90年に『最暗黒のアフリカ』（*In Darkest Africa*）を出版したが，この著のタイトルからヒントを得たことは想像に難くないし，ブースもこの著の冒頭でもこれについて触れている。ここで大切なのは「最暗黒」（darkest）という言葉であろう。これは近代国家という文明の

第6章　ウィリアム・ブース

「光」に対して，その光が照射されない「暗黒」の部分，とりわけ「最暗黒」の存在を意味している。ヴィクトリア朝という世界の文明国の中にこそ存在する「最暗黒」を強調するという，その表現の視点に注目する必要がある。

■ その内容

本著は第1部「暗黒」と第2部「解放」とに分かれ，それぞれが9章，8章から構成されている。第1部の第1章は「何故に『最暗黒の英国』か」であるが，ここにおいて，著作のモチーフをうかがうことができる。

市長公舎前のブース大将の葬列

ブースは「最暗黒のアフリカが存在する如く，最暗黒の英国も存在するのではなかろうか」（山室訳 1987：7）という。しかし「この書は単なる絶望の哀歌ではない」（山室訳 1987：12）というように，出路が見える希望の著である。このようにこの著は大英帝国の病の解決策を構想したものである。こうした上梓目的でもって，各章は構成されている。

第1部が社会の暗黒の「実態」を，そして第2部がその「解決策」を提示している。たとえば第2部第1章第1節の「成功の諸要素」（山室訳 1987：109-115）においてブースは7項目を主張している。そこには「その人の人生の戦いにおける失敗の理由を構成するものが，彼の品性と行為とである場合には，その人を改変せねばならぬといふことである」，「救治策」（remedy）が効果を得るためには「その個人の環境が窮迫した状態の原因であって，彼の力ではどうにもならない場合には，その環境を改変せねばならない」，そして「害悪と対応する規模を持たなければならない」，また「計画」は「十分に大きく」かつ「永続的でなければならない」，そして「すぐに実施し得るものでなければならない」「対象とする人々に害を生じるようなものであってはならない」「その共同社会の一つの階級を助ける反面，今一つの階級の利益を重大に損なうものであってはならない」云々といった主張である。宗教色の強いものであるが当時のベストセラーともなっている。

I　慈善・社会事業の時代

　もちろんこの著で彼が主唱するところの構想はイギリスにとどまるものではなくて，各国の救世軍の方針でもあった。さらに，19世紀後半に出版されたものであるが，それは20世紀を視野に入れた，救世軍の方針であったことは言うまでもない。出版された頃のイギリスはC．ブースのロンドン調査やラウントリーのヨーク調査によって貧困の実態が暴露されていたし，具体的な福祉活動として慈善組織協会（1868）やトインビー・ホール（1889）のセツルメント活動等々が開始されていた。これらはそうした時代背景の中でのキリスト教団体の一種の特異な活動であり，一方，安易な他国への移住も構想されている。しかし彼にとっては正義という信念の行動であった。

4　晩年のウィリアム・ブース──日本との関係

■衰えない活動

　ブースの精力的な救世軍の活動は晩年にかけても，その勢いの衰えを感じさせなかった。1894年には第2回の万国救世軍会議の開催，インドネシアやハワイといった国や地域での開戦，また翌年には日本，イギリス領ギアナ，アイスランド，ブラジル等に開設されている。97年には第1回万国社会会議の開催，1904年には第3回万国救世軍会議，06年には77歳の祝賀会が水晶宮にて開かれた。そして翌年に日本を初めて訪問することとなり，08年には韓国にも開設した。亡くなる前年の11年には第2回万国社会会議の開催，スウェーデンやドイツ等も歴訪している。こうして世界各国に多くの救世軍を開設し，世界大会を主宰し，伝道と社会活動でもって多様な展開を成功させていった。

■来日をめぐって

　救世軍が日本に伝道を開始するのは1895（明治28）年9月の，日清戦争後のことである。その最初の救世軍入隊者が山室軍平である。山室は1904年にイギリスロンドンで開催された救世軍の万国大会に出席し，ここで初めてブースと邂逅する。そして日露戦後の07年4月16日，ブースの来日が実現した。ブースの来日は明治末期の1度だけであったが，それは，日本の社会事業や社会運動，キリスト教伝道の分野において大きなインパクトを与えた。折から日英同盟のもと日本各

地で歓迎会が大々的に催された。またブースは明治天皇に救世軍の制服のまま謁見した。そしてブースは日本各地を講演行脚していくことになり，そこでの大歓迎は日本の救世軍にとっても大きな宣伝ともなった。

お わ り に

　ウィリアム・ブースが1865年に創設した東ロンドン伝道会は，78年に救世軍と改称し，国際主義を標榜し，軍隊様式でもって各国に伝道領域を拡大していった。そこには「キリスト教伝道と社会事業」を併せ持つという基本的なスタンスがあった。19世紀中葉，イギリスのロンドンのスラム街の一角で狼煙をあげたブースの精神は，20世紀を通じ，世界に伝播し多くの民衆を精神的かつ物質的に救済していったことは福祉の大なる実践でもある。その点で，国家の福祉に先立つものとして，あるいはそれを補完するものとして重要な役割を果たしたといえよう。

　いま救世軍は世界120数カ国にその活動の拠点をもつキリスト教団体である。日本においても福祉や医療活動のほかに，たとえば2011（平成23）年3月11日の東日本大震災における救援活動や復興に向けて世界の救世軍の支援を受けながら積極的に活動を展開している。そしてその活動は世界各国においても今後も，社会の不合理に立ち向かいながら，キリスト教伝道はもちろん，民間という立場を貫きながら人々の幸福を追求し未来永劫に展開されていくであろう。

◆ 引用・参考文献（さらに深く学ぶ人のために）
山室軍平『ブース大将伝』（救世軍，1906）
山室軍平編『日本に於けるブース大将』（救世軍，1907）
西川光二郎編『ブース大将言行録』（内外出版協会，1912）
Marching On !, International Headquarters of the Salvation Army 1927.
山室武甫編『山室軍平著作集』全11巻（教文館，1951-56）
山室武甫『ウイリアム・ブース』（玉川大学出版局，1970）
Booth, W., *In Darkest England and the Way Out*, International Headquarters of the Salvation Army 1890.
山室武甫訳『最暗黒の英国とその出路』（相川書房，1987）

［室田保夫］

I 慈善・社会事業の時代

第7章 F. E. C. ウィラード
―― アメリカにおける矯風運動の指導者

[Frances Elizabeth Caroline Willard] 1839年9月28日，アメリカのニューヨーク州チャーチビルに生まれる。57年にミルウォーキー女子大学に，58年にはノースウェスタン女子大学に入り，59年に卒業。67年まで教職を歴任。68年から70年，ヨーロッパ遊学。71年，エバンストン女子大学の学長になる。73年，女子大学はノースウェスタン大学に吸収，学生部長兼美学教授になるが，その後辞職。74年，女性キリスト者禁酒同盟（WCTU：Woman's Christian Temperance Union）会務・記録書記。78年，WCTU 会長。91年，世界女性キリスト者禁酒同盟（WWCTU）会長に。98年2月17日永眠。

　南北戦争後のアメリカ社会ではアルコールの害が問題となっていた。1873年から74年にかけて，「女性十字軍」が酒屋・酒場の廃業に取り組み，それをきっかけとして74年に女性キリスト者禁酒同盟（WCTU）が設立された。F. E. C. ウィラードもその創立に関わった。彼女は1881年に "Do everything"（「何でもやろう」）という宣言を発し，禁酒運動だけでなく様々な社会活動に取り組んでいくことになる。この章では，WCTU において，禁酒にとどまらず，教育・女性労働・平和・売春問題等，女性の福祉に関わる様々な社会問題に取り組んだ F. E. C. ウィラードの歩みとその活動についてみていくことにする。

1 生い立ちから教員時代まで

▎子ども時代

　フランシス・エリザベス・キャロライン・ウィラード（以下，ウィラード）は1839年9月28日，アメリカのニューヨーク州チャーチビルに誕生した。父はジョシア・フリント・ウィラードで農民，実業家，教師という複数の顔を持っていた。母はメアリー・トンプソン・ヒル・ウィラードで，結婚前は教師をしていた。4つ上に兄オリバーがいた。ウィラードが2歳の時，父が牧師の職に就くため，一家はオハイオ州オベリンに移住する。4歳の時，妹メアリーが生まれる。その

後，7歳の時，父が健康を害したため，ウィスコンシン州ロック郡に移住し，一家で自然に親しむ生活を送る。ウィラードは兄と一緒に遊ぶことを好むなど，活発な少女時代を過ごした。ウィラード家の食堂には小さな絵が飾られており，禁酒を守る幸せな家庭と酔っぱらった男性と不潔な家が対比されるように描かれていたという。この絵は幼いウィラードの心に深く刻み込まれている。また家族内で禁酒を守る誓約を交わしていた。このような経験がのちのウィラードの禁酒運動への取り組みに影響を与えている。

▌学生時代

ウィラードは妹メアリーとともにミルウォーキー女子大学で過ごした後，1858年春，共にノースウェスタン女子大学に入学した。彼女は非常に聡明な学生であった。秋に一家でイリノイ州エバンストンに移住。その後，メソジスト教会で受洗し，クリスチャンとしての道を歩み始めている。59年に大学を卒業した。

▌教育者として

大学の夏休みを利用し，ウィスコンシン州の地方の学校で学習指導を行ったのが，ウィラードの教師としての最初の歩みであった。大学を卒業した後は，エバンストンの公立学校，イリノイ州ハーレム，カンカキー・アカデミー，ノースウェスタン女子大学をはじめとして，エバンストン女子大学，ノースウェスタン大学等の多くの学校で教鞭を執り，様々な経験を積んだ。

1868年5月から70年9月の間，友人ケイト・ジャクソン（K. Jackson）とヨーロッパに遊学し，様々な研究機関で学んだ。71年にはエバンストン女子大学の学長に選ばれ，女子教育に従事し，学生による自治という画期的な取り組みを進めていった。71年10月のシカゴ大火の後の不況の影響により，73年にエバンストン女子大学はノースウェスタン大学と統合し，ウィラードは学生部長兼美学の教授となった。この間，禁酒に関する講義なども行っている。しかしながら，ノースウェスタン大学では学長チャールズ・ヘンリー・ファウラー（C. H. Fowler）と意見が対立し，74年に辞職することになる（ファウラーはウィラードのかつての婚約者であったが，62年2月に婚約を破棄したという経緯があった）。

2 禁酒運動へ

■ **女性キリスト者禁酒同盟（WCTU）創立**

　1873年冬，ある禁酒運動家の講演をきっかけとして，オハイオ州ヒルズボロに住む女性たちの「女性十字軍」（Woman's Crusade）による活動が始まり，酒場や酒店の営業を停止させようとした彼女たちの運動は，全国的に広がった。ウィラードもこの運動に影響を受け，大学辞職後，ニューヨークの女性のための学校の学長への招聘があったがそれを断り，禁酒運動に取り組んでいくことになる。
　1874年11月18日，16州から135名が参加し，オハイオ州クリーブランドでWCTUが設立される。初代会長はアニー・ウィッテンマイヤー（A. Wittenmyer）で，ウィラードは会務・通信書記を担当した。ウィラードは会務・通信書記として中央と地方の連絡係を担い，WCTUの活動の中心としての役割を果たした。ウィラードは禁酒の実現には女性参政権が必要であると考え，国際女性禁酒大会（ITCW : International Temperance Convention of Women）でそれについて講演したいと考えたが，会長のウィッテンマイヤーは反対した。ウィッテンマイヤー自身は保守的で，WCTUの目標を禁酒のみにおき，政治的解決よりも道徳的解決を目指していたのである。ウィラードは道徳的解決を否定してはいないが，家庭という女性の聖域を守るために，禁酒が必要であり，さらにその実現には女性参政権が必要であると考えたのであった。つまり手段としての女性参政権の必要性を主張したのである。彼女は女性らしさを大切にするという保守的な面も持ち続けながら，女性参政権という革新的な課題に取り組んでいくことになる。76年には初めての禁酒運動の講演旅行を行い，また「家庭の保護」についての演説を行っている。また，D. L. ムーディ（D. L. Moody）の伝道旅行に同行し，禁酒に関する講演を行う。しかし，ムーディの性差別的な考え（男女が共に講壇することを許さない等）に賛成できず，同行を拒否する。また，先のウィッテンマイヤーとの意見の相違が原因で，ウィラードは会務・通信書記の職を77年に辞したが，79年には会長に選出された。

第7章　F.E.C. ウィラード

■ 世界女性キリスト者禁酒同盟（WWCTU）創立

　ウィラードは1883年，アンナ・アダムス・ゴードン（A. A. Gordon）とともにアメリカを回った。サンフランシスコを訪問時に，阿片窟を見たことをきっかけに，WCTUの運動を世界的に広げる必要性を痛感し，世界女性キリスト者禁酒同盟（WWCTU）を組織することになる。初代会長はイギリスのマーガレット・ブライト・ルーカス（M. B. Lucas）であった。当初，ウィラードは副会長を務めたが，90年にルーカス会長が逝去したため，91年に会長に選出された。アルコール販売と阿片取引の禁止を訴える多国語の請願書（Polyglot Petition）を作成し，各国に宣教師を送っていく。日本にはメアリー・クレメント・レビット（M. C. Leavitt）が派遣され，86年に矢島楫子らキリスト者女性が，東京婦人矯風会を設立した。日本では禁酒会ではなく矯風会という名称を用いた。矢嶋は初代会頭を務め「日本のフランシス・ウィラード」と呼ばれている。

3　活動の多様化

■ "Do everything"——戦略家としてのウィラード

　1881年にウィラードは"Do everything"という宣言を発し，禁酒運動以外の社会問題にも積極的に取り組んでいこうという姿勢を明確化し，その活動領域を広げていった。監獄改良（当時刑務所に入っている女性には売春女性が多いという状況があった），幼稚園，保育所の設置の必要性などを主張していく。また，売春問題にも言及し，86年のシカゴの大会では，法律上の処女年齢を高めて女性を保護する必要性を主張し，請願を提出する。若年層の女性を売春に従事することから保護しようという考えであった。70年代のWCTUは売春を行う女性に対し，売春をやめるよう説得していくという姿勢であったが，売春宿から脱出した女性たちのためのシェルターの設置や強姦から女性を保護する法案作成なども行っていくようになる。このようにウィラードは女性の福祉に関わる活動にもその取り組みを広げていった。

　また従来，ウィラードは飲酒が貧困の原因であると考えていたが，180度転換し，1889年には貧困が飲酒の原因であるという見解を示した。この考えの変化の背景には彼女の労働運動への接近があった。労働運動への関心から，86年に労働

騎士団（Knights of Labor：1869年，アメリカで結成された労働組合組織）の集会にWCTUの代表を送り始め，87年にはウィラード自身も入会している。また，キリスト教社会主義に共感を示していたのである。

■人種問題とウィラード

WCTUには白人女性も黒人女性も参加しているが，別組織で行動していた。ウィラードはアイダ・B・ウェルズ（I. B. Wells）によって，黒人男性へのリンチ反対問題に言及していないと批判された。ウィラード自身，白人女性が黒人男性に暴行を受ける点のみに触れ，当初リンチの問題には触れていなかった。こうした批判を受け，WCTUの大会で黒人のリンチに反対であるという決議を行っているものの，本質的に人種主義を克服することはできなかった。

4　ウィラードの著作と晩年の活動

■ウィラードの著作

ウィラードは少女時代から書くことが好きで，文学への野心も持っており，小説で賞を受けることもあった。1862年6月8日，妹のメアリーが死去し，64年にその生涯を記した『19年の美しい生涯——ある少女の物語』（*Nineteen Beautiful Years or Sketches of a Girl's Life*）を出版する。83年に『女性と禁酒運動——キリスト教婦人矯風会の働きと働き人』（*Woman and Temperance : or the Work and Workers of the Woman's Chiristian Temperance Union*），92年に自伝『50年の垣間見——アメリカ女性の自伝』（*Glimpses of Fifty Years-An Autobiography of an American Woman*），95年に『自転車の車輪——いかにして自転車に乗れるようになったか』（*A Wheel Within a Wheel-How I Learned to Ride the Bicycle*）を出版する等，多くの著作を遺している。

■晩年におけるウィラード

1892年，母の死後，ウィラードはレディ・ヘンリー・ソマーセット（L. H. Somerset）の招きに応じ，アンナ・ゴードンとイギリスへ渡った。これは長年の運動から健康を害していたウィラードの静養も兼ねてのものであった。95年まで

イギリスを中心に運動に携わる。95年3月のWWCTUのロンドン大会では社会問題の解決のために貧困を廃絶する必要性を主張するなど，キリスト教社会主義の思想がみられた。96年10月にはアルメニア事変が発生し，W. ブースとともに難民の避難所を設置するなどの活動も行う。97年10月のWWCTUのトロント大会における講演がウィラードの最後の大きな仕事となった。98年2月17日，長年の疲労がたたり，インフルエンザが原因で58歳の若さで死去している。

おわりに

F.E.C. ウィラードは1839年，アメリカのニューヨーク州に生まれ，教育者として歩み，その後禁酒運動に携わっていった。74年，女性キリスト者禁酒同盟（WCTU）の創立に関わり，当初は会務・通信書記を務めた。女性参政権の必要性をめぐっては会長と意見の相違があったが，ウィラードは，禁酒の実現のために女性参政権の必要性を主張していく。阿片窟の見学を機として，組織を世界に広げていく必要性を痛感し，83年には世界女性キリスト者禁酒同盟（WWCTU）の創立に関わる。ウィラード自身は日本に足を踏み入れることはなかったが，彼女の思想が日本の矯風会に大きな影響を与えていることはのちの日本キリスト教婦人矯風会の機関誌『婦人新報』を見ても明らかであろう。

ウィラードは保守派にも受け入れられやすいように，「家庭の保護」の必要性から，禁酒問題をはじめとした様々な社会問題にアプローチするという戦略をとった。"Do everything"（「何でもやろう」）という方針を立てたのは1881年で，禁酒だけではなく，労働問題，売春問題など幅広い問題に言及していく。彼女はキリスト教社会主義の思想を取り入れ，貧困の廃絶を訴えた。革新主義思想やフェミニズムの思想を持ちながらも，保守派にも受け入れられやすいよう，「女性らしさ」（womanliness）を利用し，中産階級の女性たちを運動に上手く巻き込

1905年にアメリカ国会議事堂内彫像ホールに据えられたウィラードの彫像

んでいった戦略家であり，アメリカで初めての女性のみで構成される最大の組織を育て上げた女性であった。当時，人種主義を克服できなかったなどの限界を持ちながらも，彼女の幅広い問題への取り組みやその戦略的な姿勢から学ぶところは大きい。

◆ 引用・参考文献（さらに深く学ぶ人のために）
片山潜・植松考昭『故ウィラルド嬢小傳——無冠女王』(矢島楫子，1898)
日本キリスト教婦人矯風会『日本キリスト教婦人矯風会百年史』(ドメス出版，1986)
岡本勝『アメリカ禁酒運動の軌跡——植民地時代から全国禁酒法まで』(ミネルヴァ書房，1994)
武田貴子・緒方房子・岩本裕子『アメリカ・フェミニズムのパイオニアたち——植民地時代から1920年代まで』(彩流社，2001)
栗原涼子『アメリカの第一波フェミニズム運動史』(ドメス出版，2009)
サラ F. ウォード『フランシス E. ウィラード——女性たちの代弁者』(アンカークロス出版，2011)

[嶺山敦子]

■□ コラム3 □■

「孤児列車」(Orphan Trains)

　昔から社会福祉の世界は洋の東西を問わず多くの小説の題材にもなった。老いや子ども，貧困といった言葉を入れるとその数は枚挙にいとまがないほどである。中でも孤児や孤児院，救貧院，労役場といった施設を取り上げてみると，モンゴメリーの『赤毛のアン』やチャールズ・ディケンズの『オリヴァー・ツイスト』『クリスマスキャロル』『デイヴィッド・コパフィールド』等がすぐうかぶ。前者は農業を営む老兄妹が期待に反して，アン・シャーリーという女子を貰い受けることから話が展開していく。後者のディケンズの一連の作品は周知のように英国ヴィクトリア朝の裏を描いた社会小説であり，その中には孤児院，救貧院，救貧法が登場してくる。

　ところでカレン・クシュマンの著した『ロジーナのあした──孤児列車に乗って』（徳間書店，2009）という本は児童書であるが，19世紀中葉から1930年頃までの約80年間，アメリカ社会の子どもの処遇を知る上において，社会福祉の歴史からも興味ある本である。ここでこの小説のあらましを紹介しておくと，1881年にシカゴから22人の孤児を乗せて，途中の駅で雇い主に拾われながら，一人一人減っていき，最後まで残ったロジーナが終点のサンフランシスコまで長い旅をしていく，その光景を描いたものである。そこには広大なアメリカ社会と中西部開拓，そして当時の児童政策の背景を興味深く読むことができる。

　この「孤児列車」(Orphan Trains) という用語を理解するためには，1人のキリスト教牧師（社会事業家）を登場させる必要がある。それはメソジスト派の宣教師チャールズ・ブレース（C. L. Brace）という人物である。彼は1853年，「ニューヨーク児童援護協会」(New York Children's Aid Society) という団体を創設した。また *The Dangerous Classes of New York* (1872) という著を出している。この「The Dangerous Classes」とは孤児や身よりのない子ども，非行少年たちを意味している。そして彼等を別の場所へ移動させる place out というプログラムが展開されていき，東部の町から西部に主に汽車にて移動させられた。これが「孤児列車」である。こうした児童の院外委託事業が当時の児童政策の一環となっていった。もちろんここには他国からの移民の問題が背景としてあることは言うまでもない。

　孤児たちの処遇が西部開拓の労働力と合致し，彼等を各地の家庭に引き取ってもらう，いわゆる里親・里子，養子縁組となる政策が展開されたのである。かくしてニューヨークやシカゴなどの都市から多くの孤児たちが，20人，50人というグループで列車に乗って中西部の家庭に貰われていくことになった。その数はニューヨークだけでも20万人とも言われている。これは19世紀の里親制度の典型的なものとして理解されているが，引き取られた子どもたちが幸福な生涯を送ったことの保証はない。これは時代と国は違うが，M. ハンフリーズの著した *Empty Cradles* の世界に共通する課題である。

参考文献　クシュマン，カレン／野沢佳織訳『ロジーナのあした──孤児列車に乗って』（徳間書店，2009），田中きく代『南北戦争期の政治文化と移民』（明石書店，2000）

[室田保夫]

I 慈善・社会事業の時代

第8章 ファーザー・ダミアン
―― ハワイ・モロカイの聖者

[Father Damien] 1840年1月3日，ベルギーに生まれる。59年，ルーヴェン神学校に入学。63年10月，ハワイ伝道に出立。64年3月，ホノルル着。ビショップ・マグレットより按手礼を受ける。同年7月，最初の伝道地ハワイ島プナへ赴任。73年5月，ワイルク教会献堂式，モロカイ島行きを決心。73年5月，モロカイ到着。以降，ハンセン病患者の世話をする。84年，自身もハンセン病に罹る。89年4月15日，永眠。

太平洋に浮かぶ常夏の島，ハワイ諸島，その一つにモロカイ島というハワイでは5番目に大きい島がある。ここに19世紀中葉からハンセン病の施設が設置され，クリスチャンを中心にして支援がなされたが，中でもダミアン神父（Father Damien）は患者のために献身的な生活を送った。彼は当初，ハワイ島に赴任したが，モロカイ島に多くのハンセン病患者が送られ，そこでは非人間的な過酷な生活を送る多くの人々がいることを知り，ここに赴任することを決断し，モロカイ島に渡り，彼らとともに生活をすることになる。しかし彼自身もハンセン病に罹り，該地でその生涯を終えたのである。この章では「モロカイの聖者」「救ライの使徒」「モロカイ島の殉教者」とも呼ばれた彼の生涯をみていくことにしよう。

1　神父への道

■ その出自と修道会へ

ダミアン神父こと，ヨゼフ・デ・ブーステル（1840～89）は1840年1月3日，ベルギーのルーヴェンに近いトレルメーという小さな村，デ・ブーステル家の7番目の子どもとして生まれた。父は貧しい農夫であり，両親ともキリスト教に対して敬虔かつ篤信な人物であった。ダミアンの幼名はヨゼフであり，6人の兄弟姉妹があったが，ほとんどがキリスト者，伝道者として生涯を送っている。ダミ

アンの一生を辿っていくとき，こうした家庭環境の下で育ったことをまず，知っておく必要がある。

　1858年5月，ヨゼフはフランス語の勉強のために寄宿舎に入る。しかしわずか7カ月で辞めることになるが，この年は彼にとって大きな人生の転換点ともなった。すなわち，この夏，兄のパンフィル（Pamphile）とともに聖心会修道院のなかでフランス語を勉強して過ごす。そして兄と同様にこの修道院に入ることを希望することになるのである。そして翌年，すなわち19歳の時，聖心会へ入ることが許され，聖職者になる道を選んだのである。ここで修道名をダミアンと改めた。

■ 神父として

　1860年6月末，ダミアンは聖心会の司祭として修業するため，ルーヴェンからパリ郊外の修道院に移る。この地で彼は18カ月にわたって「清貧，貞潔，従順の三つの誓い」を立て，スコラ哲学，ラテン語，そしてギリシャ語等の勉強を続けた。その後61年9月にパリからルーヴェンに帰り，聖心会の神学校，そして2年間ルーヴェン大学に通い神学を学んだ。神父になるためにはどうしてもそれが必要であったからである。

　1863年，聖心会は6人の神父とブラザー，そして10人のシスターをオセアニア地域へ派遣することになり，当初，兄パンフィルがそのメンバーとなっていた。しかし兄がチフスに罹り，その代理としてダミアンが赴任の意思を修道会本部に直訴し，それが認められることとなる。そして彼は同年10月末，ハワイに向けてパリを出発したのである。それは翌年3月19日，ホノルルに上陸するまで4カ月以上にわたる大航海の旅であった。

2　ハワイ・モロカイ島へ

■ ハワイ島への赴任

　ハワイに到着したダミアンは2カ月間，オアフ島のアフィマヌの神学校で修業し，本格的な司祭の活動に就くことになる。1864年5月に司祭に叙階され，6月にハワイ島のプナという小さな教区が彼の赴任先となった。プナで8カ月奉仕した後，65年3月，クレメント神父に代わってコハラに赴任する。彼はここで従来

Ⅰ　慈善・社会事業の時代

にもまして伝道活動と奉仕，医療活動に身を挺して働くことになった。ここでの活動は8年間に及ぶことになるが，毎年1個ずつ教会を創ったといわれるほど，熱心な伝道活動を展開した。

　そうした時，信者の中に，ハンセン病患者のいることが分かる。これがハンセン病への彼の出会いである。1869年，彼はトレムローへの書簡に「ハンセン病はここでも急速に広がり始めました。非常に多くの現地人が感染しました。彼らはすぐには死にませんが，治療法はほとんどありません。この病気は感染力がきわめて強いというのが特徴です」（イエズス・マリアの聖心会 1989：96）と認めている。「感染力がきわめて強い」という誤った認識からも窺えるように，当時の該病についての知識は現在的な水準と比べると未熟であったことはいうまでもない。

■ ハワイのハンセン病

　1865年1月に国王カメハメハ5世によって，ハンセン病の隔離法が制定されるが，ここでハワイのハンセン病について瞥見しておくことにしよう。そもそもハンセン病はハワイになかった病気であるが，1830年代くらいから，移民の増加とともにハワイでもハンセン病患者がみられるようになり，40〜50年代にハワイで流行する。こうした事態に対してホノルル政府は保健局を設置し，65年1月，カメハメハ5世は「ハンセン病の蔓延を予防する法律」を制定する。その法律によってハワイの保健局は，軽症患者の治療としてホノルルに病院を，そしてモロカイ島に「避難所」（セツルメント）を設置し，重症患者を送致することになった。そして翌年，モロカイ島にハンセン病患者が送られることになった。モロカイに送られた患者はその自然形態から，脱出していくことの困難さを自覚させられていた。島では統制がとられていたわけでもなく，送致しただけで管理が十分に行き届かず，無秩序に近い状態が続いていた。

　こうしたモロカイの状況があったから，逆に人々は隔離策に対して恐怖を抱き，家族は患者を隠すようになった。隔離政策という矛盾からは解決が見えにくい状況でもあった。この状況から保健局は，増加するハンセン病患者の処遇に対して，73年，さらなる強化策でもって対処していく方針を採るようになっていった。

第 8 章　ファーザー・ダミアン

■ モロカイ島へ

　1873年 5 月，マウイ島のワイルクでメグレ司教とともに完成した聖アントニー教会の献堂式が挙行された。式が終わるとメグレ司教は参加した司祭を集めてモロカイ島セツルメントにおける奉仕活動の希望を聞いた。そこで 4 人の若手司祭が手を挙げたが，その中にダミアンがいたことは言うまでもない。当初の提案として当番制ということで納得したようである。そしてダミアンがメグレ司教とともに，50人のハンセン病患者を伴ってモロカイ島に向けて出発した。ダミアン33歳の時である。

3　モロカイの聖者として

■ 患者の友として

　さて内なる信仰と神に仕えるという使命を抱いてダミアンはこの孤島でハンセン病患者との生活に入っていくことになる。キラウエア号に乗ってモロカイ島のカラウパパに到着したのは1873年 5 月のことである。ちょうどこの年はノルウェーの医師ハンセン（A. Hansen）によって，その病原菌が発見されたときでもあった。モロカイ島に上陸して管区長のモデスト神父に次のような書簡を認めている。「コハラ地区の信者たちの面倒をギュルスタン神父がみてくれているのなら，そして，もしあなたが私を移すため誰か後任をまだ見つけていないのならば，私はハンセン病の犠牲者に私の生涯を捧げるつもりです。ここにとどまる司祭は絶対に必要です。収穫物は熟しているのです。病人は船の積み荷のようにして送られて来ます。彼らは群れをなして死にます」（イエズス・マリアの聖心会 1989：113）と。

　そしてモロカイ到着後，ダミアンには多くの仕事が待っていた。ハンセン病患者への日々の対応はもちろんのこと，教会堂の建設と整備，患者のための施設建設，ハワイ政府保健局との対応等々である。こうした仕事，奉仕と呼んでもいいが，ダミアンは無私の精神でもって粉骨砕身，献身的に働いたのである。1880年 1 月末，ダミアンはモロカイに来て 7 年を経て兄に次のような書簡を認めている。

　　……（前略）……この地でハンセン病患者の間で暮らすようになってから早くも七年が過ぎたとは信じられません。この長い期間，言ってみれば，最も恐ろしい容貌となった人間の悲惨さに直に触れ，詳細に観察する機会を得ました。この地の半数の患者はすで

I 慈善・社会事業の時代

表8-1　モロカイ島隔離地の患者数推移

年	入院	死者	男	女	合計
1873	415	142	515	285	800
1875	178	149	465	279	744
1880	51	151	352	216	568
1881	195	129	398	236	634
1882	70	111	369	224	593
1883	300	150	453	290	743
1884	108	167	430	252	682
1885	103	142	422	221	643
1886	43	101	389	191	580
1887	220	111	449	239	688
1888	571	236	643	368	1011
1889	307	149	722	444	1166

注：患者数はその年の終わりの集計。
出所：イエズス・マリアの聖心会（1989：123）を一部修正。

に虫が喰い始めたいける屍です。……（中略）……当地に来て以来，わたしは毎年一五十人から二百人の遺体を埋葬してきました。患者の数は常に七百人を上回ります。昨年はいつになく多くのキリスト患者が死に見舞われました。教会の信徒席には空席が目立ちますが，墓地には墓穴を掘る余地すらほとんど残っていません（スチュワート　2005：272）。

　ダミアンは当初，赴任したときからここにとどまる覚悟をもっていたと推察される。ここでダミアンが赴任した1873年から亡くなるまでの死者や患者数をみると上の表のようになる。

▎リリウオカラニ王女の訪問

　1881年9月中旬，ハワイのリリウオカラニ王女（Lili'uokalani, Princess）がモロカイを訪問した。というのは当時カラカウア王は世界旅行の最中であり，王の代理としての訪問であった。王女はダミアンらの案内によって，ハンセン病患者のセツルメントを視察し，そして病人の不遇に涙した。ホノルルに帰るや内閣を招集し，セツルメントの実情を報告したのである。そしてリリウオカラニはダミアン神父に次のような書簡を認めたのである。

　　わたくしは，神父様がわたくしの国の最も不幸な人々になさってきた英雄的かつ献身的な尽力に対して心から感謝の意を表します。そして心ならずも親類や知人たちの手厚い庇護から締め出された人たちの肉体的，精神的な福利のためにあなたが努めてこられた

忠誠，忍耐，博愛を幾分なりとも公に，証したいと思います。あなたの尽力と自己犠牲が，ひとえに不幸な同胞のためを思ってのことであり，あなたが求めるものは神聖なる父にしてわたくしたちすべての支配者たる神からの報いと霊性のみであることは存じています。それでも神父様，先の訪問でわたくしは，手を尽くしてカラワオの不幸な患者の苦しみを和らげ，悲しみを鎮めておられるあなたのご努力に接しました。わたくしの心からの感謝のしるしとしてどうかカラカウア勲章をお受け取りください（スチュワート 2005：295-296）。

ダミアンの墓石

そして翌10月になって，ホノルル在のケックマン司教がモロカイ島カウナカカイを訪問し，デミアンにカラカウア勲章を授けたのである。このニュースはホノルルにおいて大きなインパクトを与えた。

4　ダミアンの晩年と死をめぐって

　1883年にはマザー・マリアンヌ・コープと6人の修道女がニューヨークからハワイに赴任することとなり，ダミアンの仕事を手伝った。このようにダミアンは「モロカイの聖者」というような形容があるが，多くの援助者によって彼の仕事が支えられていたことも看過すべきではない。しかし彼の肉体はハンセン病から逃れられることはできなかった。
　ダミアンが体の異変に気づき自己がハンセン病患者と確証を持ったのは1884年暮れのことである。初めてモロカイに入って10年以上の歳月が過ぎていた。そして86年3月30日にハンセン病患者として正式に保健局に登録されたのである。85年末に日本の後藤昌直（1857〜1908）はハワイに渡り，ダミアン神父の治療にもあたった。ダミアンは後藤の治療を受けるためにホノルルに行き，その結果，一時回復しており，ダミアンは後藤に信頼感を抱いていたといわれている。しかしその後，ハンセン病は進行していく。モロカイに帰り，その後も神父としての仕事，そして患者の援助と，天に召されるまで天職を遂行していった。そして89年4月15日，49歳でダミアンは天国に召された。

##　おわりに

　ダミアン死去のニュースは全世界を駆け巡り，彼の功績をたたえた。たとえばイギリスでは1889年6月，皇太子（後のエドワード7世）は彼への敬意を表し，三つの計画を発表した。それは第1に「モロカイ島にダミアン神父の記念碑を建てること」，第2に「ロンドンのいくつかの病院，医大にダミアン神父の名を冠したハンセン病患者の病棟を設立する。さらにハンセン病研究を奨励すべく，学生の留学寄金を設立すること」，三つ目として「インドにおいて，この病気の徹底的な解明調査を図ること」である（スチュワート　2005：546）。ダミアンの業績と思想とその精神は世界的な影響をもたらしていったのである。またダミアンの墓には次のような碑銘が刻まれている。

　VCJS／ダミアン・デ・ヴーステル神父の霊に捧ぐ／苦しめるハンセン病患者のために愛のうちに殉死す　1889年4月15日　安らかに眠れ

　そしてダミアンの死体は1938年，没後50年経ち，故国ベルギーの生まれ故郷に帰った。ハンセン病はハンセンによる病原菌の発見後，後にプロミンの開発等で不治の病ではなくなっていくが，19世紀の隔離政策という悲劇の産物でもあった。しかしこうした時代状況において，彼が果たした役割は忘れられることなく人々の記憶に留めておかなければならないだろう。

◆ 引用・参考文献（さらに深く学ぶ人のために）
小室篤次『聖者ダミアン』（教文館，1930）
小田部胤明『ダミアン神父』（中央出版会，1954）
岩下壮一「救ライ50年苦闘史」『岩下壮一全集』第8巻（中央出版社，1962）
イエズス・マリアの聖心会『ダミアン——モロカイ島の殉教者，ダミアン神父百周年記念誌』（1989）
小田部胤明『ダミアン神父（改訂版）』（中央出版社，1993）
スチュワート，リチャード／横瀬朋彦訳『ダミアン神父物語』（イエズス・マリアの会，2005）

［室田保夫］

I　慈善・社会事業の時代

第9章　オクタヴィア・ヒル
―― 居住環境改善のパイオニア

[Octavia Hill] 1838年12月3日，イングランド東部ウィズビーチで，資本家の娘として生まれる。ロンドンへ移住後，キリスト教社会主義に基づく女性のための共同ギルドで働き，困窮する人々の生活実態に直面する。65年，ロンドンで，貧しい労働者の住宅と生活改善のための住居管理事業に着手する。その後，慈善組織協会（COS）の組織化と運営，ナショナル・トラストの創設にも関わった。1912年8月12日，永眠（74歳）。

　世界に先駆けて産業革命を起こし，急速な社会経済構造の変化を経験したイギリス社会において，ヴィクトリア期，都市における労働者が貧しい生活状況に直面したことは広く知られている。政府による効果的な施策がない中，貧困問題に苦しむ人々を救うため，多くの民間人が様々な活動を展開した。その草分け的活動として，ロンドンにおけるオクタヴィア・ヒルの住居管理事業がある。この章では，ソーシャルワーク実践ともいえる住居管理事業を中心に，オクタヴィアの歩みと活動をみていきたい。

1　その誕生と都市住宅問題への関心

■ 幼少期の家庭環境

　オクタヴィアは，1838年，イングランド東部ケンブリッジシャーのウィズビーチで，両親共に急進的な考えを持つ家庭に生まれた。母方の祖父にあたる T. サウスウッド・スミス（T. S. Smith）は公衆衛生に関する権威であり，父ジェームズ（J. Hill）は，社会主義思想を信奉する資本家であった。40年，順調であった事業が失敗し，一家はウィズビーチを去る。各地を点々としたが，ジェームズが極度な身体的・精神的疲労から家族を支えきれなくなり，母キャロライン（C. Hill）は娘達を連れて，実家の近隣地フィンチリーに移り住むこととなる。この

Ⅰ　慈善・社会事業の時代

間，オクタヴィアは，祖父のもとで医学報告書や法律の抜粋を写す手伝いをしながら，多くの社会運動家が訪れる環境の中で，ヴィクトリア時代の都市における貧困問題を意識するようになっていった。

■ 関心の高まり

1851年，キャロラインが女性のための共同ギルド（ロンドンの貧民地区の女性や子ども達に生活の糧となる教育と仕事を提供した，キリスト教社会主義に基づく共同作業場）の管理を任され，一家はロンドンに移住する。オクタヴィアは，そこで生徒たちに玩具の作り方を教えるワークショップを手伝いながら，栄養失調や慢性病，虐待，非衛生など，困窮する人々の生活実態に触れ，貧困問題を現実のものとして強く認識する。特に，住宅事情の劣悪さを痛感した彼女は，キリスト教社会主義者である F. D. モーリス（〔John〕F. D. Maurice）や芸術思想家 J. ラスキン（J. Ruskin）らとの出会いを通して，貧しい人々の暮らしを取り巻く住環境の改善を自らの責務として意識するようになった。

2　住居管理事業の展開

■ 住居管理事業の始まり

その本格的な取り組みは，1864年，ラスキンから資金貸与の申し出を受け，翌年，ロンドンの南西地区メリルボーン（Marylebone）で最も荒廃していたパラダイス・プレイス（Paradise Place）に3軒の集合住宅を購入し，自らが家主となったことから始まる。幼時期に移り住んだ田舎の憧憬を遠い記憶に，祖父のもとや共同ギルドでの手伝いなどを通して，早くからロンドンにおける貧困層の生活実態を目のあたりにしたオクタヴィアは，スラムにおける‘住宅’と‘住み手の生活’の両方を改善することを念頭に，貧しい労働者のための住居改良（housing reform）を展開していった。

■ オクタヴィア方式

オクタヴィアが着手した住居管理事業は，居住者と住まいの両方を改善するための住居管理（housing management）で，今日におけるソーシャルワークの一形

態として評価される。一般にオクタヴィア方式といわれるこの住居管理は，次の四つの要素に特徴づけることができる（Malpass 1999）。

まず第1の要素として，事業支援者（investor）の存在があげられる。オクタヴィアは，ラスキンの資金貸与によって，ロン

現在のパラダイス・プレイス

ドン南西地区メリルボーンの貧しい一画パラダイス・プレイスにあった3件の住宅を750ポンドで賃借契約し，これを十分に管理することによって5％の利潤を達成することを約束した。二人が事業を行うにあたって目標としたのは，「貧しい人々を過酷な居住状況と粗野な家主の影響から解放すること」と，「彼らの暮らしを高潔にし，家庭生活を幸福かつ善良なものにすること」であった（Whelan 1998）。

次に第2の要素として，住宅（house）があげられる。オクタヴィアはまず，居住者のために住宅を早期修繕し，共同設備を充実することを家主の重要な責務とした。そして，家賃収入が増えるとともに，住民が共に集える場所や，子ども達や女性のための各種教室などコミュニティにおける生活の質を向上するための改善を施していった。例えば，メリルボーンに次ぐ住居管理となったフレッシュウォーター・プレイス（Freshwarter Place）では，住人が憩い，子ども達が安全に遊ぶことができる庭を設けている。

さらに第3の要素として，借家人（tenant）の立場性があげられる。オクタヴィアは，劣悪な住宅事情の原因が無秩序な家主と借家人の関係にあると考え，そのあらゆる関わりにおいて，「尊厳性の原則」（Principle of Perfect Respectfulness）と「規則性の原則」（Principle of Perfect Strictness）の二つの原則を追求した（Payne 1997）。彼女にとって，廉価な家賃で粗野な住環境にある人々は，異なる貧しい階層ではなく，夫であり，妻であり，息子であり，娘であり，家族のメン

I 慈善・社会事業の時代

バーであり，また，個々の経歴，性格，希望，憧れ，魅力を持つ独立した人間であった。そのような人間として対等な関係を前提に，オクタヴィアは，怠惰，あるいは自堕落なかたちで貧しい生活を送っている人々が安定した住居を持つことができるよう，彼らに居住者として責任ある行動を求めた。例えば，彼ら借家人が家賃を規則的に支払うことによって，家主は住居を良い状態で管理し，必要な箇所を即座に修繕するよう努める。こうした互いの信頼関係が，貧しい人々を勤勉で分別ある生活へと導くことができると考えたのである。したがって，借家人が彼女の求める規則に従った生活を伴わない時，家主としての権力を行使することも辞さなかった。

このようなオクタヴィアの事業では，単なる利益の追求や博愛とは異なり，理性，信仰，不屈の精神によって，借家人と継続的に関わることが求められた。そのために採用されたのが，今日でいうソーシャルワーカーとしての住居管理婦（以下，女性ワーカー）であり，これが第4の要素となっている。

女性ワーカー（worker）の採用は，オクタヴィア方式の要件である。彼女の目指す効果的な住居管理には，建築学，家政学，経済学，社会事業などに関する幅広い専門知識や技術を身につけ，様々な機関との交渉，家賃の徴収，改善箇所の早期発見，居住者の生活指導や相談業務などを通して，借家人と継続的な関わりができるワーカーの存在が必要であった。加えて，通常，日中に行われる訪問では，たいてい各家庭の主婦が相談者であり，彼女達が日常に抱える問題を打ち明ける相手として信頼感を得るには女性の援助者の方が適していた。これらの点が女性ワーカー登用に深く起因している（岸本 1978）。

その直接的な担い手となったのが，中産階級の婦人ボランティアである。彼女の事業からは，トインビー・ホールやハムテッドの田園郊外における活動に関わった H. バーネット（H. Barnett）や，フェビアン協会のメンバーで社会改良に尽力した B. ウェッブ（M. B. Webb）など著名な女性活動家が巣立っている。

3　COSのメンバーとして

▌COSの設立と目的

慈善組織運動を導いた T. チャルマーズ（T. Chalmers）の著作からかなりの影

響を受けていた彼女は，E. デニソン（E. Denison），C. S. ロック（C. S. Rock）らとともにその運動を推進し，1868年，慈善組織協会（COS：Charity Organization Society）の前身となるロンドン貧困及び犯罪防止協会の設立に貢献した。COSのメンバーは，個人の気質が社会的困窮に陥る主な原因であり，無差別に施しを行うことは受給者をより傷つけ，堕落させてしまうという考えを持っており，中産階級の優位性と，貧しい人々はより良い生活改善へと導かれるべきであるという信条に少なからず基づくものであった。したがって，オクタヴィアやCOSの仲間たちにとって，貧困者救済とは「貧困の罪から個人を救うこと」であり，救済の可能性が見込まれる"価値ある貧民"を対象にその道徳的改良を行うことが彼らの活動における主たる目的となった（Malpass 1982；岡本 1973）。

■ 救貧に対する姿勢

先述の通り，オクタヴィアは事業を展開するにあたって，無責任で，酔っぱらいで，不潔な生活に甘んじている借家人は，住宅市場の暗部として存在するスラムと同じくらい劣悪な住宅事情に責任があると考えていた。後の労働者階級の住宅に関する王立委員会（1884）においても，そのような人々を「有害かつ有罪な階級」と繰り返し言及し，そういった人々の増加を危惧している（Malpass 1982）。このような貧困観は，COSの活動を通して打ち出した「施しによらない貧困者の救済」（Bell 1942）という，オクタヴィア自身の救貧思想に深く依拠している。

4　活動の展開

■ 事業の拡大

晩年，その活動範囲について彼女が仲間とともに行った調査によると，1874年の時点で，約15棟を管理し，2,000～3,000人の借家人を抱えるまでに至っていたという記録が残っている。後に，教会委員会の委嘱による活動展開を含めると，1,800～1,900の住宅やフラット（同一階の居間・食堂・台所・寝室・浴室など数室からなる一世帯用住居），総計1万人を超える程度の住居管理を担っていたとも概算されている（Whelan 1998）。

Ⅰ　慈善・社会事業の時代

■ その他の活動

　事業が拡大する一方で，オクタヴィアは，ロンドンの排煙防止運動や，都市や地方における共同利用地としてオープンスペース（Open space）を確保・保存する運動においても先駆的役割を果たし，歴史的名勝および自然的景勝地の保護を目的とするナショナル・トラスト（The National Trust for Places of Historic Interest or Natural Beauty）の創立メンバーとなった。彼女はまた，婦人教育活動，女子大学セツルメント活動にも尽力した。

■ オクタヴィア方式の広がり

　オクタヴィア方式は，1870年代以降，リーズをはじめ，リバプール，マンチェスターなど，地方都市で採用されている。彼女のアイディアは，彼女の住居管理を学んだワーカー達によって，スウェーデン，デンマーク，アイルランド，ドイツ，オランダ，ロシア，アメリカ，南アフリカ共和国，オーストラリアなど各国へと伝播している（Bell 1986；Clayton 1993）。また，時代を少し後にして，イギリス領であった香港や，日本といったアジアにも波及している（Bell 1971＝2001）。

おわりに

　ヴィクトリア時代（1837～1901）が終焉し，第一次世界大戦を直前にイギリス社会が新たな変革期を迎えた時期，オクタヴィアは64年の生涯を終えている。その死が国をあげての埋葬も考慮されたほど，彼女は時代を代表する人物の一人となっていた。

　しかし，彼女の社会改良家としての評価をめぐっては，今なお多くの議論を呼ぶところである。1905年の王立救貧法委員会への正式な参加は，オクタヴィアが社会改良家としての革新性を評価されたと同時に，彼女が併せ持つ保守性を批判されることとなった最も顕著な例である。国内での住居管理事業の継承においても，福祉国家形成期，道徳的教化に偏重した貧困観を背景としたオクタヴィアの住居管理は，労働者階級のための住宅政策プログラムに有効な手法とはみなされなかった。

　貧困問題としての住宅問題の存在に気づき，その解決に向けて，自らの信念を

貫くかたちで草の根の活動を展開したオクタヴィア。その取り組みは，時代を反映しつつも，単なる物理的環境としての住宅を超えて，人間らしく住まうこと，そのための環境がどうあるべきかを問う画期的なものであったことには間違いない。住居管理という手法を用いたソーシャルワーク実践として，また福祉国家見直し期を経て，民間活動の役割が重視される今日の潮流にあって，彼女の活動にはあらためて評価すべき点が多い（成清 2005）。

◆ 引用・参考文献（さらに深く学ぶ人のために）

Bell, E. Mobery foreword by Sir Reginald Rowe *Octavia Hill-A Biography*, 1942, Constable, 1942 : reprint, Church Commissioners, 1986.
岡本民夫『ケースワーク研究』（ミネルヴァ書房，1973）
岸本幸臣「オクタヴィア・ヒルの住宅管理」（大阪教育大学『生活文化研究』第22巻，1978）
Malpass, P., "Octavia Hill", *New Society 4*. November, 1982.
Clayton, P., *Octavia Hill, 1838-1912 : Born in Wisbech*, the Wisbech Society & Preservation Society Trust Ltd., 1993.
Payne, J. L. ed., *The Befriending Leader : Social Assistance without Dependency*. Lytton Publishing Company, 1997.
Whelan, R. ed., *Octavia Hill and Social Housing Debate : Essays and Letters by Octavia Hill*, IEA Health and Welfare Unit, 1998.
Malpass, P., *The Work of the Century : The origins and growth of the Octavia Hill Housing Trust in Notting Hill*, Octavia Hill Housing Trust, 1999.
Bell, E. M., *Octavia Hill-A Biography*, Constable, 1971（平弘明・松本茂訳，中島明子監修・解説『英国住宅物語――ナショナルトラストの創始者 オクタヴィア・ヒル伝』日本経済新聞社，2001）
成清敦子「地域福祉の思想シリーズ⑬ オクタヴィア・ヒルのソーシャルワーク実践――都市居住問題への取り組み」『地域福祉研究』No. 33（日本生命済生会，2005）

[成清敦子]

I　慈善・社会事業の時代

第10章　バーネット夫妻
―― トインビー・ホールの設立者

[Samuel A. Barnett] 1844年にブリストルで生まれ，1862年にオックスフォード大学に入学して，67年に聖マリア教会の助任となった。
[Henrietta Rowland] 1851年に会社経営者の娘として生まれ，18歳の時にオクタヴィア・ヒルの慈善事業に参加した。2人は73年に結婚して聖ユダヤ教区で働き，84年にトインビー・ホール（Toynbee Hall）を設立した。

　セツルメント運動はイギリスで生まれ，アメリカ，ドイツやフランスなどのヨーロッパ諸国，そして日本へと広がり，慈善事業から社会事業への転換に貢献した。セツルメントとは，貧困地区の住民の「主体形成」という，社会教育とコミュニティワークに共通する目標を実現するために，物心両面へのニーズに焦点をあてて多目的なサービスを提供し，「人格的交流」を通じて地域住民と信頼関係を構築して，エンパワメントに取り組む活動である。この章では，トインビー・ホールを設立したバーネット夫妻の生涯と実践について紹介したい。

　なお，バーネット夫妻が設立したのにもかかわらず，「バーネット・ホール」ではなく「トインビー・ホール」なのは，「イギリス産業革命史研究」を書き，「産業革命」という言葉を考案したアーノルド・トインビー（A. Toynbee）が，トインビー・ホールの設立に貢献したからであった。トインビーは1883年に31歳の若さで死去したが，優れた経済学者であっただけでなく，労働者のクラブに加入して労働者と議論し，オックスフォードの貧民保護委員（poor law guardian）にも選ばれ，労働者がオックスフォード消費組合を作る際にも自分の部屋を提供するなどの協力を行い，現実の社会に積極的に関わっていた。

1　バーネット夫妻について

■ サミュエル・バーネットの半生

　サミュエル・バーネットは，鉄鋼業関連会社の社長の長男として生まれた。バーネットの父親は保守的な思想の持ち主であり，病弱な少年であったバーネットは家庭教師に教育を受け，父親の勧めにより1862年に保守的といわれていたオックスフォードのワダム・カレッジに入学した。

　バーネットが父親同様に保守的な人間として社会に出て，人生を終えていたら，トインビー・ホールも設立されず，ジェーン・アダムズや片山潜がトインビー・ホールを視察することもなく，アメリカ，日本，ヨーロッパ，そして世界にセツルメントが広がることはなかったかもしれない。しかしバーネットは1867年に南北戦争の余韻が冷めやらないアメリカを旅行し，自らの保守主義が打ち砕かれる経験をした。

　バーネットはアメリカから帰国すると，貧困地区が点在するイーストエンドに建てられた，聖マリア教会の助任となった。バーネットは教区学校で貧困な世帯の子どもたちの教育にも携わった。バーネットはこれらの教区の貧民救済活動を通じて，博愛事業家のオクタヴィア・ヒルと知己を得て，後に妻となるヘンリエッタと出会うことになる。

■ ヘンリエッタ・ロウランドについて

　ヘンリエッタは，大きな灰色の目をもち，その眼差しと人格的な魅力は周囲の人に強い影響を与える女性であり，オクタヴィア・ヒルのように結婚せず，終生を博愛事業に献身することを夢見ていた。しかし彼女の魅力は，ビアトリス・ウェッブが「さえない」と評したバーネットの心も捉えてしまい，彼女は思いがけないことに，バーネットから手紙で求婚された。

　ヘンリエッタにとってバーネットは，頭は禿げあがり，もじゃもじゃのあごひげを蓄えて爺むさく，流行おくれの衣服を無頓着に着て風采があがらず，シャイで無口な「年配の親切な紳士」にすぎなかった。しかしヘンリエッタは，求婚をむげに断るとヒル女史のもとで活動を続けるのが難しくなると危惧し，求婚への

I 慈善・社会事業の時代

返事を先送りにしたところ，活動を通じてバーネットの真摯な恋情と実直で謙虚な人柄が理解され，結婚に至った。自分の夫についてのこのような率直な記述からも，ヘンリエッタの性格がうかがわれる。

　ヘンリエッタは理想を持つだけでなく，理想を実現するための計画を生み出すような想像力も備えていた。それらはバーネットとの会話によって明確化され，練達され，概念化されて，トインビー・ホールの事業として実践された。ヘンリエッタは自分の意見を述べることを好む，当時では先進的な女性であり，初期のトインビー・ホールの実践が地域住民に理解されないことも恐れなかった，といわれている。

2　トインビー・ホールを設立するまで

▎聖ユダヤ教区での経験

　聖マリア教会で聖職の修行を終えたバーネットは，オックスフォードの郊外にある閑静な教区の司祭に就任するように要請された。しかしヘンリエッタとこの要請を断り，大恐慌の年である1873年に，ロンドンでも最も深刻な貧困地区がある聖ユダヤ教区に赴任した。

　しかしバーネットが聖ユダヤ教会に赴任して，教区民の一人から最初に受けた歓迎は，通りでノックダウンさせられ，時計を盗まれたことであった。バーネット夫妻は，聖マリア教区での経験を活かして，宣教活動と教育活動，貧民救済活動に取り組んだが，教区民の生活は荒廃しており，慈善を抑制すると教区民から罵詈雑言をあびせられ，司祭館に物を投げつけられることもあった。この経験からバーネット夫妻は，教育文化活動に取り組むようになった。

　バーネット夫妻がコンサートや絵画の展覧会，子どもへの遊びやスポーツの指導などの活動を行うと，住民のなかからも協力者が現れるようになった。

▎トインビー・ホールの設立に向けて

　バーネット夫妻とアーノルド・トインビーとの間には，ヘンリエッタがトインビーの妹と同窓である，というつながりがあった。バーネットはオックスフォード大学やケンブリッジ大学との協力関係を重視し，1875年からオックスフォード

大学の学生を聖ユダヤ教会での活動に勧誘していた。そしてオックスフォード大学の学生たちが貧困地区を訪れ，大学のなかで貧困地区の状況とバーネット夫妻による活動が知られるようになると，オックスフォード大学の学生や教授たちはバーネット夫妻をたびたび大学に招くようになった。

そして1883年の1月にトインビーが30歳の若さでこの世を去ると，オックスフォード大学では，彼の遺志を継ぐために有志が記念事業を企画して募金運動を始めた。

同年の11月にバーネットはオックスフォードに招かれ，「大学セツルメント構想」を発表した。バーネットの構想はホワイト・チャペルでの経験を集大成したものであり，援助する者とされる者との間に友人関係のない活動は問題の根幹に触れておらず，高等教育や，音楽，芸術，福音は同胞の人間性の糧となる活動でなければ虚しい，と説いた。そして貧民街のセツルメント館に大学生や卒業生が住み込み，住民と「一対一の友人関係」を結んで，教育文化活動や社会活動を展開することを提案した。

3　トインビー・ホールの設立と活動の展開

■トインビー・ホールの設立

このようにして「大学セツルメント協会」が設立され，この協会が聖ユダヤ教会の近くで売りに出されていた労働学校を取得して，1884年7月に共有財産として登録して，トインビー・ホールが設立された。バーネットは初代の館長を，84年から1906年まで務めた。

■トインビー・ホールにおける活動の展開

トインビー・ホールでは，学生たちへの住居の提供や大学公開講座，美術展，子どもの夏季休暇活動基金の設置，読書会，経験を広げるための海外遠征が企画・実施され，レジデント（居住者）のなかには貧民救済委員となり，慈善組織協会の仕事をする者もいた。労働組合の支援，借家人組合の創設，「貧困者のための法律家」計画などの活動も展開された。

トインビー・ホールで教育的事業が下火になると，今度はユース・ワークが発

I 慈善・社会事業の時代

現在のトインビー・ホール

展した。当時トインビー・ホールで行われたユース・ワークとは，ボーイ・スカウトやガール・スカウトなどであった。たとえば「少女食事クラブ」では，工場に食堂や売店がなく，経済的な理由で昼食をとれない少女工場労働者に，安くて身体に元気をつける昼食が提供された。

　これらの活動を通じてバーネットが意図したのは，貧困なため幼いうちから工場で働き始めるため，学校に行けず，天性を発揮できないままイーストエンドに適応してしまう子どもたちの視野を広げること，そして知識をもとに実践に取り組み，貧困地域の住民を教化するのではなく理解することであった。

4　バーネットと慈善事業，教会

▌COSへの友情的批判

　バーネットは慈善組織協会（COS）の支部副会長を務めたこともあり，COSによる個別処遇は評価していた。しかし貧困が増大するなかで，COSの「依存は堕落を生む」という原則が形式化・ドグマ化し，COSが国家の救済を非難するだけで，失業者のよりよい処遇方法について言及していないことに疑問を持ち，1895年に「友情的批判」を行った。これを COS の中心人物であったロックは個人的批判と受け取り，個別援助の重要性を説いて社会改良に反対した。

　このやりとりから，自由主義的な貧困罪悪観にもとづいて，貧困になる原因を個人の道徳的責任に還元し，節約と自助を説いて，公的救済の弊害を強調するCOS，あるいはこの時代の慈善事業に対して，バーネットが一線を画したことが読み取れる。

第10章　バーネット夫妻

■ バーネットと教会

　バーネットは慈善事業と一線を画しただけでなく，教会とも緊張関係にあった。バーネットが聖職の修行をした時期には，富める者と貧しい者の二極分解が進行し，夫妻は上流階級に所属することへの罪悪感という「罪の意識」により，慈善事業，そして貧困問題に取り組んだ。

　しかし当時の教会は，貧民を憐憫と施与の対象とみなし，冷淡な態度をとりがちであった。そのためバーネットは，キリスト教を「天国の宗教から現世の宗教」にするために何事かをなさねばならないという覚悟で，セツルメント運動に取り組んだのであった。このような両者の間の貧困についての認識とコミットメントの違いから，軋轢が生じることになった。バーネットは1906年に，所属教会からウエストミンスターに任命された。その時彼は主教座聖堂参事会員（Canon）に就任してもおかしくないと目されていたが，そうはならなかった。むしろバーネットが所属していた教会のなかには，バーネットやトインビー・ホールによる実践を理解せず，追い出そうとする人たちもおり，バーネットは忍耐により教会のなかにとどまっていた。

■ ランズベリによる批判

　バーネットの思想や実践に理解を示したのは，教会よりも政治家やジャーナリスト，労働者であったかもしれない。しかしそのなかには，クリスチャン・ソーシャリストであり，1931年から35年に労働党の党首を務めたランズベリ（G. Lansbury）のように，バーネットやトインビー・ホールへの活動に批判的な人もいた。

　ランズベリの母親は，COSが「救済に値しない貧民」に区分した貧民を支援し，救貧法委員会から警告を受けた。そのためランズベリは，バーネットに手紙を書き，その理不尽さを訴えたところ，バーネットは「そのような人々にはワークハウスが最善の生活場所である」と返信した。このような経緯によりランズベリはバーネット，そしてトインビー・ホールの活動に疑問をもつようになった。津崎哲雄によるとランズベリはトインビー・ホールに対して，①レジデントの立身出世主義，②政府関係者とのつながりの深さ，③トインビー・ホールの理事に戦争推進派の急先鋒であったミルナー子爵が含まれていたこと（ランズベ

が立っていた平和主義とのスタンスの違い)，④スラム地区にあるトインビー・ホールをオックスフォード大学の学寮を模して建設（改築）する，中産階級的エートスを，批判した。

おわりに

　バーネットは1895年にイギリス教会から主教座聖堂参事会員の称号を贈られて，1913年に69歳で帰天した。ヘンリエッタはサミュエルの死後も国際セツルメント運動を推進し，36年に85歳で帰天した。

　片山潜は神学生時代にトインビー・ホールを視察し，1897年にキングスレイ館を設立した。また東京帝国大学の学生たちが関東大震災の学生救護団の活動から東京帝国大学セツルメントを生み出した時には，学生たちの念頭にはトインビー・ホールがあった。そして阿部志郎や高島進などによる戦後のセツルメントの実践や研究にも，トインビー・ホールの実践やバーネットの思想は影響を与えており，それ以外にも多くの福祉研究者がトインビー・ホールを訪れた。

◆ 引用・参考文献（さらに深く学ぶ人のために）
小山路男『西洋社会事業史論』（光生館，1978）
高野史朗『イギリス近代社会事業の形成過程』（勁草書房，1985）
Briggs, A. & Macartney, A., *Toynbee Hall the First Hundred Years*, Routledge & Kegan Paul, 1884.（阿部志郎監訳『トインビー・ホールの100年』全国社会福祉協議会，1987）
高島進『シリーズ福祉に生きる9　アーノルド・トインビー』（大空社，1998）
津崎哲雄「ジョージ・ランズベリの信仰と社会（福祉）実践」（日本キリスト教社会福祉学会『キリスト教社会福祉学』35号，2002）
市瀬幸平『イギリス社会福祉運動史』（川島書店，2004）
津崎哲雄「ジョージ・ランズベリ研究Ⅲ——ランズベリの（大学）セツルメント観」（日本キリスト教社会福祉学会『キリスト教社会福祉学』37号，2004）
柴田謙治「バーネット夫妻の思想——慈善事業の転換期における先見性と人格性」（日本生命済生会『地域福祉研究』No. 35，2007）

［柴田謙治］

I 慈善・社会事業の時代

第11章 チャールズ・ブース
―― イギリス社会調査の創始者

[Charles Booth] 1840年3月30日, リヴァプールにて生まれる。71年, メアリー・マッカリーと結婚。船舶会社のオーナーとして, 博愛者として, 社会調査家, 社会改革者として活躍した。86年からロンドンの貧困調査に着手。その調査の結果である報告書『ロンドン民衆の生活と労働』(*Life and Labour of the People in London*) は, 初版が89年に刊行され, 17巻の最終報告書は, 1902年から03年に刊行された。16年11月23日, レイチェスターシャーにおいて永眠。76歳であった。

　ブースのロンドン調査が実施された頃は, 貧困に対する意識が自由放任主義的貧困観から福祉国家的貧困観への過渡期を迎えつつあった時期であった。しかし, 貧困はあくまで個人責任であり, 国家が介入する必要はないという自由放任主義の考え方は依然優勢であった。つまり, 貧民が貧しいのは, 彼らが勤勉で節約をする努力ができる尊敬に値する市民である資質をもっていないからであるという考え方である。貧困に対応するには, 私的慈善が第一選択であるとも考えられており, 19世紀後半期には, 私的慈善活動も盛んになっていた。また, 現在のケースワークやコミュニティ・ワークの源流であるといわれる慈善組織協会 (COS) やセツルメント活動も誕生していた。

　ブースが貧困調査を実施したロンドンのイーストエンドは, 当時から貧困で治安が悪い地域として一般に認識されていたが, 実際に貧困の規模がどれほどであるかは不明であった。もっとも, ブースが貧困調査を行うまで, 全く貧困に関する報告がなかったわけではない。しかし, 数量的な調査は実施されていなかった。ブースの貧困調査は貧困がどれほど蔓延しているかを数値であらわしたのみならず, 貧困に陥る原因は決して自己責任にのみ求められるものではないことも示した。人口の30％余もの人々が貧困である事実を前に, 個人責任だけが貧困の原因だと考えることはまったくの疑問である。「ロンドン調査」の最大の功績は, 貧困の社会的責任を明らかにしたことであった。

I　慈善・社会事業の時代

1　その誕生とロンドン貧困調査まで

　チャールズ・ブースは1840年3月30日，リヴァプールの裕福な企業家の3男2女の3男として生まれた。父親はユニテリアンであり，海運会社 Lamport and Holt Steamship Company の経営者であった。ブースは22歳のときに父親を亡くし，この会社を引き継いだ。彼はビジネスマンとしての才覚に長けていたために，その海運会社をグローバルな規模に発展させた。

　1860年代に彼はコント哲学に関心をもつようになる。そのためかどうか明らかではないが，ブースはその後，従来もっていた宗教的な信仰心を稀薄化させていったといわれている。

　1884年，ブースは統計協会のフェローになる。ちょうどその頃ロンドン市長の要請で協会は市政調査会（救貧基金の支出に関する調査会）を支援することになった。83年に出版された国勢調査報告（1881）を読むなどイーストエンドの労働者階級問題に関心をもっていたブースは，この調査に協力することになる。ブースは，国勢調査データを基本としながらも，独自の質問票を作成するなどして，新たなデータの収集に努めた。作業の過程で利用可能なデータがいかに少ないかを痛感したブースは，独自に大規模かつ詳細な調査の構想を考え始めた。

2　ロンドン貧困調査

調査の概要

　1886年3月以後，ブースは貧困調査の準備を始め，その年の秋には調査が開始されている。報告書『ロンドン民衆の生活と労働』は，1～4巻が貧困の問題，5～9巻が産業の問題，10～16巻が宗教的影響の問題，17巻が社会的影響の問題と結論にあてられている。じつに17年間にわたる長期の調査であり，3万3,000ポンドという私費を投入して行われた。調査は質的把握と量的把握を組み合わせたもので，初めて社会的レベルにおいて科学的方法を用い，貧困の数量的・空間的把握に成功した。さらに「貧困線」という概念を初めて提示し，後続の研究に影響を与えた。

表 11-1　階層分布

A（lowest）最下層	37,610	0.9%	
B（very poor）極貧	316,834	7.5%	In poverty（30.7%）貧困
C and D（poor）貧困	938,293	22.3%	
E and F（working class, comfortable）労働者階級，愉楽	2,166,503	51.5%	In comfort（69.3%）快適
G and H（middle class and above）中産階級とそれ以上	749,930	17.8%	
Inmates of Institutions 施設入所者	99,830		

出所：Charles Booth, Life and Labour of the People in London volume 16, General Books publication, 2010, pp. 3-5 から筆者作成。

　この「ロンドン調査」のハイライトは，420万のロンドン住民を八つの経済階層に分け，貧困率が30.7%であることを明らかにした点にあった。八つの経済階層とは，「最下層：臨時日雇労働者・浮浪者および準犯罪者」「極貧者：臨時的稼得者」「貧困者：不規則的稼得者」「貧困者：規則的小額稼得者」「貧困線以上：規則的標準稼得者」「高額稼得者」「中産階級の下」「中産階級の上」であった。貧困率30.7%という数字はすでに社会民主連盟が発表した「貧困者25%」よりも多く，第2巻2章「貧困の統計」で棒グラフとともに発表されている。

　貧困線以下の市民がどの階層にどれほど存在するか，という点に関する調査結果は，①最下層の臨時労働者・浮浪者・準犯罪者は1.25%，②日雇的所得者（極貧）は11.25%，③不規則所得者は8.0%，④規則的低所得者は14.5%，であった。

　また，さらに極貧，貧困の原因分析を4,000人に対して実施した。その結果，貧困に陥った原因については，極貧層の55%，貧困層の65%が雇用上の問題によることを示した。「病気または虚弱」「大家族」という環境の問題によるものは，極貧層の27%，貧困層の19%が該当した。飲酒癖あるいは浪費癖といった習慣上の問題が原因となっているケースは極貧層では14%，貧困層では13%であった。結果として，貧困に陥った原因は，「社会的な原因」である雇用上の問題による影響が著しく大きいことが判明した。

　当初は，イーストエンドに限定した調査であったが，彼はその後，調査対象をロンドン全体に拡大していった。ブースは調査を行う一方で，家業のビジネスにも携わっていたため，調査自体はブースの計画に沿って実施され，研究資金，施

I　慈善・社会事業の時代

図11-1　貧困地図

出所：Neilmonitier photography Charles' Booth's poverty maps of London（http://www.google.com/gwt/x, neilmonitier.com/blog/?p=42）

設はブースが準備したが，実際に調査を遂行していったのは，組織された研究員のチームであった。

貧困率のほかにロンドンの街区を経済階層で色分けした「貧困地図」（図11-1）も有名である。原図はカラーで，黒が最底辺で，黄色が最上層，その間の階層が赤や青で塗り分けられている。

■ 調査に対する評価と解釈

ブースはそれまでに実施された貧困調査とは異なり，貧困状態を科学的に解明しようとした。しかしながら，ブースの調査の目的は，この時点においては貧困解消の方法を提起することではなかった。したがって，この調査結果には，貧困，失業，道徳的な退廃に関する調査報告はあるものの，これらの問題を解決するための対策はほとんどみられなかった。

ブースの研究成果は客観的であった。しかし，ブースが常に貧困に対して客観的で距離を置いていたといわれるのは，彼が中産階級出身であったためと断定することは間違っている。一般的に彼は貧困層の生活に対しては，国家が責任をもつべきだと考えていた。失業，貧困，道徳的退廃の多くは，劣悪な環境のなかに居住する住民の個人的な力では克服できない要因によって引き起こされる。した

がって，貧困は決して個人の失敗ではないとブースは考え，その点においてブース自身は強い社会改革指向をもっていたと考えられる。ただ，その指向が必ずしもストレートにはロンドン調査報告に現われていないだけである。ブースの最低生活を維持されることが国民の権利であり，貧困を予防することが大切であるという考え方は，その後の時代にも影響力をもった。

■ ブースの政治的関心

ブースの関心は，決して国民の貧困状態を明らかにする目的の社会調査にとどまるものではなかった。1893年には「高齢貧民に関する王立委員会」(Royal commission on the Aged Poor) に関与した。

1895年にブースは「少数派レポート」(the minority report) にサインした。少数派は，救貧法解体の提案を行ったことで有名である。また，多数派同様に失業保険の創設を提案し，健康保険には反対の立場をとった。1904年にブースは枢密院議員となり救貧法における王立委員をビアトリス・ウェッブ (B. Webb) らとともに務めた。

ブースは多くの人たちから年金制度の創始者だとみなされていた。それは，彼が長年にわたって貧困を緩和するためには公的年金が必要だということを主張してきたからであった。1889年には『老齢年金と老齢貧民——1提案』(*Old Age Pension and the Aged poor, A proposal*) を公刊した。

その後，ブースが提唱していた普遍的な年金制度ではなかったが，1908年に自由党政府によって「無拠出老齢年金制度」(Old Age Pensions Act) が成立した。

そしてブースはその制度が成立した8年後の1816年に永眠した。

3　ラウントリーの貧困調査

この節ではブースの調査をうけ，ヨーク調査を実施したラウントリー (B. S. Rowntree) についてふれておく。

ラウントリーはブースと個人的にも懇意であったため，ブースの調査方法を踏襲して，地方都市ヨークにて1899年「第一次ヨーク調査」(Poverty : A Study of Town Life) を実施した。その結果，最低生活基準以下である第一次貧困は全人口

の約 1 割，また，些細な浪費ですら生活が不可能になる第二次貧困を含めると貧困者の構成は約 3 割となり，結果はロンドン調査と等しいと主張した。また，主たる貧困原因は不熟練労働者の低賃金と大家族（子ども 5 人以上）にあることを明らかにした。

　貧困の判断基準は外見上の判定と一部は聞き取りによるものであった。しかし，ラウントリーの功績は，①不熟練労働者のライフサイクルを明らかにし，彼らが生涯に 3 度貧困線以下の生活を強いられることを明らかにした。②1899年の第一次ヨーク調査に続き，1936年に第二次調査，50年に第三次調査を実施した。③貧困線設定方法を明確にしたこと，であった。

　ブースの調査と比較すると，ラウントリーはブースが行わなかった世帯の収入調査も実施した。彼の貧困調査は人口 7 万人の地方都市ヨークにおいて実施されたものであり，地域が限定されていたため，全労働者世帯を対象にした調査を実施することが可能であった。また，彼が製菓事業を営む地元の名家の出身であったため，調査対象者である従業員世帯の収入などデータが入手しやすい立場にあった。貧困線設定の仕方も明瞭であり，成人男子については 1 日 3,500 カロリーという具体的な指標を用いた。家族員については，性，年齢別に消費単位を定め，いわゆるマーケット・バスケット方式で飲食物費用を算定した。家賃は実際の家賃をとり，雑費については，多数の労働者の実際の生活をもとに必要最低限の金額を推定した。以上のような理由により，ラウントリーの調査はブースの貧困調査に比べると，より科学的であるとみなされている。

おわりに

　ブースとラウントリーの貧困調査は，貧困概念に大きな影響を与え，貧困原因を個人的要因による自己責任で例外的なものと見るマルサス理論と自由放任主義に対して，決定的な打撃を与えた。そして，社会改良政策を形成する上で大きな貢献をした。

　ブースとラウントリーの貧困調査が与えた具体的な影響を見ると次のようになる。低賃金不規則労働の改善と最低賃金制の確立，無拠出老齢年金制度の創設，救貧法行政の人道的運用等の実現に反映され，20世紀初頭の社会改良全般にも影

響を与えたといわれる。さらに，その影響は国際的なものでもあり，W. L. ウォーナーに代表される1930年から40年代のアメリカ都市社会学研究にも影響を与えた。

　ブースとラウントリーの貧困調査は日本にも多大な影響を与えた。一例を挙げると，横山源之助の『日本の下層社会』(1899) の序においても，日野資秀によるブースに関する言及が見られる。また，わが国の生活保護行政がかつて採用していた保護基準裁定のマーケット・バスケット方式は，ラウントリーが考案したものである。1912 (明治45) 年の第28回帝国議会衆議院では，立憲国民党の福本誠の提案によって，日本で初めて「養老法案」が審議された。08年イギリスで「老齢年金法」が成立し，その影響を受け，日本でも議論が高まったものであった。

◆ 引用・参考文献（さらに深く学ぶ人のために）
ラウントリー，B. S.／長沼弘毅訳『貧乏研究』（千城，1975）
安保則夫「貧困の発見――チャールズ・ブースのロンドン調査をめぐって」（『経済学論究』41 (3)，1987）
阿部實『チャールズ・ブース研究――貧困の科学的解明と公的扶助制度』（中央法規出版，1990）
村田光義「自由党福祉改革の先駆者――チャールズ・ブースの社会政策思想」（『政経研究』42 (1)，2005）
ヴァーノン，A.／岡村東洋光ほか訳『ジョーゼフ・ラウントリーの生涯』（創元社，2006）
Booth, C., *Old age pensions and the aged poor ; a proposal*, BiblioBazaar, 2009.
Bulmer, M., Bales, K., Sklar, K, K., eds., *The Social Survey in Historical Perspective, 1880-1940*, Cambridge University Press, 2011.

[晝間文子]

I　慈善・社会事業の時代

第12章　エレン・ケイ
―― 女性・児童福祉へ影響を与えたスウェーデンの思想家

[Ellen Karolina Sofia Key] 1849年12月11日スウェーデン中部の裕福な地主の家に生まれる。ストックホルムで教師の職を得て，結婚に頼らない自立の道を歩んだ。児童の教育に携わる一方で女性解放運動にも参加し，退職後の1900年『児童の世紀』，1903〜06年『生命線』を発表，児童の権利の擁護者，母性主義思想の提唱者として児童の教育や福祉，女性運動に多大な影響を与えた。日本の信奉者としては平塚らいてうが有名。26年4月25日，77歳で逝去。

「20世紀は児童の世紀」という言葉に代表されるエレン・ケイの『児童の世紀』は当時，広く世界の人々に読まれ，児童の権利，教育，福祉の発展に貢献した。またもう一つの代表的な著書『生命線』で提唱された母性主義思想は女性運動や母子福祉の理念の支柱となり，国際社会に大きな影響を及ぼした。本章では，ケイの思想と日本への影響を中心に紹介する。

1　ケイの生涯

▎生い立ち

エレン・ケイは，1849年12月11日，スウェーデン中部ズンホルムに生まれた。進歩的自由主義者であり，のちに急進党の代議士となる父エミール・ケイと，古い貴族の家柄の出身である母ソフィの幸福な恋愛結婚の末，誕生したのがエレン・ケイ（以下，慣例に従ってケイとする）であった。ケイは，自然に囲まれた名門の地主の家で，愛情に恵まれた家庭，そして明るく伸びやかな環境のなかで育った。一家の教育方針はルソーの信奉者の曽祖父から引き継がれ，母と二人の家庭教師は，子どもの興味と探究心を尊重した教育を実践したといわれる。

政治家の父の都合で，ケイが20歳の時，一家はストックホルムに移り，彼女は父の秘書役を務めるようになった。この仕事によって諸外国で見聞を深め，著名

な人物にも触れる機会を得たケイは，次第に女性問題に関心をもつようになっていく。このように幸福な少女時代，物心ともに豊かな青年時代を送ったケイだが，その生活に終止符がうたれる時がやってきた。父が政治活動に財産をつぎ込んだために経済破綻をきたし，家族は転居を余儀なくされる状況にまで追い込まれたからである。

▌自立の道へ

　しかしケイはストックホルムに残り，やがて友人の経営する学校の教師となり自活の道を歩み始める。のちにはストックホルム労働学院の講師も兼務することになるが，そこで担当した文明史，文学史を含む歴史の講義は非常に好評だったといわれている。内気な性格だったケイに転機をもたらしたのは，1882年ウプサラ大学におけるダーウィンの進化論を支持した学生への迫害事件であった。それまで一介の教師にすぎなかったケイであったが，複数の論文によって学生を擁護し，その幅広い知識に支えられた明晰な議論が人々の注目をひくことになったのである。これを機に，文学評論や女性問題について活発に意見を表明していくこととなった。またこの教員時代に，その思想や人格形成に影響を与えたこととして二つのことが指摘されている。一つは労働女学院の講義を通して，女性労働者や様々な女性グループと交流する機会があったこと，もう一つは熱烈な恋愛を経験したことである。前者の経験は，産業革命期を迎えた当時のスウェーデンにあって，児童の擁護者として女性労働に対して消極的にならざるをえなかったケイの思想の出発点となったのではないだろうか。また後者については，日本では『恋愛と結婚』として紹介されたケイの結婚観の形成に多大な影響を及ぼしたことは想像に難くない。

　ケイは50歳で教職を退職している。その名声を不動のものにし，児童の擁護者，あるいは母性主義の提唱者として，児童教育や福祉，そして女性解放運動に大きな影響を与えた『児童の世紀』や『生命線』は，退職後に世に出された。

2　ケイの時代のスウェーデン

▌産業革命の爪あと

　ケイは恵まれた環境のなかで生きたが，当時のスウェーデンでは産業革命の進

展と資本主義の発達が国民生活を一変させ，その生活は窮乏を極めた。女性問題へのかかわりや教師生活での経験は，聡明なケイに母国で起こっている現実を痛みを伴って実感させたに違いない。都市には劣悪な労働条件で働く工場労働者が出現，その剥き出した牙の犠牲になったのは機械の導入によって雇用可能になった児童と女性たちであった。まして労働学院や学校で女性労働者や子どもと過ごしたケイには，工場での長時間労働の辛さ，そしてその子どもに起こる状況は，容易に想像できたはずである。保育所が未整備な時代にあって，日中は子どもだけで放り置かれ，しかし夜になっても疲労して帰宅した母親にこまやかな養育を期待することは無理だということを，ケイは知っていたのである。実際にこの時代には，既婚女性の工場労働による弊害，すなわち妊娠・出産への悪影響や，高い乳幼児の死亡率，また少年の非行が社会問題となる。

　しかしながら当時，欧米で女性解放の潮流をなしていた女権主義思想は，男女平等の主張から女性の社会進出を促すことには熱心だったが，その結果女性たちがおかれる状況にはあまりにも無関心であった。このような現状を目の前に，ケイは1900年『児童の世紀』を，続いて1903年には『生命線』（1906年，第1部を『恋愛と結婚』と改題）を著し，子どもの権利と母性の保護を訴えたのである。

■ 子どもの親を選ぶ権利

　『児童の世紀』のなかで，ケイは「子どものその親を選ぶ権利」を主張し，優生学的見地から未来の子どもへの影響を考え，女性の過重労働に警告を発し，子どもの養育の場としての家庭の重要性を強調，さらに学校教育についても提言を行った。次の『生命線』では，生命の出発点となる恋愛と結婚の崇高性を，進化論による新性道徳の樹立という立場から訴え，現行の結婚制度の歪みを告発している。ケイは，経済上の，あるいは実際の戦いにおいて繰り返される人間の低劣な欲情に対する絶望的な状況への出口を，当時の自然科学の潮流であった進化論と優生学に求めた。すなわち人間は進歩することが可能であり，その希望を子どもたちに託し，神聖な恋愛による生命の誕生に人間性改変の可能性を求めたのである。そして人格形成の場としての家庭を重視したのであった。ケイの主張は，「無家庭」状態におかれた子どもと，過酷な労働によって心身共にボロボロにされた女性たち，その両者を悲劇的な状況から救い出すための思想でもあった。そ

のために，社会進出を果たした女性たちを家庭に戻すための具体的な母性保護政策を提案するのである。『児童の世紀』で「児童の身体的および精神的利害関係と婦人の身体的および精神的利害関係」とは密接に「相互に関係している」という観点から「子どものその親を選ぶ権利」を主張したケイは，もちろん女性労働者の母性保護政策も訴えている。そしてこれらの母性保護の提案が，日本の大正期後半の母性保護論争，つづく運動に影響を与え，実際に法律を生みだす理念的支柱となった。次節ではこの内容について詳細に見てみたい。

3　ケイの母性保護思想——『児童の世紀』・『恋愛と結婚』から

　それでは，ケイが提言した母親を家庭に戻すための政策は具体的にはどのようなものだったのだろうか。先に紹介した，代表的な著書，『児童の世紀』『生命線』（うち『恋愛と結婚』）から詳しくみてみよう。ケイは，母の使命に社会的経済的評価を与えることで，生活のために働かねばならない女性や，自己実現のために社会的活動を行う女性を家庭に戻そうと試みる。つまり，母の職能は社会的にも，国家にとっても重要な財産であるという評価に基づき，子どもが養護を必要とする期間，補助金を支給することによって，家庭外労働を回避させるという提案である。

　それは，同時に女性が子どもに対する養育責任を男性と対等な立場で果たすための「新結婚法の提案」でもあった。すなわちケイは，養育の最良の場は家庭とし，その適任者を母としたが，父の養育を否定したわけではなく，また扶養の全責任を父親に負わせようとしたわけでもない。母に対する補助金によって「夫が単独で家族扶養の重荷を担わないとなると，彼もまた養育の義務を果たせるようになる」とし，それは母の養育義務を軽くすることにもなると述べる。養育に対する公的補助金は，妻が「自分個人の経費と，共同の家事費および子供の養育費のうちの彼女の持ち分に当てる」ためのものであり，家庭生活と育児にかかる費用を夫と公平に分担するためのものなのである。それは，今まで妻が無償で提供してきた育児や家事労働が「金銭的に評価される」ということであり，これによって妻は家庭にいながら夫からの経済的自立を果たし，その従属から解放されることができるのであった。したがって妻が育児のための公的補助金を受けておらず，また財産あるいは職業を持っていないため，「自分の生計費と，夫婦の間

の子供の扶養費の半分を賄うだけの資力に欠けるときには，夫は，妻の家政管理に対して，生計費とともに，妻と同じ仕事をする他人の稼ぎ高に相当する額の労働賃金を彼女に渡す義務を負う」として，夫婦の分業の対価として夫が妻に賃金を支払うことを求めたのである。また養育のための公的補助金の給付が終了した後も「夫婦が，妻の家庭内の仕事に十分価値があると合意するなら，妻は家の外に所得ある労働を求めるよりは，家事を守るべきであろう」として，これも妻の生活費の半分は夫がその家事労働に対する妻への報酬として負担するように主張する。

　このようにケイの母性主義の思想には，女性解放への揺るぎない信念，そしてその前段階として個人主義の受容がある。恋愛を至上とする彼女には，愛のない結婚よりも，恋愛による同棲生活の方が推奨される存在であり，私生児に対する差別を招くものだとして，現行の結婚制度の歪みを告発した。したがって愛情がなくなった場合の離婚については，むしろこれを肯定している。このような主張から分かるのは，ケイの女性と子ども，そして男性の個人としてのそれぞれの権利を尊重する姿勢である。ケイが強調する種族の使命は，あくまでも個人の権利を認めた上に存在するものだったのである。

4　日本への影響

■ 日本への紹介

　エレン・ケイの思想は，明治時代から日本に紹介されている。1906（明治39）年には『児童の世紀』が大村仁太郎により，11年には『生命線』の第1部を改題した『恋愛と結婚』が金子筑水，翌年には石坂養平により一部紹介された。そして婦人問題が注目される大正時代には，本間久雄，原田実によって本格的な導入が始まる。両者は，早稲田大学で哲学を教えていた金子の門下生であった。本間は文学者の立場から，13（大正2）年に『婦人と道徳』を翻訳して以来，ケイの著書，思想を翻訳，次々に世に出している。一方，原田実は教育学者であり，16年に『児童の世紀』，20年には『恋愛と結婚』の翻訳を行なっている。

　このように日本で好意的に受け入れられたケイは，当時の婦人界にも影響を及ぼしていく。平塚らいてうが実際の女性問題に関心を強めていくのは，ケイの母

性主義思想との出会いにあったことはよく知られる。らいてうによる『恋愛と結婚』，山田わかによる『児童の世紀』の抄訳の『青鞜』への掲載は，女性たちがケイを広く知るきっかけとなった。

■ 母性保護論争とケイの思想

　だがその思想がより多くの女性の目にとまり母性保護運動に発展する契機となったのは，1918年に始まった母性保護論争であった。論争の直接の引き金は与謝野晶子のケイを意識した母性保護運動に反対を表明した一文であり，ケイを信奉するらいてうが反撃，後にわか，山川菊栄も加わり約1年の論争に発展した。この論争のなかで晶子は，男女は本質的に平等だという立場から，母親に経済的扶助を行う母性保護は国家に寄生するものだと批判した。これに対しらいてうは，現在の労働条件のもとでは育児と家庭外労働の両立は不可能であり，生活のための労働を回避し母親が養育に専念できるよう国家からの経済的保護を訴えた。

　らいてうや，わかの主張のベースにあったのは，女性の使命は母たることというケイの母性主義であり，子どもにとって幸福なのは母による養育であるという児童中心主義である。その背景には，苛酷な労働条件下で働く母とその子の悲惨な現状があり，また社会から蔑視され，生存さえ脅かされる私生児の存在があった。らいてうは，ケイの母性保護思想の実現に向け，論争終了後，新婦人協会を組織するが短命に終わり，その思いは果たせなかった。しかし深刻な経済状況下，頻発する母子心中を背景に，その母性保護の主張は，1926年，同様にケイの思想に影響を受けた福島四郎が「婦女新聞」社を拠点に開始した母子扶助法制定促進運動に引き継がれる。福島の運動も29（昭和4）年の救護法制定により終息するが，ケイの母性主義の系譜は34年に結成された母性保護法制定促進婦人連盟（後に母性保護連盟と改称）に継承された。委員長にはわかが就任，その成果が37年の母子保護法であれば，日本の児童保護行政へケイが与えた影響の大きさがうかがえる。しかし同法は戦時体制下での人的資源政策だったとの負の評価もある。女性解放運動，あるいは児童養護の一環として要求されてきた法律が，このような制度に変容してしまった一因は運動の出発点におけるケイの思想の受容の限界にあるのではないだろうか。すなわちケイの思想が個人主義をベースに，女権主義の限界を克服するために誕生したのに対して，当時の多くの日本人はそのいずれも真に理解することが

エレン・ケイの死亡記事

できなかったためではないかと考えられる。

おわりに

　エレン・ケイは，母性主義思想の提唱者，あるいは児童の権利の擁護者として，その後も女性運動や児童の教育と福祉の発展に影響を与えていく。しかしスウェーデンよりも，むしろドイツや日本への影響の大きさが指摘されている。とはいえ，一流の世論指導者としての地位は母国でも不動であり，その活動は30年以上にもおよんだ。60代になったケイは，1910年ウェテルン湖畔にストランド荘を建て，そこに移り住んだ。来訪の女性たちのよき相談者になりながら，風光明媚な地で静かに晩年を過ごしたといわれる。26年4月25日に77歳でこの世を去るが，遺言により，ストランド荘は働く女性の憩いの家になり，財団法人エレン・ケイ記念館を兼ね，今も訪れる人を待っている。

◆ 引用・参考文献（さらに深く学ぶ人のために）

ケイ，エレン／原田実訳『児童の世紀』（玉川大学出版部，1950〔原著1900〕）

ケイ，エレン／小野寺信・小野寺百合子訳『恋愛と結婚（上・下）』（岩波書店，1973〔原著1911〕）

島田節子「エレン・ケイの母性主義」一番ヶ瀬康子編『入門女性開放論』（亜紀書房，1981）

一番ヶ瀬康子「解説」児童問題史研究会監修『日本児童問題文献選集27　二十世紀は児童の世界・児童の世紀』（日本図書センター，1985年）

金子幸子「大正期における西洋女性解放論受容の方法──エレン・ケイ『恋愛と結婚』を手がかりに」（国際基督教大学社会科学研究所編『社会科学ジャーナル』第24号（1），1985）

今井小の実『社会福祉思想としての母性保護論争──"差異"をめぐる運動史』（ドメス出版，2005）

[今井小の実]

■□ コラム4 □■

ミュルダール夫妻

　ミュルダール夫妻はスウェーデン福祉国家建設の思想的基盤となった人物であり，夫のグンナー・ミュルダール（1898〜1987）はノーベル経済学賞を，妻のアルヴァ・ミュルダール（1902〜86）は同平和賞を受賞しているという大変輝かしい経歴の持ち主である。

　両者はそれぞれが，また協同して実に幅広い分野で多大な功績を遺している。その一つが20世紀初めに西欧先進諸国が共通して直面した出生率低下への対応であり，1934年には夫妻の共著で『人口問題の危機』が刊行された。「このままの低出生傾向が続けばスウェーデン民族消滅の危機である」と警告を発する本書のメッセージは，専門家にとどまらない大きな社会的関心を集めることになる。

　本書で展開された「子育てにかかる経済的困難を取り除かねばならない」という議論は，当時のハンソン政権下に設置された人口委員会（1935）の政策構想に広く取り入れられた。ミュルダール夫妻が意図した「人口政策と社会政策の一体化」（＝目的としての出生率の向上を実現する手段の中心に社会政策を据える戦略）を貫いているのは，〈量〉の増加だけでなく人口の〈質〉の向上を実現するという理念である。予防的社会政策と呼ばれたそれは，家族政策の起源として諸外国からの注目を集めてきた。

　その後グンナーによって著された『福祉国家を越えて』（1960）では「福祉国家」から「福祉世界」へというかたちで福祉国家の限界が指摘されるが，その根底を貫いているのも様々な側面をもつ人口問題への関心である。

　他方で，家庭生活についていえばミュルダール夫妻は3人の子ども（息子1人，娘2人）に恵まれた。その中で1927年生まれである長男・ヤーンは，文筆家として活躍する。数多く出されている著作のなかで，82年に出版された『嫌われた子供』（*childhood*）という小説は親としてのミュルダールの批判書のようにも取れなくない内容であり，実際にあったこと（＝自伝）として扱われることで周囲の人々や社会に大きな衝撃を与えた。

　1996年の邦訳出版に際して，ヤーンは「日本のみなさんへ」と題する小文を寄せている。そこで本作品は自伝とははっきり区別される文学の伝統のもと，私小説の手法で書いたものであると明言している。また，「わたしはどんな統計年鑑や学術研究書にもまして，文学が深い理解をあたえてくれると考えます」という作家としての信念も明かしている。

［杉田菜穂］

I 慈善・社会事業の時代

第13章　トーマス・ジョン・バーナード
──児童救済事業のパイオニア

[Thomas John Barnardo] 1845年，イギリス，アイルランドのダブリンに生まれる。66年，ハドソン・テーラーの説教に感銘し中国医療伝道を志す。66年，ロンドン病院の医学生登録のためロンドンへ。67年，ロンドン・イーストエンドのホープ・プレス貧民学校の監督者に任命される。70年，ステプニーに貧困浮浪児童の施設を創設。76年，小舎制の Girl's Village Home を設立。1905年死亡。

19世紀半ばのロンドンは，物乞いをする子どもや，見捨てられた子どもたち，不道徳な養育者のもとにいる子どもたち，浮浪児であふれていた。トーマス・ジョン・バーナードの「ドクター・バーナード・ホーム」の活動は浮浪児対策のなかで特異な位置を占めていたとされる。それは，1860年代から70年代にかけて増加した浮浪児，非行犯罪児童の当時の社会的状況が反映したものであり，まさにバーナードが直接的な浮浪児・非行児・虐待児の保護活動を発展させた背景的な契機であったと言えよう。さて，この章では児童救済事業の先覚者であるドクター・バーナード・ホームの創設者バーナードの歩みと実践活動をみていくことにしたい。

1　その誕生とドクター・バーナード・ホーム前史

■ その出自

　バーナードは，1845年7月4日，アイルランドの首都ダブリンにおいて，父ジョン・ミハイリス・バーナード（J. M. Barnardo）と母アビゲイル・マチルダ・オブライエン（A. M. O'Brien）の五男として誕生した。バーナードは，出生時から虚弱であり，2歳の時にはジフテリアを発症し，医者によって一度は死亡を確認されたが，棺に移そうと持ち上げられた時に再び心臓が脈をうち，一命をとり

とめるというエピソードが残っている。父ミハイリスは毛皮輸入商を営み，幼少期は家庭的に豊かであった。母オブライエンはキリスト教のクエーカー（フレンド派）を信仰する家族の出であり，宗教的には厳格な家庭にバーナードは育った。

1862年5月，17歳の時，バーナードは1860年代からアイルランドに拡大していたキリスト教信仰覚醒運動（リバイバル運動）の集会に兄達に誘われて参加しはじめた。その頃やはり兄たちの勧めで出席した家庭集会でバーナードは回心を体験する。

1866年，ダブリンで中国奥地伝道団の創設者ハドソン・テーラー（J. H. Taylor）の説教を聞き，それに感銘したバーナードは，彼の信仰に共鳴し中国伝道を志すこととなる。テーラーと接触したバーナードはテーラーの中国伝道においては，医師として活動する必要性があることから医師資格を取得の勧めもあって，やがて中国伝道の医療宣教師となる準備として，首都ロンドンに赴くことになる。

▍ロンドン時代

こうしてバーナードは1866年4月25日，ロンドン病院の医学生として登録することを目的にロンドンに赴いた。この時期のロンドンは，コレラが大流行した年であった。特に感染者が多かったのは貧困層が集中するイーストエンドと呼ばれるエリアであった。この時コレラに感染したイーストエンド・ステプニー地区の病者とのかかわりから，バーナードは貧困に苦しむ人々の存在を意識するようになる。

バーナードは1866年10月，マイル・エンド・ロードのスラムの児童のための貧民学校の監督者となる。この頃，バーナードはいまだ中国に行くという夢をあきらめていなかった。しかし，ジム・ジャービス（J. Jervis）との出会いをきっかけに，彼の中国への伝道活動の情熱は浮浪児童への救済へと切り替わっていくことになった。

2　ドクター・バーナード・ホームの誕生

貧民学校の仕事を終え，帰り仕度をしていたバーナードは，まだ学校に残っている少年の存在に気が付いた。少年の名はジム・ジャービスであった。1866年11

Ⅰ　慈善・社会事業の時代

　月のある夜，ジム・ジャービスと食物と一夜の宿を交換条件にして，バーナードは家のない子ども達が寝ている隠れ家をみせてもらうことにした。深夜，ジムとともに出かけたバーナードは，昼間はぼろ市場として使われている長い空っぽの物置を屋根に10数人のぼろを纏った少年たちがかたまって横たわり，裸足で，寒さで土気色になりながらぐっすり眠っていたのを発見した。孤児たちの現実を目にしたバーナードは，貧困にあえぐ孤児たちに対して何か行動を起こさねばという使命感が喚起され，ここに本格的な児童救済活動が始まることになる。

　1867年，イズリントンの農業会館で行われた宣教師会議に出席したバーナードは，代理としてホープ・プレイス貧民学校について話す機会を与えられ，イーストエンドにおける貧困児童の現状と寄付を訴えた。68年3月2日にバーナードは，ホープ・プレイスの貧民学校に隣接する建物を買い取って，「イーストエンド少年伝道団」（East End Juvenile Mission：EEJM）を設立した。EEJM はドクター・バーナード・ホームの事業の母体となるものであり，以後，彼の事業の総称として機能することとなる。

　1870年12月8日にステップニー・コーズウェイに25人の少年を入所させる予定で最初のホームを開設した。開設当初，ビリングスゲートを訪れたある夜，五人分の空きベットしか残っていなかったためバーナードは選抜を行った。自分も入所させてほしいと頼む少年の一人に，赤毛で，「にんじん」というニックネームで呼ばれている11歳の浮浪児ジョン・ソマーズがいた。バーナードはやむをえず断わり，空きができた時には第1に優先すると約束した。数日後に，市場の運搬人が大きな砂糖樽を引っ張り出すと，中に「にんじん」が入っていた。検視官は死因として疲労と野ざらしになっていたこと，それに加えて飢えが原因であると判定した。

　バーナードにとって，入所を断られ空腹な子どもが，このように亡くなったという事実は彼の心に深く刻み込まれ，2度とこのようなことが起こらないようにと誓った。数日後，ホームの外には「困窮した少年は誰でも受け入れます」（'No Destitute Boy Ever Refused Admission'）と書かれた看板が掲げられた。まさに，これはドクター・バーナード・ホームの基本理念そのものであった。

3　ドクター・バーナード・ホームの事業活動

▌ドクター・バーナード・ホームの事業方針

　ドクター・バーナード・ホームの事業活動の基本方針については，特に，孤貧児の保護に関しては，24時間体制で受け入れ，人数を制限しないことや，年齢，性別，国籍，宗教を問わないこと，さらに障がい児童，病気の治療を要する児童の受け入れもするという，児童の保護については，条件をつけないで保護ないし治療する基本理念が示されている。さらに，1905年には，1890年の方針を強化する形で，児童救済について待機をさせたり，後見人を求めたり，金銭を要求することがないことや，健康診断の内容に応じて，児童の受け入れ先が決められること，女子の収容においては，該当する家庭環境の劣悪さなどに応じて，保護を実施する際の基本的考えや方法などが明記されている。また，「貧困児童の救済にあたり申し出は決して拒絶されることはない」という原則の下，ドクター・バーナード・ホームの事業活動が展開されていくことになる。

▌ドクター・バーナード・ホームの事業

　ここで，代表的な事業についてバーナードが大きく関わっていた事業を中心に紹介したい。

①　The Stepney Causeway Home

　1870年12月8日に，ステプニー・コーズウェイに設立された。当初25人の男子少年を入所させる目的で，バーナードが開設した最初の入所施設である。入所する子どもたちは，家のない貧しい暮らしをする男子の浮浪児であり，そのような子どもたちに衣食住などを提供することで，劣悪な社会環境から離れ，安定した生活をさせるのがこの施設である。1日の日課では，午前は学校で3s（読み・書き・計算）と宗教教育，午後は作業所で実業教育とに分かれていた。バーナードは仕立て屋，ブリキ職人，鍛冶屋，印刷工，大工，靴職人，パン屋，技術者等になるために様々な職業教育のプログラムを計画した。また，有能な講師を雇い，実用的な作業のための一貫した実践と理論的な訓練を子どもたちに受けさせた。

②　少女の村（Girl's Village Home）

Ⅰ　慈善・社会事業の時代

　1876年に始められた，女児を対象とした事業である。小舎制のホームが数多くあり，その中で女児たちは生活をしている。ホームには乳児から10代までの女児が約20人ずつ住んでおり，「マザー」（Mother）と呼ばれるスタッフが各ホームに1人配置され，ホームを担当している。学校，洗濯場，教会，病院などもあり，一つの村をなしているようであることから，Girl's Villageと呼ばれた。少女を対象とした事業は，バーナードが結婚祝いとして贈られたBarkingsideに，1873年の10月に貧しい女児たち12人を生活させたことから始まる。ここでは，浮浪女児を受け入れ，The Stepney CausewayHome と同じく，衣食住を提供し，安定した生活を送らせ，訓練によって，社会適応できるようにしていくことが目標として掲げられた。その後，Girl's Village Home の事業は拡大し，多くのコテージとともに学校，洗濯場，教会，病院などが続々と建設され，ドクター・バーナード・ホームを代表する施設である。

　③　Babies Castle

　1884年，Kent の Hawkhurst に建てられた施設である。この施設では，乳児から6歳までの子どもを入所させていた。1908年からは年齢を8歳まで引き上げ，設備は育児室，寝室，遊戯室，食堂，台所，医師当直室，保健室，看護室詰め所，洗濯乾燥室，浴室などが配置され，機能的に充実していた。さらに男子乳児ケースや緊急入所ケース等の対応のため，1886年の春に Hawkhurst の同じ敷地に，新たな建物を作る計画に着手し，同年の7月には間口130フィート，高さ120フィートの2階建ての，100人以上の乳児が入所できる Babies Castle が完成した。また，最初の建物を乳児診療所に改造し，衛生面に関しても配慮がなされていた。

　④　医療施設・障がい児への援助

　1888年には Her Majesty's Hospital（女王陛下の病院）という，病気の子どもたちのための病院を設立している。

　Her Majesty's Hospital の名前の由来は，女王の即位50周年を記念してのものである。バーナード自身が，医学の専門知識を持っていたこともあり，病気の子どもを健康にすることに限りない満足感を覚えていた。特に，難病児や身体障がいを持つ子どものケアには力を注いだ。さらに，子どもが障がいや病気を抱えていたりする場合でも対応できるよう，ドクター・バーナード・ホームでは虚弱児，肺病患者，身体障がい者，聴覚障がい，回復期患者等，障がいや病気の特性に分

第13章　トーマス・ジョン・バーナード

けて入所施設を設立している。この中には健康上の理由で里子に委託できない子どもたちも入所していた。

⑤　Ever Open Doors

Ever Open Doors は1874年にできた，一時保護及び相談機能を持つ機関である。ここでは，全ての緊急的なケースに早急に対応できるよう，訓練を受けたスタッフが24時間体制で常時駐在していた。昼夜問わずに駆け

現在の **Barnardo's**

込む子どもたちを受け入れ，子どもたちが危険な状態にあると分かるとすぐに，子どものニーズに応じた施設に入所させた。「Door」(扉)という名前は，Ever Open Doors を駆け込めば必ずホームに入所するということではなく，ホームへと導くDoorであるという意味を含んでいた。そのため，ホームへの入所が適当ではないと判断された場合には，食糧や衣服，医療的な配慮など必要と思われるものを提供していた。駆け込んできた子どもたちの処遇決定を行う前に，個人ケースの調査なども実施していた。1905年までには，イギリス国内に16カ所のEver-Open Doors を開設している。

⑥　Boarding-out（里子委託）

イギリスでは1868年救貧法のなかで，孤貧児を対象に里子委託のシステムが許可されたが，ドクター・バーナード・ホームでは，試行的にコールトン（Chorlton），リングウッド（Ringwood），スウィンドン（Swindon）で行われ，ほぼ満足な結果を得ることができた。さらに1887年，グット・カントリー・ホーム（good country hom）へ330人の少年たちを送り出したことから大規模な事業として継続されることになった。対象児童は5〜9歳の児童であり，12〜13歳になると各々の出身の施設に戻り，職業訓練を受けることになる。この里子委託では，子どもたちを信用ある家庭に委託できるようにするため，里子委託を希望した者は，家庭生活の内情，家族構成，関心事，宗教などを申し込み用紙に記入させ，最終的

117

には里子希望の家庭に訪問し，直接状況を調査するという徹底ぶりであった。

おわりに

　晩年，バーナードは体調を崩しがちになり，回復と悪化を繰り返すようになる。1905年9月19日，バーナードは心臓の発作で，妻に看取られながら，60年という歳月を静かに閉じた。葬儀はエジンバラ・キャッスルで行われ，国民葬という形で何千人もの男女や子ども，貧しい人々から上流階級の貴族たちまで，様々な階層の人々がバーナードに別れを告げた。墓地は本人の生前からの意思により，Girl's Village に安置されている。バーナードの活動は，イギリス国民へ慈善事業に関する関心を高め，発展的に事業展開することで，結果的には国家的な施策を先導する役割を果たしてきたと考えられる。今日では，ドクター・バーナード・ホームからバーナードの精神を今に伝え，さらに今日的課題にチャレンジする Barnardo's として子ども虐待，非行問題，障がい児問題，地域における家庭支援等々の地域ケアを中心とした総合的な福祉活動を展開している。わが国でも，岡山孤児院を設立した石井十次が処遇のモデルや施設形態を参考にしたことや澤田美喜のエリザベス・サンダースホーム創設のきっかけの一つになったことはよく知られているところである。まさにその意味でバーナードは，社会的養護を必要とする子どもたちのパイオニアとして位置づけられ，その影響は時代や国境を超えて生き続けている。

◆ 引用・参考文献（さらに深く学ぶ人のために）
Wagner, G., *Barnardo* Eyre & Spottiswoode Ltd, 1979.
W. Fletcher *Keeping the Vision Alive : The Story of Barnardo's 1905-2005*, Barnardo's, 2005.

［三上邦彦］

I 慈善・社会事業の時代

第14章　レオン・ブルジョワ
―― 社会連帯主義の現代的意義

[Léon Victor Auguste Bourgeois] 1851年パリに生まれる。20代半ばから官界に入り，1895年には首相を務める。急進社会党の主導者の一人として社会連帯主義に基づく社会改良的施策を主張する。主著には *Solidarité* (1896)，*Essai dune philosophie de la solidarité* (1902) がある。その後，国際連盟設立に努め1920年にはノーベル平和賞を受賞。25年に死去。

　レオン・ブルジョワの *Solidarité* は今日でも復刻されている。フランスは革命によって国家と個人をつなぐものをことごとく破壊してきたという歴史を有するゆえに，現代に向けた新たな社会共同の形を切実に模索してきたのである。社会連帯主義は19世紀末のフランス社会が生み出した理念であるが，現代における社会福祉・社会政策を支える普遍的理念としての意義を有し，日本にも影響を及ぼしてきた。

1　政治の舞台へ

▌閣僚から首相まで

　1851年5月29日（20日・21日の説もある）パリ時計商の家に生まれたレオン・ブルジョワは法学を学び，若くして政治の舞台に進むようになる。76年に公務員となり，県知事，パリ警視総監を務めたのち，88年マルヌ県から下院議員に選出される。同年内務次官へ，90年から内務大臣，文部大臣，法務大臣等を歴任する。文部大臣としては，ジュール・フェリーの反教会，実証主義教育を継承して世俗的中等教育（近代的中等教育）の確立をはかった。

　1895年急進派内閣を組織し11月，44歳の若さで首相の地位に就くが，96年4月に社会改良・社会救済のための財源（累進課税法案）に関して上院の反対にあい，

上院の拒否権をめぐって憲法論争が起こり辞任する。首相辞任後も98年に文部大臣，1902年下院議長，05年上院議員に選出され，06年外務大臣，12年から13年労働大臣，第一次世界大戦中は無任所大臣，20年から23年には上院議長など，中央政府の主要ポストを歴任している。また社会教育や社会衛生等に関連する国際会議などを主催した。

▌急進社会党の領袖として

　ブルジョワは1901年創設された急進社会党の初代代表に選出された。その急進社会党について，「急進社会党はせまい意味での党ではない。それは自由と平和のなかにみずからを組織するフランスの民主主義そのものである」（土倉 1999：58）と述べたという。フランス革命の精神を継承しながら，さらに，社会連帯主義が民主主義と密接に関わることを示しているようである。第3共和制期（1870〜1940）の支配的な政党で，党独自の課題としては教会と国家の分離，非宗教的無償義務教育，所得税改革があげられているが，これらも含め，公衆衛生，累進課税，社会保険等，社会改良・社会政策の構想はブルジョワの社会連帯主義による具体的政策に示されている。

2　社会連帯主義

　社会連帯は，フランス革命のスローガンの一つである友愛にその根を持ち，一般的には共存，相互依存関係などの意味をもつ。コント（A. Comte）やスペンサー（H. Spencer）の有機体的社会観の影響もみられるが，全体に奉仕する個ではなく，個の主体性・自律性が前提となっている。社会全体の進歩と個人の成長の両方を満たすものとして連帯が主張され，19世紀半ばからルヌーヴィエ（C. Renouvier），フイエ（A. Fouillee）らにより哲学的に考察されていく。それが，19世紀末以降ブルジョワらにより政治的イデオロギー化され，具体的制度へ結び付けられていくようになる。この考えは，社会学，法学，経済学，政治学等の分野で様々に議論され，国家の役割を重視するものから人々の主体的な連帯を理想とするものまで幅がある。いずれにしても，人々の相互依存関係を示すことに留まらず，具体的な社会改良・社会政策等に結びつけることにより，現代社会が求め

る新たな共同の形を示すものだったのである。

ブルジョワは，1896年（首相辞任の年）12回発表の論文「連帯」をまとめて刊行，フランスにおける連帯思想の主導者となった。

■ 事実の連帯

レオン・ブルジョワは「事実の連帯」から「義務の連帯」へという，社会正義に基づく新たな連帯を提起したが，そのためにもまず連帯の事実に目を向けることを求めている。過去から現在に至るまでの人々の営み（身体，言語，知識，芸術，労働等々）が複雑に影響し合い，その蓄積のうえに今の自分があることに気づく

Solidarité（初版）の表紙

べきであるという。ところが，人々は自分が社会の一員として社会から多くの利益を得ていることに気が付かず，個人主義的な自由に価値を置いたままであった。しかも事実の連帯は，そうしたつながりの事実にも関わらず様々な不均衡・不公正を是正する手だてを持っていないのである。この「事実の連帯」をあるべき連帯に進めていくのが社会準契約の考えであった。

■ 社会準契約

準契約の考えは先述のフイエの思想を継承し，新たな解釈が加えられたものである。もともと当事者間の合意に基づくのが契約であるが，それは双方の衡平な関係が前提となる。個人と社会の間には，ある段階で社会の一員であることへの合意があったとみなされ，それを契約の一種，すなわち社会準契約と位置づけている。したがって，一人一人の社会の一員としての義務と権利は釣り合っていなければならず，その均衡をはかることが社会的正義であるという。もしある人が社会から過剰に利益を得ていたとすれば，取り過ぎている分を社会に返済しなければならない義務があり，逆に，社会の一員でありながら，社会からほとんど得るものがない人は，その不足分を要求する権利があるとみなされる。社会連帯による個人の自由は各自がその義務を果たすことによって，はじめて享受できるものであるとみなされている。

Ⅰ　慈善・社会事業の時代

■ 義務の連帯

　ブルジョワは，事実の連帯のまま放置されている病気，老い，事故や不平等な格差の問題を社会全体のリスクとして捉え，社会準契約をよりどころとして社会的正義にもとづき是正することを求める。それが義務の連帯である。リスクに対する社会全体の保障の主な方法としては，保険と扶助という形があった。また，この場合の義務は強制ではなく，連帯の事実とその問題に目覚め，主体的，自覚的に果たすことが理想であった。現実には全員が自由に主体的に義務を果たす迄には至らないゆえに，国家介入による強制力を認めざるを得ないとしているのである。社会政策の実施に関して国家の役割が求められたが，ブルジョワは，国家干渉についてはできるだけ制限することを考えていたようである。

　ブルジョワの理論は精緻な構造を有したが，問題は個々人の返済額をどのように算出するのかという点であった。そこで，すべての人に共通の事柄については平等であることを求めようとした。すなわち，疾病，労働災害，失業，老衰，障害などにより生活が維持できない場合の最低生活の保障，労働時間の短縮，無償の教育，社会的危機への防衛（衛生，防衛等），相互保険（社会保険）の構築等で，財源に累進課税を提起したのである。

■ 社会連帯立法へ

　ブルジョアが構想した諸施策は，首相時代には累進課税法案への反対などもあり実現していないが，その後も社会連帯主義にもとづく社会改良の主張は続き，労働災害補償法（1898），児童扶助法（1904），老齢者，身体障害者，廃疾者扶助法（1905），退職年金法（1910）等が制定され，リスクへの補償を受ける権利が承認されることとなる。一連の制度は社会連帯立法として位置づけられる。社会保険制度は社会連帯にもとづくリスク補償の基本的手段であったが，これは国家から自立したものとして展開されるという特徴を有した。社会連帯主義の問題は，連帯によって想定される社会が「給与所得者によって担われた産業社会」（田中2006：212）であり，労働を通じた社会的義務を果たさない場合には異質の者とされるおそれがあった点である。

3　国際的連帯へ

■ 国際連盟創立

　ブルジョワは，単にフランス社会だけを見ていたのではなかった。連帯性をまさしくすべての人々に共通のものとして主張し，個人と所属集団・社会のみならず，さらに集団と集団，国と国との関係でも当てはまるものであると考えていた。その意味で，フランスの平和や発展は自国防衛のみでは限界があり，世界との連帯を通じて成立するとみていたのである。それが国際連盟設立につながっていく。

　オランダ・ハーグの国際平和会議，第1回（1899），第2回（1907）にフランス代表として出席し，各国が国際紛争を戦争に依らず解決に努め，調停・仲裁等による裁定を受け入れる義務を負うべきことを主張していたという。17年には連盟創設の可能性とその活動条件を調査する委員会の委員長となり，19年パリ講和会議において連盟創設を提出し決定された。さらに国際連盟規約の起草委員会に参加し，連盟理事会の初代会長となり，連盟成立後は終身フランス代表を務めた。また，ハーグの常設仲裁裁判所判事にも選出されている。

■ ノーベル平和賞受賞とその後

　こうした活動に対して1920年にはノーベル平和賞を受賞している。受賞理由は熱心な国際連盟の提唱者であったこと，平和維持のために有事に際してのみ国際連盟を法的軍事機関とすることを主張するなどの連盟設立に向けた諸活動に対するものであった。

　ブルジョワは「流麗な雄弁」（堤 1990：141）で知られ，主義信条には一貫して忠実であったとされるが，現実の政治においては柔軟な面をみせたという。連帯の普遍性を主張し続け，国際連盟設立を提唱し，先駆者として一定の活動の成果はあったが，すべてが受け入れられたわけではない。連盟のその後のあゆみは理想には程遠かったといわざるをえないが，一貫して説かれた「平和主義」と国際規模の連帯の主調は普遍的な意義をもっている。1925年9月25日（29日の説もある）エベルネー近郊の別荘で死去。享年74歳。

4　日本の社会事業への影響

■ 道徳的規範への注目

　日本に導入された社会連帯思想は，1920年代に社会事業を支える思想として様々な局面で言及されるようになるが，現状をそのまま肯定する思想であり，正義に基づく社会準契約という解釈は見られない。社会連帯責任とも称されており，国の慈恵救済を支える国民の義務にもなり得たし，明治末からの感化救済事業や地方改良事業に込められた国民の協力という方針を継承するものともなり得た。ブルジョワの名前をあげながらも，社会事業関係者の多くは国家体制に即した形で社会連帯思想を読み替えていった。つまり，有機体的社会観を基盤として個の全体への奉仕，義務を示すものとして受け止め，国民の道徳的規範として注目されていったのである。また，仏教関係者は縁思想と同義であると受けとめることが多かった。

■ 日本式社会事業と社会連帯

　なかでも内務官僚であった田子一民は「私たちの社会」（田子 1922：10）という自覚，家族のような関係を示す思想として読み替え，慈善に代わって社会事業を推進する思想として位置づけていた。1910年代後半から生活状態改善事業として新たに登場した経済保護事業は，田子が社会局長時代に進められた社会事業の分野であった。田子は，所得の再分配には関わらない一方的保護の施策を日本式社会事業として位置づけ，社会連帯を通じた国民全体の協力を期待していた。ただ，田子の場合の特徴は，「私たちの社会という自覚」を国家にも求めていた点であり，国家が社会事業に一定の責任を果たすべきことも想定されていたのである。

おわりに

　戦後日本でも，様々な行政文書や社会福祉関連法に社会連帯の用語が繰り返し表明されている。しかし，依然として人々の協力要請を指示する形であって，民

主主義に基づく国家的責任も含まれる形では理解されていない。戦後，社会保障法レベルではその分析が進みつつあるが，個人レベルの福祉としても，福祉国家責任としてもその解釈は深まっているとは言い難い。他方，フランスではブルジョワの著書を復刻しながら社会連帯をめぐってさらに議論が続けられており，真にすべての人を包摂する社会連帯の在り方が模索されている。1920年代にフランスの社会連帯に注目した日本は，国家体制に即した形でそれを理解しようとしたが，今後も社会福祉の思想として重視するのであれば，あらためてどのような連帯を目指すのか，連帯の中身は何なのか，人々の共存という意味を掘り下げる必要があるといえよう。

◆ 引用・参考文献（さらに深く学ぶ人のために）
ブルジョワ，レオン「社会連帯主義」1896（五来素川訳『佛蘭西時報』1919）
ブルジョワ，レオン「共存の社会的限界」1909（桃井京次訳『ソリダリテその他』1926）
田子一民『社会事業』1922（『戦前期社会事業基本文献集26』（日本図書センター，1996）
池端次郎『フランス教育史』（東洋経済新報社，1969）
社会科学大事典編集委員会『社会科学大事典 16』（鹿島研究所出版会，1970）
桑原武夫編『世界伝記大事典 9』世界編（ほるぷ，1981）
堤佳辰編著『ノーベル平和賞――90年の軌跡と受賞者群像』（河合出版，1990）
池本美和子『日本における社会事業の形成――内務行政と連帯思想をめぐって』（法律文化社，1999）
土倉莞爾『フランス急進社会党研究序説』（関西大学出版部，1999）
林信明『フランス社会事業史研究』（ミネルヴァ書房，1999）
林信明「社会連帯の思想」『虐げられた人びとの復権』（批評社，2001）
ノーベル賞人名事典編集委員会『ノーベル賞受賞者業績事典』新訂版（紀伊国屋書店，2003）
岩崎晋也・池本美和子・稲沢公一『資料で読み解く社会福祉』（有斐閣，2005）
田中拓道『貧困と共和国――社会的連帯の誕生』（人文書院，2006）

[池本美和子]

I 慈善・社会事業の時代

第15章 ジェーン・アダムズ
―― セツルメント運動のリーダー

[Jane Addams] 1860年，アメリカのイリノイ州の政治家であり起業家であったジョンの娘として生まれる。89年に友人のエレン・スターとともにシカゴにハル・ハウス（Hull-House）を開設。セツルメント運動のリーダーであり，それを拠点とした様々な社会改良運動，平和運動，女性運動は世界的規模に拡大した。1931年にはノーベル平和賞を受賞。主著は *Twenty Years at Hull House* (1910)。35年に死去。

20世紀の世紀転換期のアメリカ社会は，旧体制と新体制とが交叉する変革のときであった。産業構造における農業から工業への転換に代表されるように，社会福祉においても旧来の慈善事業からソーシャルワークへの転換がみられる時代であった。このような時代にCOS運動（Charity Organization Society）やセツルメント運動（settlement movements）といったボランタリズムの市民運動がイギリスより導入され，むしろアメリカで開花・隆盛し，社会福祉の近代化の端緒となった。この時代をリードした女性の一人がジェーン・アダムズであった。

1 生い立ちからハル・ハウス開設まで

■ 誕　生

ジェーン・アダムズはその栄光とは裏腹に複雑な生い立ちをもっている。イリノイ州の裕福な家庭の8人兄姉の末っ子として生まれた。父ジョン（J. Addams）は，個々人に内在する良心の象徴ともいえる「内なる光」による啓示を強調するヒックス派のクエーカー（Quaker）であった。その一方，製粉事業で大成功を収め，銀行などを多角経営する実業家となり，のちに上院議員（共和党）にもなった。リンカーン（A. Lincoln）の親友で，南北戦争の際には，義勇軍を率いて参戦し，その莫大な資本で経済的にもリンカーンを支えた。生後2歳にして実母サラ

(S. Addams) を亡くし，7歳のときから継母ヘルドマン（A. Haldeman）に育てられるが，その関係が悪く，屈折した思春期を送る。その反動として，幼少期から思春期にいたるまで父への敬慕は自身も認めるほど「異常なほど」であった。この父から，クエーカーの自己の良心に忠実である内面的信仰やアメリカン・デモクラシーについて「並々ならぬ影響」を受けて育った（Addams 1910；木原 1998）。

学生時代のモラトリアム

　1877年，高校卒業後，父が理事を務めるキリスト教主義の学校であるロックフォード女子大学（Rockford Female Seminary）で学ぶ。後にハル・ハウスを一緒に始めることになるエレン・ゲーツ・スター（E. G. Starr, 1859～1940）もこの学校で学び，生涯にわたる友となった。

　アダムズは社会哲学，歴史，文学，ラテン語などで優秀な成績をおさめ卒業した。とりわけ語学の才能は類まれで，後のハル・ハウスの多文化的背景をもつ移民支援にもこの語学の能力が役に立つこととなる。しかし，知的好奇心が高く，自由を探究する彼女にとって学園生活は満足のいくものではなく，外国への宣教師になることを勧められたり，ピューリタン的な道徳水準による信仰を強要されたり，いわゆる「福音主義的な抑圧」（evangelical pressure）に苦しんだと告白している（Addams 1910）。

　卒業後，当時の女性としては極めて稀であるが，医者になるためにフィラデルフィアの女子医科大学へ入学するが，同時期に最愛の父を失う。元々身体の弱かった彼女は，脊髄の病で床に臥し，結果的に医学の道を断念せざるをえなくなる。またこの時，自分が子どもを産めない身体であることを知る。一度に起こる様々なことにより心労が激しく，精神的にもダウンして，神経症に陥ってしまった（Linn 1935）。

　療養を兼ねて，1883年からヨーロッパで2年間ほど遊学する。この時のアダムズは，自身の言葉によると「完全な漂流状態」であり，「精神的にどん底」状態であったという。生きる意味を見出せず，典型的なモラトリアム状態であった（Addams 1910）。

I 慈善・社会事業の時代

■ ハル・ハウスの開設

このような状態の時に再び，1887年，ヨーロッパ旅行に出かけたが，これが生涯の事業の方向性を決断するきっかけになった（ただし，木原〔1998〕の論文で詳細に分析されているが，彼女の動機はそう単純ではない）。彼女によると，観光で訪れたスペインのマドリードで闘牛見物を心から楽しんだが，自分の個人的な快楽のために残酷な行為を是認することは，少数者の贅沢や快楽のために，多くの人々の人間的尊厳を奪うことであると自覚した。この理解は，当時急速に拡がりつつあった都市社会や資本主義体制を象徴的に捉えたものであった。これを契機に今までの生き方と決別して，友人スターとともに，トインビー・ホール（Toynbee Hall）に滞在し，バーネット夫妻からセツルメントについて学んだ。そして，長いモラトリアム生活にピリオドを打ち，セツルメント開設のために帰国し，翌年の89年9月18日，シカゴのスラム街（Halsted Street）にスターとハル・ハウスを開設した。

2 ハル・ハウスでの社会事業実践

■「社会」の発見

アダムズは生涯，シカゴのスラム街にあるこのハル・ハウスにあって，移民や貧困者とともに生活した。初期の頃は「スラム街の聖女」「プロテスタント版修道女」「女性リンカーン」のイメージをもたれ，「アメリカのヒロイン」として崇められた（Linn 1935）。

しかし，20世紀初頭にシカゴの産業社会の現実を直視するなかで彼女は，従来の慈善事業と決別し，その批判とそれからの脱却をはかった。ことに，エンゲルスの弟子で社会主義者ケリーの影響で，彼女の思想は社会科学的認識に目覚めた。やがてハル・ハウスは，初期の頃のキリスト教色を弱め，従来の文化芸術活動主体の穏健な博愛・慈善事業から産業構造の矛盾を見据えた社会問題への積極的な解決へ向けた運動体へと転換していった。

■ 社会変革の女性旗手

19世紀から20世紀にかけての革新主義時代（progressive era）は，あらゆる分野

において社会変革が求められる時代でもあった。こういう時代背景を追い風として，様々な社会改良を先導的になしとげた。特に，児童労働に関する諸種の立法（児童労働保護法，少年裁判所設立，母親年金法）は著名であるが，その力を発揮し，1910年には全米慈善・矯正会議（NCCC）の会長に女性として初めて就任することになる。これは，革新主義時代を象徴する出来事であり，彼女の福祉界における絶頂潮であったことを象徴していた。

■ セツルメント運動

アダムズの社会事業実践の拠点となったハル・ハウスは，トインビー・ホールと並んで，代表的なセツルメントと今日評されている。セツルメント運動とは，知識や財産を持つ者がスラム街に定住し，そこで生活困窮者と生活を共にして，人格的接触を通して地域の社会福祉の向上を図るボランタリーな事業のことである。その起源は，はじめこの運動に着手したが，惜しまれながら夭折した産業経済論の学者であったトインビー（A. Toynbee）を記念して，ロンドンのスラム街に1884年にバーネット夫妻が設立したトインビー・ホールにあると言われている。

アメリカでは，ハル・ハウスが最も著名であるが，日本では，1891年にアリス・ペティ・アダムズ（A. P. Adams, 1866～1937）が起こした岡山の博愛会，あるいは97年に片山潜が東京にはじめたキングスレー館がその始源であると言われている。時代や地域によっては，市民館，社会館，生活館，厚生館と呼ばれているところもあるが，今日社会福祉法の中で第二種社会福祉事業に定められ，「隣保館等の施設を設け，無料又は低額な料金でこれを利用させることその他その近隣地域における住民の生活の改善及び向上を図るための各種の事業を行うものをいう。」（社会福祉法第2条3項11号）と規定されている。

欧米では福祉国家の形成やソーシャルワークの専門化の進展と反比例して，その事業そのものは衰退していったが，その思想性は遺産として今日の地域福祉，社会福祉に色濃く継承されている。

■ ハル・ハウスの活動の特徴

ハル・ハウスの主な活動の特徴は児童，移民，労働などの問題に取り組み，社会改良運動の拠点となった点である。その社会改良運動はボランタリーな漸進的

I 慈善・社会事業の時代

子どもたちに語るアダムズ（ハル・ハウスにて）

行動によって，社会問題を解決し，社会を改善していこうとする民主的な活動であった。革命的手段によって，体制を変革させようとする社会革命運動とは一線を画していた。トインビー・ホールと比較して，ハル・ハウスの特徴は，移民の救済に力を入れたという点があげられよう。アメリカ市民としてアイデンティティを持ちえないイタリア系，ポーランド系，ギリシャ系，アイルランド系，ロシア系などの移民を，アメリカ社会に同化させることなく救済するという思想は，今日ではソーシャルワークの主体性の援助観に継承されるなど高い評価を受けている。例えば労働博物館（1900）は，移民がもっている民族文化，生活様式そのものを守ることを目的に建設され，アメリカ市民自身が移民の文化を学ぶという視点を持っていたことは注目すべきである。

　また貧困問題を個人の道徳の問題とせずに社会問題として認識し，労働組合，消費者組合を中心に市民運動として展開したこと，児童や婦人の保護救済に力を入れたこと，特に児童問題，貧困問題を中心として，その問題の解決に連邦国家の責任を認めた視点があったことが今日改めて再評価されるに至っている。19世紀後半から20世紀初頭にかけての革新主義時代においてアメリカの社会改良運動をリードし，近代社会福祉形成史に大きな影響を及ぼすことになった。

3　平和・女性運動家としてのアダムズ

■「危険思想」のレッテル

　やがて1910年代後半から革新主義も下火となり，アメリカが帝国主義化していくなかで，社会福祉界は，ミクロ的視野が中心となり，リッチモンド（M. Richmond) らを中心とする専門主義化が隆盛してくる。アダムズが指導したセツルメント運動の衰退が，これを如実に物語っている。精力的に社会改良を中心とした運動を展開する彼女を，もはや社会福祉界は歓迎しなかった。世論やマスコミも，こういう彼女の態度に複雑な心情を示した。ある者は，ハル・ハウスを社会主義，すなわち「赤」思想の温床だと非難し，別の者はアナーキズムであると非難した。初期の頃には友好的で協力的であったキリスト教界，ことに保守的な教会は，ピューリタニズム的観点から彼女に対して痛烈な批判を浴びせた（木原 1998）。

■ 平和・女性運動への転身

彼女の評判を落としたのは，これだけではなかった。第一次世界大戦にアメリカが参戦した1917年を契機に彼女は社会事業よりも平和運動，女性運動に積極的にコミットしていった。アメリカ参戦に関して，彼女がとった反戦という態度は，これまでの彼女の博愛家としての好印象を根本から覆す結果となった。事実彼女の名前は「最も危険な人物の一人」として当時のFBIの思想犯のブラックリストに載せられたほどであった。

「ヒロイン」から「最も危険な女性」という彼女の評価の極端な揺れ動きは，確かに彼女自身の思想上の変遷も認められようが，もう一つにアメリカ社会の変遷という時代的文脈を反映している。つまり，変革を求める革新主義時代のような進歩的時代には，彼女の人気が高まり，第一次世界大戦中，あるいは1917年のロシア革命後のいわゆる保守反動としての「社会主義アレルギー」「ヒステリーの時代」には，彼女の人気は下落するという具合である（木原 1998）。

■ 晩年の実践と思想

晩年の1920年代は平和と女性の運動に没頭し，世界各国を視察し，講演して回った。シカゴのスラム街で始まった彼女の実践は，文字通り，世界に拡大した。中でも平和と自由のための国際婦人連盟（Women's International League for Peace and Freedom）は彼女の晩年の運動の中心となった。彼女はそこで会長を務め，国際的規模における女性による平和活動を推進することに専念した。世界各国の女性たちによる主体的な平和運動を指導し，婦人の選挙権獲得の運動も積極的に

支援した。

　1935年，アメリカに未成熟ながら世界最初の社会保障法が誕生したが，その年に，彼女は74歳でこの世を去った。ある歴史家は，この社会保障法の成立は，彼女の生前に成し遂げた多くの社会福祉立法やその運動の集大成であり，その意味で彼女の遺産であると評している。

4　おわりに——アダムズと日本

　日本への影響は，村井知至，生江孝之，留岡幸助らが文献で紹介をしたのが端緒であるが，むしろ，直接，交流をもった平塚らいてう，市川房枝，矢島楫子，林歌子，などのフェミズム運動，平和運動への影響は看過できない。社会事業家としては，山室民子，賀川豊彦などとも交流があり，その実践思想に影響を与えている。また関東大震災直前の1923年には日本にも来日し，そこでの実際的な交流により日本の婦人運動家たち，社会事業家たちに少なからぬ影響を及ぼした（木原 1993）。

◆ **引用・参考文献**（さらに深く学ぶ人のために）
Addams, Jane. *Democracy and Social Ethics*. Macmillan, 1902.
Addams, Jane. *Newer Ideals of Peace*. Macmillan, 1907.
Addams, Jane. *The Spirit of Youth and the City Streets*. Macmillan, 1909.
Addams, Jane. *Twenty Years at Hull-House : With Autobiographical Notes*. Macmillan, 1910.
Addams, Jane. *The Long Road of Woman's Memory*. Macmillan, 1916.
Addams, Jane. *Peace and Bread in Time of War*. Macmillan, 1922.
Addams, Jane. *The Excellent Becomes the Permanent*. Macmillan, 1932.
Linn, James W., *Jane Addams : A Biography*. Appleton-Century, 1935.
Farrell, John C., *Beloved Lady : A History of Jane Addams' Ideas on Reform and Peace*. Johns Hopkins Press, 1967.
木原活信「J. アダムスと日本——先行研究の検討と来日（1923 6.14-8.28）の足跡をめぐって」『社会事業史研究』第21号（1993, 35-59頁）
木原活信『J. アダムズの社会福祉実践思想の研究』（川島書店，1998）
木原活信『ジェーン・アダムズ』（大空社，1999）

　　　　　　　　　　　　　　　　　　　　　　　　　　　　［木原活信］

第Ⅱ部
社会福祉の時代

マーティン・ルーサー・キング・ジュニアと公民権運動（1963年8月）

Ⅱ　社会福祉の時代

■□　時代的背景　□■

　第Ⅱ部，主な舞台は20世紀に移る。しかし社会事業の成立，その専門職としてのソーシャルワークの発展，福祉国家の形成といった20世紀の福祉の発展をもたらした，その土壌は19世紀後半につくられている。ここでは，社会事業の成立から福祉国家の形成へ，そして社会福祉の専門職としてのソーシャルワークの確立にそれぞれ大きな足跡を残した，イギリス，アメリカの状況を概観し，第Ⅱ部で活躍する人物たちが，この時代の世界の社会福祉の発展にどのようにかかわり，歴史的にどのような役割を果たしたのか，概観してみたい。

1　貧困の発見

　第Ⅰ部でみたように，19世紀後半，イギリスから生まれた慈善事業の組織化，社会改良運動は，ヨーロッパ大陸，そしてアメリカにも波及していき，20世紀に入り，慈善事業を社会事業へと脱皮させる土壌を醸成した。

　産業革命をどの国よりも早く経験したイギリスでは，資本主義の構造的矛盾が生み出す貧困，つまり劣悪な労働条件や失業等によって窮乏する大量の労働者層に対して，改正救貧法では対応できず，その存在に苦しんでいた。そのようななか，人々の生活を守ったのは，たとえば農村では地主の家父長主義に支えられた共同体，都市では労働者や市民の共済組織として発展した友愛組合の内部での相互扶助であった。特に後者はくらしの様々な面で互助の仕組みを生み出し，やがて保険会社のもつような機能へと発展した。しかしこのような恩恵にあずかることができたのは主に熟練労働者層であり，非熟練層は日常のリスクを前に剥き出しの個人としてさらされていたのである。

　資本主義の発展に伴って，貧富の格差はますます広がり，大都市にはスラム街が形成される。社会問題が深刻化するなか，しかし改正救貧法ではなすすべがないなか，慈善事業が活発化してくる。なかでも1869年の設立といわれるロンドンの慈善組織協会（COS）は，慈善団体の協力体制のもと，個別援助による濫救と漏救を防ぐため組織的に自立援助を行ったもので，家庭訪問による調査にもとづいた援助方法はソーシャルワークの先駆的な取組みとなった。やがてその形態は

イギリス各地にひろがり，アメリカでも展開されるようになる。しかしCOSの貧困認識は，その原因を個人の道徳的頽廃に求めるもので，限界があった。それに対して新たに登場したセツルメント運動は，大学教員や学生などの知識者がスラムで生活し，人格的交流と教育によって住民の主体的な力を育てる一方で，調査によって貧困の解決策をもとめ実現化をはかる，いわば社会改良を目指したものであった。ここで培われた経験は，やがてグループワーク，ソーシャル・アクション，社会調査などの実践方法に発展していった。84年，ロンドンに設立されたトインビー・ホールは，世界のセツルメント運動の先駆けとなり，日本へも大きな影響をもたらした。

19世紀末，繁栄をきわめたヴィクトリア朝も終焉の時を迎える。非熟練労働者と失業者の増大という資本主義の矛盾が深刻化するなか，チャールズ・ブース（第11章）とラウントリーによってロンドン，ヨークで行われた実施調査は，大量の貧困の存在と実態をデータで示し，しかも貧困の原因が社会的要因にあることを明らかにした。

2　福祉国家への道

貧困が個人の責任でないことが認識され，自助の限界が明らかになるにつれ，社会的な対応が期待されるようになる。そして，1905年に設立された王立救貧法委員会には，救貧法の存廃を中心に貧困への新たな対応策への提言が期待された。委員会では，貧困の解決の課題として，個人の自立を重視するCOS派と，社会環境を重視した社会改良派の主張が拮抗し，09年には二つの報告を出すことで決着をみている。すなわち，前者は救貧法の存続を主張し民間の慈善事業との住み分けを提案した，いわゆる「多数派報告」（主な執筆者ヘレン・ボーザンケット：第17章）を，後者は救貧法の廃止を主張しナショナル・ミニマムを保障しようと企図した「少数派報告」（主担当者ビアトリス・ウェッブ：第16章）をそれぞれ提出したのである。

この間，自由党政権は選挙権を獲得した労働者階級の要求の高まりを受けて，1906年の労働争議法，学校給食法をはじめとした，一連の社会立法を生み出したこの時期を「リベラルリフォームの時代」と呼ぶこともある。そして11年に制定

された国民保険法は，前述した王立救貧法委員会の二つの報告を受け，救貧法制度を存続する一方で社会保険を導入するという，政府が選択した新たな道だったのである。同法は第1部の健康保険と第2部の失業保険から構成されていたが，それは疾病者と労働能力のある貧民の救貧法制度からの離脱を意味していた。すでに高齢者は08年の無拠出制老齢年金法により救貧法の対象から分離されていたが，同法は25年には寡婦と遺児にも適用された拠出制の年金法へと発展している。さらに34年失業法によって失業保険と失業扶助が統合され，ここにきて救貧法は労働能力を持たない貧民を対象とした救済制度に姿を変えたのである。

　委員会では少数派にとどまったものの，その報告で示されたナショナル・ミニマムの思想は，その後，イギリス労働党の基本綱領に取り入れられ，福祉国家の建設における重要な理念になった。ウェッブ夫妻から大きな影響を受けた一人がウィリアム・ベヴァリッジ（第21章）であり，1942年のベヴァリッジ報告の様々な提言に反映されている。この報告が基礎になってイギリスは福祉国家の骨格を形成した。すなわち，ベヴァリッジは所得保障，保健，教育，住宅，雇用の条件が整えば人間生活に困窮をもたらす5つの悪を克服できるとし，社会保険を中心にした社会保障制度の実現を目指したのである。そして45年には家族手当法，翌年に国民保険法と国民保健サービス法（医療の無料化）が制定され，48年の国民扶助法をもって救貧法は廃止となり，長かった救貧法体制に終止符がうたれた。これによって，イギリスは「ゆりかごから墓場まで」の生活を保障した福祉国家への道を歩み出したと評価されている。

　その建設に際して，理論を支えた一人がリチャード・ティトマス（第24章）であった。彼は，特に国民保健サービスの在り方に大きな影響を与えた人物であり，労働者をベースにしたドイツ流の社会政策ではない，生活問題に対応するイギリス型のソーシャルポリシー（社会政策）論を展開したのであった。

3　ソーシャルワークの確立と発展

　イギリスに始まった慈善組織協会（COS）の活動は，アメリカにおいてより伸展，深化していった。なぜならその建国の歴史から，「自由」の精神を何よりも尊重し，そのために個人の自助自立は大切な価値観だったからである。したがっ

て貧困や問題解決の手段として，個人の自立を促すソーシャルワーク，特にそのケースワーク（個別援助技術）は受け入れやすい方法であり，またそれは移民のアメリカ化にも有益なものだったのである。アメリカに慈善組織協会が広まっていく前後の時代状況をもう少し，説明しておこう。

　アメリカの産業革命は1860年代までにはほぼ完了したが，南北戦争（1861～65）における北軍の勝利によって，資本主義の発展はより加速度を増していく。その矛盾は，多民族国家ゆえに人種差別を利用しながら，労働者たちを一層劣悪な労働条件においやっていった。すなわち工場労働者や移民の密集するスラム街が出現し，都市問題が顕在化してくる。さらに不況や恐慌により大量の失業者が出現し，貧富の格差は広がる一方であったが，自助自立を重んずる価値観をベースにした自由放任主義の社会においては，積極的な公的対策は望むべくもなかった。

　そのような状況に対応したのが，民間慈善事業だったのである。18世紀から次第に組織化されはじめた慈善事業もこの時期，大きく発展，その組織化が進んでいる。そして1877年バッファローに設立を皮切りに，COS はアメリカ全土に広まっていった。メアリー・リッチモンド（第18章）が，友愛訪問の記録をケースワークとして体系化し，ソーシャルワークの科学化，専門化に貢献したことはよく知られている。「自由」とその対にある自助を重んじる社会にあって，個別の処遇によって個人の自立を高めようと試みるケースワークは歓迎されるべき専門職であった。その技術は，兵士の家族への保護という形で第一次世界大戦中にもアピールされ，ケースワークは国民一般にも広く受け入れられていったのである。

　新しいソーシャルワーカーという職業の体系化，専門化に努めた功労者の多くは，女性であった。なぜなら19世紀後半から20世紀にかけて，アメリカでは高学歴の女性が質量ともに増えていくが，従来の専門領域ではその知識を役立てる道が限られていたからである。すなわち女性には，伝道師，教師，あるいは慈善事業（社会事業）の道に進むしか，社会進出の場がなかったのである。第Ⅰ部で登場したジェーン・アダムズもまさにそのようなジレンマのなかで苦しんだ結果，セツルメント事業にその活躍の場を見出したひとりであった。

　そして女性が社会事業の専門職，すなわちソーシャルワークの確立，発展に貢献したという点では，ヨーロッパでも同じであった。たとえば社会保険やエルバーフェルト制度など先駆的な取り組みで福祉の発展に影響を及ぼしたドイツに

おいても，女性の活躍には目覚ましいものがあった。中でもアリス・ザロモン（第19章）は社会事業の専門学校を創設し，ソーシャルワークの専門教育の向上に努めている。リッチモンド，ザロモンはともに社会事業が専門職として発展することを期待する当時の日本の社会事業界で紹介されている。しかし日本では社会事業の専門職化に女性が寄与する機会はなく，戦前，戦後ともに欧米に比べ専門職化の「遅れ」が指摘されている。

アメリカにおいて，リッチモンドが体系づけたソーシャルワークの技術は，その後も発展し続け，様々な理論，モデルを生み出していった。

4 人権思想・理念と実践

さてソーシャルワークの専門職化，ナショナル・ミニマム論の具現化を目指し，20世紀中葉には世界の国々が「福祉国家」の形成を試みはじめた。それを支える根本的な価値観である人権尊重の理念の定着と発展は，多くの人たちの努力と闘いによって実現されることとなった。たとえば子どもの権利の尊重を訴え，国際連盟によるジュネーブ宣言（1924）に影響を与えたヤヌシュ・コルチャック（第20章）は，第二次世界大戦中，子どもたちとともにユダヤ人の強制収容所に送られた。彼の思いは，その死後，児童の権利に関する条約として実を結んだ。一方，同大戦下，中立の立場を取り得たスウェーデンは，1930年代から社会民主党政権によって着実に福祉政策を発展させ，ミュルダール夫妻の「国民の家」の理念を体現するような福祉国家の骨格を築き，他の北欧諸国を牽引する役目を担った。

人種差別が根強いアメリカにおいて，1950年代後半から60年代にかけて黒人の人権を守るために立ち上がり，公民権運動の先頭を切ったのはマーティン・ルーサー・キング・ジュニア（第26章）であった。この運動はやがて貧困層の権利擁護から始まった福祉権運動とも合流し，広がりを見せるが，公民権運動に参加したホイットニー・ヤング（第27章）は，黒人のソーシャルワーカーとして貧困戦争のアドバイザーや全米ソーシャルワーカー協会の会長を歴任するなど，福祉の発展に努めた。

他方，障害者の発展に大きな功績を遺したノーマライゼーションの理念は，ヨーロッパで生まれた（N.E. バンク-ミケルセン：第28章）。その理念は障害者福祉

推進の基本理念となり，1970年代には世界中に浸透していき，障害のある人も持たない人もともに地域で暮らせることがノーマルな社会だという価値観から，在宅型の福祉が主流になり，地域福祉の活性化にもつながっていく。その理念はアメリカにおいてさらに進化し，今まで他者からの「治療」「矯正」の対象であった障害者を「自立」の主体者に変え，当時者による自立生活運動へと発展していった（エド・ロバーツ：第29章）のである。

また西洋で生まれ育ちながらも修道女としてインドに赴き，その地で貧困と病に苦悩する人たちへの救済を行い，その姿が多くの人々に感動を与えたマザー・テレサ（第30章）の存在は人々の胸に刻み込まれ，今なお，福祉のボランタリーな担い手の発展に大きく貢献している。

このようにみていけば，社会福祉にとって20世紀という時代は，前半に福祉国家としての基盤を形成し，担い手となる専門職を生み出し，後半は個々の具体的な実践を行うことによって，その理念と実態をより充実，深化させていった時代だったということができよう。

◆ 参考文献
金子光一『ビアトリス・ウェッブの福祉思想』（ドメス出版，1997）
木原活信『J. アダムズの社会実践思想の研究』（川島書店，1998）
今井小の実「社会福祉の歴史」菊池正治・清水教惠編著『基礎からはじめる社会福祉論』（ミネルヴァ書房，2007）

[今井小の実]

II 社会福祉の時代

第16章　ウェッブ夫妻
―― ナショナル・ミニマムの提唱者

[Sidney Webb] [Beatrice Webb] 夫シドニー・ウェッブは，1859年7月13日，ロンドンで生まれる。妻ビアトリス・ウェッブは，58年1月22日，グロスターで生まれる。ウェッブ夫妻は，94年の『労働組合運動の歴史』(*The History of Trade Unionism*)，97年の『産業民主制論』(*Industrial Democracy*)，1911年の『貧困の予防』(*The Prevention of Destitution*) など，膨大な数の業績を残し，福祉国家の理念形成において貢献した。シドニー，47年10月13日，永眠（88歳）。ビアトリス，43年4月30日，永眠（85歳）。

19世紀から20世紀にかけての世紀転換期は，労働者階級が急速に政治に進出した時代である。特に1906年の労働党結成以降，その勢力は拡大しイギリス社会に大きな影響を与えた。その労働者階級の台頭に貢献した中心的な団体が，1884年に設立されたイギリス独自の社会主義団体である「フェビアン協会」(Fabian Society) である。その理論的指導者であったウェッブ夫妻が，貧富の格差が著しかった時代にどのような考え方をもち，その後に影響を与えたかについて，この章でみていくことにする。

1　夫妻の生い立ちとパートナーシップの開始

▎生い立ち

シドニーは，1859年7月13日チャーリング・クロスから近いクランボーン・ストリートで中産階級下層の家庭に生まれた。彼は81年文官任用試験に合格し国税庁2等書記官となり，さらに翌82年上級試験に合格し植民地省1等書記官に就任した。また，85年にフェビアン協会に入会し，その後はフェビアン協会が打ち出す政策の立案者として協会の中核的な人物になった。89年にフェビアン協会の存在を世に知らしめた『フェビアン社会主義論集』においては，「歴史」の章を担当し，過去の空想的ないし革命的な考え方とは異なる漸進主義の哲学を明確に表

明している。

　ビアトリスは，1858年1月22日，グロスターシアの首都グロスターで，リチャード・ポッターとローレンシナ・ポッターの八女として生まれた。彼女は，中産階級上層の家庭の子として，83年から慈善組織協会（COS）のソーホー委員会に参加し，慈善活動を始めるが，活動を通じてCOSの限界を知り，84年以降は社会調査者として活動する。

　1886年から義理の従兄にあたるチャールズ・ブースがロンドンで行った貧困調査に参加し，彼女の執筆した「ユダヤ人社会」「ドック」「洋服仕立業」の3本の論文が，89年のブースの調査報告書『民衆の生活と労働（東ロンドン）』に掲載された。

■ パートナーシップの開始

　シドニーとビアトリスの出会いは，1890年1月に，ビアトリスの従姉マーガレット・ハークネスの家で実現した。ビアトリスはシドニーと出会ってから，わずか1カ月後の2月1日の日記に，「ついに私は社会主義者（Socialist）になった」と書き残している（MacKenzie, N. & J. eds. 1982：322）。

　シドニーとビアトリスは，1892年7月に結婚するが，この結婚は二人の人生に大きな転機をもたらすものであった。また，その後彼らが共同で行った数多くの偉業は，二人の相互補完的関係から生み出されたものであったといえる。

2　初期の業績

■ 『労働組合運動の歴史』の作成

　1892年7月23日の結婚後，最初に夫妻で取りかかった仕事は，ビアトリスが行っていた協同組合研究から導かれた労働組合運動に関する研究であった。

　その時ビアトリスが設定した仮説は，次のようなものであった。まず，社会は生産者と消費者との利害の相反する二つの部門に分かれているが，どちらも「市民」であり社会の構成員である。「全体としての社会の利益」を目指す「市民」という立場は，統合の立場であり，また進歩と民主主義の立場である。生産者が生産性を上げれば生産力の発展に結びつくが，同時に消費者の利益にも繋がる。

Ⅱ　社会福祉の時代

そしてそれぞれの民主制が確立された時,「市民」としての立場が現実となる。このような考え方に基づいて,ビアトリスはシドニーとともに『労働組合運動の歴史』の執筆作業を行った。そして2年間の作業の末,その本は,1894年のメーデーに出版された。

■『産業民主制論』の作成

　ウェッブ夫妻は,『労働組合運動の歴史』が完成した時に,これまで収集した膨大な資料から「明確で包括的な実証できる理論」を抽出し検証するために,もう一冊の本の出版を企画した。それが『産業民主制論』である。

　『産業民主制論』は,1897年11月「イギリスの労働組合の構造と機能の科学的分析」として世に問われたもので,労働組合運動を発見し,労働組合の構造,存在理由を説明し,「共通規則」の方策を提示し,その分析を通じて,労働組合の経済的・社会的機能を評価した書である。

　『産業民主制論』の中でウェッブ夫妻が最も労力を注いだ部分は,第3編第3章であり,そこで彼らは,「共通規則」の効果を「効率」と関わらせて論じ,それを文明生活の最低限の水準であるナショナル・ミニマムと結びつけることによって,一貫性のある論述を展開している。すなわちここで彼らは,最低限の水準以下の諸産業,その中でも特に国民の生活を脅かす「寄生的産業」と呼ばれる苦汗産業の駆除と苦汗労働の廃止を強く求めている。

　社会的に弱い立場の者に対して保護立法を制度化する必要性を感じたのは,ビアトリスより先にフェビアン主義者となっていたシドニーの方であったといわれている。彼は1889年5月に発行された『フェビアン・トラクト』と同年12月に発行された『コンテンポラリー・レヴュー』に労働時間の制限に関する論文を寄稿している。その意味で『産業民主制論』は,ビアトリスの社会調査者として経験に基づく発想とシドニーの学識に裏づけられた知見が結集された共同の産物であったといえる。

3 「救貧法および貧困救済に関する王立委員会」における活動とその後の訪日

▍二つの報告書

ビアトリスは，1905年12月「救貧法および貧困救済に関する王立委員会」(Royal Commission on the Poor Laws and Distress) の委員に選出された。

その委員会メンバーは，公平性の観点から広範囲に渡る分野から選出され，救貧法の行政官や COS の中心人物なども含まれていた。しかしながら，貧困の原因とその対処方法に関する見解が大きく異なるため，会期中対抗関係が表面化した。そしてその結果，『多数派報告』と『少数派報告』という二つの報告書が09年2月に提出された。後者の『少数派報告』をまとめたのが，ウェッブ夫妻である。

同報告書は，高齢者，障害者，児童などの労働能力をもたない者と失業者を中心とする労働能力をもつ者への処遇面の相違から，第1部「労働能力をもたない困窮」と第2部「労働能力をもつ困窮」で構成されている。

▍『少数派報告』（第1部）「労働能力をもたない困窮」

第1部の論述の主旨は，これまでの救貧法を直ちに撤廃すべきであるというものである。そして救貧法関連立法を廃止した後の対応について，救貧法行政の一切の業務を自治地区議会および特別市会に委譲することを提案している。すなわち，貧困者を困窮状態にあるという理由だけで特別に取り扱う制度を否定し，普遍的な福祉サービスを貧困の原因ごとに整備することによって，すべての市民のナショナル・ミニマムを保障しようとしたのである。

また，今後の改革案として治療よりも予防を重視し，困窮が事実となってから救済するのではなく，コミュニティにおいて人々が困窮に陥る原因を最初に見つけ出し，その困窮の原因を抜本的に解決すべきであると論じている。

▍『少数派報告』（第2部）「労働能力をもつ困窮」

『少数派報告』第2部は，「労働能力をもつ困窮」を主題として，その最大の課題である失業問題に焦点を当て，「労働市場の公的組織化」という解決策を提示

する形で展開されている。これは，当時の社会問題として失業に関する諸問題が焦眉の課題であったことと，貧困の最大の要因が未熟練労働者の失業問題にあることを，ウェッブ夫妻が十分認識していたことを意味している。

　全体を通じて基調とされているのは，労働能力をもつ者に対する施策が，原則として国家的規模で行われることが望ましいとする見解である。そのために，国家レベルで各地域のすべての職種の雇用状況を調査し，失業を軽減し，臨時雇用を廃止するための「労働省」の新設を提案している。

　ビアトリスは，後に次のように書き残している。「『少数派報告』の唯一の目的は，子どもの間は十分に扶養・教育し，労働能力をもった時には生活賃金を与え，疾病の際には治療を与え，働くことができなくなった時や，年をとった時には，妥当な生活を支えるだけのことをする。これらによって，男性も女性も，あらゆる階級の者にも，すべてに均等な市民生活のナショナル・ミニマムを広く実施することにあった」(Darke, B. & Cole, M., eds., 1975：481-482)。

▌日本訪問

　ウェッブ夫妻は，『少数派報告』でナショナル・ミニマムを提唱した直後，報告書の内容を一般大衆に広めるための啓蒙運動をイギリスで大々的に展開する。そしてそれが終焉した後，彼らは海外視察を行っている。その視察中，日本にも滞在（1911年8月17日～10月12日）し，東京，長野，新潟，京都など各地を見学し，自らの主張を展開する講演を行っている。

　ウェッブ夫妻が訪問した時期の日本は，日露戦争による財政難に苦しみながら，天皇を中心とする家族国家観の復活を目指す感化救済事業を推し進めていた。また当時の救貧行政の主導者は，救貧が独立心を妨げるものという古典的な貧困観をもち，国民精神の感化，教化の見解を有していた。

　ウェッブ夫妻の視察後の感想や大学での講義内容は各地で異なるが，すべての主張の基底にあるのは，今後日本は資本主義の発達に伴って貧困者が増えることが予想されるが，その対策に国家は責任をもって取り組むべきであるというものであった。そこには，劣悪な労働環境を改善するための施策や，国民生活の最低限度を維持するための政策など具体的な提言が含まれていた。

4　晩年の政治への傾倒

▍労働党綱領『労働党と新社会秩序』の意味

　イギリス労働党の最初の綱領である『労働党と新社会秩序』は，シドニーが作成し，1918年6月の労働党大会で採択されたものである。その綱領には，労働党が再建するための社会改良計画について明確に示されている。中でも「ナショナル・ミニマムの普遍的施行」「産業の民主的管理」「国家財政の改革」「公益のための余剰財」の4本の柱は重要な意味を有している。

　この綱領は，第二次世界大戦後労働党が初めて絶対多数を獲得し，自らの政策を実施し得る機会を与えられた時も大部分そのまま利用することができ，20世紀の変転の激しい時代に，30年の歴史の批判に堪えた文書である。またそこでは，消費者の立場を重視し，資金およびサービスの分配過程で地方自治体と消費者協同組合の役割が強調され，さらに「民主的協同」の精神の重要性が謳われている。

▍パスフィールド卿

　シドニーは，1922年の総選挙で国会議員に選出され，24年の第一次マクドナルド労働党内閣で商務局長として入閣した。また29年の第二次マクドナルド内閣では植民地省長官に任じられ，同年男爵として上院に入り，「パスフィールド卿」(Lord Passfield) の称号を受ける。パスフィールドは，当時夫妻が住んでいたハムプシャーの地名から取ったものである。

　1932年5月にソヴィエト社会主義共和国を訪問すると，革命によって社会主義社会が実現している現実に触れ，35年に刊行した『ソヴィエト共産主義——新しい文明？』において，自らの漸進主義を修正した形態のものとして高く評価している。

　1942年，ウェッブ夫妻の最後の共著『ソヴィエト・ロシアの真実』が公にされた翌43年4月30日，ビアトリスは85年の生涯を終えた。シドニーはその後，社会科学への功労によって「メリット勲位」(Order of Merit) の名誉を受けるが，ビアトリスの死から4年後の47年10月13日，88歳でこの世を去った。夫妻の亡骸は，最初パスフィールド・コーナーに葬られたが，フェビアン協会を通じて長きにわ

II 社会福祉の時代

たって親交があったジョージ・バーナード・ショーの提言により，47年12月，ウェストミンスター寺院に改葬された。

おわりに

ウェッブ夫妻に関する研究は，経済学・政治学・社会学の分野において決して少なくない。このことは，彼らの活動が多岐にわたっていたことを物語っている。彼らは膨大な資料やデータから実証的な検証を行うことを基本として多くの業績を後世に残した。その中でも特に公的部門の役割や責任に関する政策的提言は，「新しい公共圏」を模索しながら，公的部門の責任システムの再構築が求められている今日においても説得力をもつものである。

ウェッブ夫妻の墓石（ウェストミンスター寺院）

◆ 引用・参考文献（さらに深く学ぶ人のために）

Webb, S. & B., *Industrial Democracy*, Vol. 1・2. Longmans, Green & Co., 1897.（覆刻版，高野岩三郎監訳『産業民主制論』法政大学出版局，1990）

Darke, B. & Cole, M., eds., *Our Partnership* by B. Webb, LSE., Cambridge University Press, 1975.

MacKenzie, N. & J., eds., *The Diary of Beatrice - Glitter Around and Darkness Within-*, Vol. 1, LSE., Virago Press Ltd., 1982.

金子光一『ビアトリス・ウェッブの福祉思想』（ドメス出版，1997）

Harrison, R. J., *The Life and Times of Sidney and Beatrice Webb 1858-1905 The Formative Years*, Macmillan Press Ltd., 2000（大前眞訳『ウエッブ夫妻の生涯と時代――1858～1905年：生誕から共同事業の形成まで』ミネルヴァ書房，2005）

金子光一『社会福祉のあゆみ――社会福祉思想の軌跡』（有斐閣，2005）

［金子光一］

Ⅱ　社会福祉の時代

第17章　ヘレン・ボーザンケット
―― 1909年王立救貧法委員会多数派報告書の主要な執筆者

[Helen Bosanquet] 1860年2月10日，イギリスのマンチェスターに生まれる。89年，ケンブリッジ大学，ニューアム・コレッジの道徳哲学講座を最優秀の成績で卒業し，翌90年にロンドンに移った。同年，慈善組織協会（COS）に入会し，イーストロンドンの貧困地域として知られる，ショーディチ支部の地区書記官に就任する。95年12月に，理想主義哲学者のバーナード・ボーザンケットと結婚。1905年に王立救貧法委員会の委員に任命され，09年に発表された同委員会多数派報告書の主要な執筆者の一人となった。25年4月7日，永眠（65歳）。

19世紀末から20世紀初めにかけて，イギリスでは，救貧法や貧困問題に関して，大きな論争が展開された。一方では，新自由主義者のJ. A. ホブスン，フェビアン協会のウェッブ夫妻が貧困問題を社会的，経済的問題として把握しようとしたのに対して，他方で，ボーザンケット夫妻はその問題を貧民の性格の問題として把握し，きびしく対立した。その後，多くの歴史家が，イギリス福祉国家の形成という面から前者の理解を支持したために，ヘレンらは，没後，長きにわたって，軽視されてきた。しかしながら，主に，1990年代以降，イギリスで広義の福祉社会に対する理解の方法として，「福祉の混合秩序」（Mixed Economy of Welfare）への関心が広まるにつれて，ヘレンらにあらためて注目が集まっている。この章では，1909年王立救貧法委員会多数派報告書の主要な執筆者の一人であるヘレンの貧困理解を，同報告書を中心にみていくことにする。

1　COSの活動

■ COSとケースワーク

　ヘレンは，バプテスト派の聖職者である父とユニテリアン派の聖職者の娘である母の間に，5番目の子どもとして誕生した。ドイツ人の女性家庭教師について学んだ後，ヘレンは1886年にニューアム・コレッジに入学した。最優秀の成績で

卒業した彼女は，学究的な道を希望したが叶わず，90年にロンドンに移り，そこで慈善組織協会（COS）に入会し，ケースワーカーの道を歩むようになった。

1869年にロンドンで結成されたCOSは，ばらまき慈善と救貧法による安易な救済こそ，貧困の主要な原因であるとみなし，「慈善の組織化」と救貧法の厳格化を追求していた。

彼らは，救済を求めてきた貧民のなかから，COSにとって「救済に値する」（deserving）とみなしたケースには，金を貸与したり仕事を紹介したが，「救済に値しない」（undeserving）ケースには救済を却下したり，救貧法に彼らを回したりした。これを進める過程で，COSによって導入されたのが，救済の申請を求めてきた貧民すべてに対して，性格，家庭環境，職歴を詳細に調査するケースワークの方法だった。COSにとって，「救済に値する」「値しない」という区分は，貧民の弱い性格のみに貧困の原因を求めていた貧困観から生み出されていた。

■ ヘレンの貧困理解

ヘレンも，COSのケース調査の重要性を認めていた。彼女は，貧困の実際的な解決のためには，貧民の性格を改善する方が，経済状態や環境を変えることより，より基本的な改革につながると確信をもっていた。そのために，ケース調査は有効だったのである。1896年に，ホブスンがCOSの貧困研究を「個々人の関係の中にある"社会的な"事実を無視して，個々のケースに関係する事実にのみ関心を限定している」と批判して，ボーザンケット夫妻との間に貧困原因をめぐる論争が始まった。

ホブスンに対して，彼らは，1897年に「われわれが言っていることは，いつ何時，不幸が生じて，環境が克服できない困難をもたらすかもしれないが，時間と性格の改善が与えられれば，再び，それらの存在感が重視されるようになり，その結果，時間とよき性格による行為を支えるように環境がつくりかえられることになる，ということだ」と反論した。ヘレンは，その後も，個人の性格の強化こそ，貧困解決の道だという信念を堅持し続けた。

それでは，ヘレンは，性格とは，何によってつくられ，どのように強化されるべきだとみなしていたのだろうか。ヘレンの著作，『家族』（1906）を取り上げてこの点をみてみたい。

ロンドン・スラム街のある家族（1901年）

2　ヘレンの『家族』

■ ヘレンの家族制度

　ヘレンにとって，家族とは，「全人類の制度の中でも，最初でかつ最も永続的な制度」であった。そこは，「偉大な修業の場でもある。それを通して，各世代が，誰も自分だけでは生きてはいけないというシティズンシップを，あらためて学ぶのである」。
　つまり，家族の成員の性格がつくられたり，育まれたりするのが家族であり，逆に，堕落したりするのは家族の解体を通してであった。さらに，ヘレンは家族を，「精神的な統一体」とみなすとともに，「ひとつの経済的な力」ともみていた。

■ 経済単位としての家族

　ヘレンは，家族を「きわめて重要な産業的協同の一部門」であると評していた。まず，家族のなかで最も責任を負わなければならないのは，夫である。彼が，家族の創設者で，家族の幸福の第一義的責任者であるからである。

家族では、妻に、家族収入の管理と消費の機能、そして、家庭と子どものケアの機能が割り当てられる一方で、夫と成人した子どもには、収入を獲得する責任が負わされていた。家族が、力のある者だけではなく、弱者とも一緒になって構成されているからこそ、「一個の経済単位」であるとみなされたのである。

自活できるようになった子どもでも、すぐに家を離れるのではなく、家族のなかの高齢者や幼い兄弟を扶養するために家庭に留まるべきであった。国家による年金や学校給食が、家族を衰退させるとして、ヘレンが反対したのは彼女のこのような家族理解からだったといえよう。

ヘレンの『家族』は、家族が、一人一人の性格形成および相互扶助機能に、決定的な役割を担った制度であることを語った著作であった。それでは、王立救貧法委員会多数派報告書を、ヘレンの家族像から読めば、どのような点が明らかになるかを、次にみてみよう。

3　多数派報告書の論点と主張

▌王立救貧法委員会報告書をめぐる未解明な論点

実質的に、二年半あまりの精力的な調査活動を経て、1909年2月に、王立救貧法委員会報告書は公表された。二つに分かれて公表された「多数派報告書」と「少数派報告書」は、付録や関連する調査報告書を除いても、併せると1,200頁を優に超える長大な報告書となった。

二つではなく、一つの報告書にまとめられていたならば、「自由党の諸改革」に直接的な影響を与えられたのではないか、しかし、両報告書の内容に大差がなかったにもかかわらず、ウェッブ夫妻が自分たちのナショナル・ミニマムを基にした提案にこだわったために、報告書が一つにまとめられなかったとみるのが、今日の一般的な評価である。

また、「少数派報告書」が、ウェッブ夫妻によって執筆されたという点では、従来の評価は一致しているものの、「多数派報告書」に関しては、誰がどの部分を執筆したのかという点についてさえ、いまだに解明されていない。ビアトリス・ウェッブとは対照的に、ヘレンが、日記や書簡をほとんど残さなかったことも、彼女が「多数派報告書」に、具体的にどのように関わっていたのかを明らか

にできない一因だといえよう。しかし，1909年に公刊されたヘレンの「多数派報告書」の解説書をもとに，彼女の家族像から同報告書を読み解けば，非常に興味深い論点が浮かび上がってくる。

■ 家族からみた多数派・少数派報告書

家族の扱いという点に関してみるならば，「少数派報告書」は，家族の個々の成員の最低限保障を最も重視していた。「我々は，最低の上品と安全が，家庭で保障されない限り，どの子どもも学校から父親のところに返されるべきではないと主張する」と。

つまり，「少数派報告書」にとって，同じ家族の一員であっても，構成員が抱えている貧困原因——失業，疾病，教育の欠如など——は多様であるので，その貧困原因別に，各人が，たとえば，職業紹介や，あるカウンシル内での保健委員会や教育委員会で処遇されるべきだと主張したのである。

他方，「多数派報告書」は，救済を求める申請者とその家族を一体のものとみなし，貧困原因を調査し，単一の困窮当局によって救済し，家族を保持することを主なねらいとしていた。困窮者に対する扶養責任は，家長を中心とした家族にあるとみていたからである。ヘレンは，家族内の貧困については「共通の要素を非常に重視すべきなので，家族の成員の救済を是認し，規制する特別法の存在を必要とする」と主張した。

■ 多数派報告書と失業

たとえば，失業問題に関して，「少数派報告書」は，主に不完全雇用を扱うために国営職業紹介所を提案していた。他方，ヘレンは，同じ職業紹介所を，「少年とその親に，将来の仕事の問題について助言する」ことが原則的な役割であると把握していた。

また，彼女は，「仕事に対する最も効果的な救済は，自分が居住しているところで，仕事を見つけることができない人を移民ないし移住させること」であると指摘していた。移民や移住が，家族全員で行われるべきことだったことは，言うまでもない。さらに，低賃金で働く寡婦の問題についても，「これらのケースを扱う正しい方法は，ケースを個別化すること」であるとし，母親が，継続的に働

いているという条件が満たされている場合に限って，その子どもが昼間寄宿学校に通えるという施策が提案されていたのである。

以上，ヘレンの解説によれば，「多数派報告書」の提案は，家族を保持し，その経済単位としての機能を強化するために提案された施策ばかりだったと指摘できる。両報告書が，家族をどうみていたかという点に焦点を当てれば，通説とは異なり，両者の主張が，必ずしも同じものだったとは言い切れない事実が浮き彫りになったといえよう。

おわりに

ルイス（Lewis, J.）によれば，COSはジェンダー分業によって支配されていた。男性会員が各支部を支配していたのに対して，女性会員は貧民への訪問活動のみを行っていたのである。この中にあって，ヘレンは訪問活動を実践しつつ，ケースワークおよび貧困の理論を確立したCOSの傑出した社会改革家であった。

彼女によって鍛えられたケースワークの理論が，その後，わが国も含めた多くの国で，普及・応用されたことは周知のことである。また，1908年に，渋沢栄一を会長とする中央慈善協会が，COSをアイデアの源泉の一つとして発足した点も付言しておこう。

本章でみてきたように，ヘレンのケースワーク理論の核心にあったのが，彼女の家族像であった。時代の制約を考慮に入れなければならないが，社会保障の対象は，家族単位なのか個人単位なのかという点を，私たちに考えさせるきっかけの一つを与えてくれたのが，1909年王立救貧法委員会の「多数派報告書」と「少数派報告書」だったといえよう。

国家だけではなく，家族やボランタリーセクターを含めて福祉の供給主体として考えるとする，「福祉の混合秩序」への関心が，近年，高まりつつある。このような現代的な文脈のなかに置き換えても，ヘレン・ボーザンケットの思想と活動は，多くの示唆を与えてくれるといえよう。

◆ **引用・参考文献**（さらに深く学ぶ人のために）
Hobson, J. A., "The Social Philosophy of Charity Organisation" *Contemporary Review*

Vol. 70, 1896.
Bosanquet, H. & B., "Charity Organisation, A Reply" *Contemporary Review* Vol. 71, 1897.
Bosanquet, H., *The Family*, 1906.
ボザンケー,ヘレン／田中達訳『家族論』(大日本文明協会,1909) 水田珠枝監修『世界女性学基礎文献集成【明治大正編】第7巻』(ゆまに書房,2001) 所収
Bosanquet, H., *The Poor Law Report of 1909*, 1909.
Webb, S. & B., *The Break-up of the Poor Law : Being part one of the Minority Report of the Poor Law Commission*, 1909.
Woodroofe, K., *From Charity to Social Work*, 1962.
ウッドルーフ,キャスリーン／三上孝基訳『慈善から社会事業へ』(中日文化,1977)
Vincent, A. & Plant, R. *Philosophy, Politics and Citizenship*, 1984.
McBRIAR, A. M., *An Edwardian Mixed Doubles, The Bosanquets versus The Webbs, A Study in British Social Policy 1890-1929*, 1987.
Lewis, J., *Women and Social Action in Victorian and Edwardian England*, 1991.
Lewis, J., *The Voluntary Sector, the State and Social Work in Britain*, 1995.
Harris, J., "Helen Bosanquet," *Oxford Dictionary of National Biography*, 2004.
Fabian Society. ed, *From the Workhouse to Welfare, What Beatrice Webb's 1909 Minority Report can teach us today*, 2009.
Sweet, W., ed, *Biographical Encyclopedia of British Idealism*, 2010.

[藤井　透]

II 社会福祉の時代

■□ コラム5 □■

アガサ・クリスティと里親制度

　イギリスのミステリー作家アガサ・クリスティの作品のなかに『三匹の盲目のねずみ』という題名の短編がある。1947年に執筆したラジオドラマ「ねずみとり」を小説化したもので，後に戯曲として再脚色され，世界で最も長い連続上演を記録していることでも知られている。

　舞台は，オープンしたばかりのゲストハウス，マンクスウェル山荘。経営者は叔母から遺産として山荘を譲りうけた新婚夫婦で，その初日は大雪警報が流れる最悪の天候のなかで始まった。しかし4人の予約客も無事，到着。夜中には吹雪のため立ち往生となった外国人風の男性も加わり，5人のゲストを迎えてまずまずの滑り出しとなった。ところが翌日，雪で孤立した山荘に警察から電話が入り，警官を1名差し向けるという。ロンドンで起きた殺人事件の現場に山荘の住所を書いた紙が残されていたという理由からであった。その後，マンクスウェル山荘でも殺人が発生，事件は連続殺人へと発展していく。捜査が進むにしたがってわかったのは，被害者の共通点が，ある子どもの虐待事件の関係者だったということであった。犯人は，戦争当時，学童疎開で農家の里親に出され，そこで虐待され死に至った少年の兄だったのである。自身も虐待を受けていたため，弟を救うことができなかった兄は，いつか必ず復讐するという思いだけで生きてきたのであった。そしてその復讐の目標は里親だけでなく，受け入れ先あっせん委員，また教員にまで向けられた。物語はこの一連の殺人事件の犯人がにせ警官として山荘にもぐりこんだ男性だったという結末で終わるのだが，この推理小説の謎解きの鍵となったのが里親に預けられた子どもの虐待事件だったことは興味深い。

　実はクリスティがこの作品を発表する2年前の1945年1月，イギリスでは北部の農場の里親に預けられていた13歳の少年が酷使され死亡するという事件が起こっている。第二次世界大戦中のことで，人口問題の観点からも，また農村部への学童疎開児童も多くいたこともあって，事件は人々の注目の的になり，大きな社会問題となった。したがって，この作品の創作にヒントを与えたのは，この虐待事件だったと考えるのが自然だろう。

　20世紀に入り，児童は家庭で母親の手によって養育されるのが良いという価値観が世界中に広まり，親の養育を受けられない子どもたちにも，施設より里親による養育の方が好ましいと考えられるようになっていく。だからこそ里親先での虐待が明らかになり，死に至ったというこの事件は，里親制度の推進者たちに大きな衝撃を与えた。世論の高まりに応じて，政府は同年「正常な家庭生活を奪われた子どもの養護の方法」を調査するため，通称「カーティス委員会」を任命した。そして委員会の報告を受けて成立した1948年の児童法は，家庭のないすべての児童の保護を内務省と地方自治体の責任のもとにおき，児童福祉の発展に貢献したのである。

[今井小の実]

Ⅱ 社会福祉の時代

第18章 M. リッチモンド
―― ソーシャル・ケース・ワークの母

[Richmond, M.] 1861年8月5日，アメリカ・イリノイ州ベルヴィルに生まれる。78年，ボルチモア東女子高校卒業。89年，ボルチモア慈善組織協会会計補佐に就任。91年，同協会総主事に昇任。1990年，フィラデルフィア慈善組織協会総主事に就任。09年，ラッセル・セイジ財団慈善組織部部長に就任。17年，『社会診断』を刊行。21年，スミス大学より修士号授与。22年，『ソーシャル・ケース・ワークとは何か』を刊行。28年9月2日死去。

　リッチモンドは，20世紀初頭のアメリカでケースワーク論を構築した人物として，余りにも有名である。彼女は，人間個々と社会環境の間というソーシャルワークの視座を確立し，またその専門職化にも先鞭をつけた。以下，今日のソーシャルワーク論にも生き続けるこのケースワークの母の生涯と所論に学びたい。

1　リッチモンドの原風景

▎出生の界隈

　1861年8月5日，イリノイ州ベルヴィルでリッチモンドは誕生した。鍛冶職人の父ヘンリー（R. Henry）と母ラヴィニア（R. H. Lavinia）の4子の長女であった。兄と弟妹の命は短く，生後に病弱ながら発育したのはリッチモンドただ一人であった。彼女の出生は南北戦争の勃発と同年であり，両親が軍需に応じて稼ぎに出た先の地であった。ただし間もなく，両親は幼子のリッチモンドを連れてメリーランド州ボルチモアに帰郷する。しかし，その故郷ではこの親子の家庭に数奇な運命が待ちうけた。リッチモンドが3歳のとき，母は結核で他界した。また，子を顧みず父は直ぐ再婚して2男を儲けた。そして数年後には，この父も結核でこの世を去った。リッチモンドを引き取ったのは，母方の祖母メヒタブル（H. Mehitable）であった。

Ⅱ　社会福祉の時代

　祖母は，ボルチモアの旧市街の労働者が多く住む一隅で下宿屋を営む暮らしを送っていた。下宿屋では，商人や船員，旅人等の出入りが激しく，大衆的な雰囲気がリッチモンドを包んだ。また，祖母は熱心な心霊主義者であり，下宿屋の居間一室は彼女の霊媒に心酔する人達の集会場でもあった。心霊主義者は，社会の体制や権威に批判的でもあり，彼女も女性の権利や奴隷の解放などの支持者であった。しかし，リッチモンドにはこの祖母の精神性はもとより，社会観においても影響は薄かった。

　ただし，祖母の信奉は管理的な公教育にも反発を示した。そこで，専ら読書がリッチモンドの教育の役目を果たした。とりわけ，祖母の知人が次々と貸し出す図書は読後に要約課題があり，リッチモンドの学力を培った。彼女は，庶民的な感覚で社会の諸矛盾を描くヴィクトリア朝期を代表するディケンズ（C. Deckens）を特に愛好した。1870年，彼女は「文学の世界の最初の友人」ディケンズの訃報にふれて号泣したと後年述懐するほどであった。ところで，祖母の方針が緩和して，リッチモンドが公教育を受け始めるのは漸く11歳の時であった。

▍文学と信仰

　リッチモンドは，16歳でボルチモア東女子高校を卒業する。彼女の心中には，教師への志望があった。しかし断念して，工場勤務が彼女の最初の仕事になった。しかし物足りず，すぐに辞めてニューヨークに赴いた。そこでは，叔母が勤める出版社で庶務係の仕事があった。が，その叔母は体を壊し，間もなくボルチモアに戻った。寄辺を失い，リッチモンドは孤独を味わう日々を送った。このとき，彼女に救いを与えたのは，文学作品であった。彼女は，高校時代に2人の恩師に巡り合い深く薫陶を受けた。1人は，ヴィクトリア朝文学に，いま1人はシェイクスピア戯曲に造詣の深い指導者であった。最早，文学作品は「厖大な人間の歴史」として「人間性をもたらす」力をリッチモンドに供した。

　数年後，リッチモンドは帰郷して以降，文具店やホテルの出納係の仕事に従事する。一方では，同窓生らで作る読書会に加入し，なお一層のこと文学の世界に没頭した。リッチモンドは，この会をのちにディ－ヴァリン・クラブ（De Valin Club）と名づけ直した。これは，ヴィクトリア朝文学に精通した恩師の名であり，篤い敬愛がここにあった。他面では，ユニテリアン教会に通い始めて，シェイク

スピア戯曲に学ぶクラスなどの指導にもあたった。リッチモンドには，シェイクスピア戯曲に学ぶことに対する固い信念があった。

　このリッチモンドの人生に新しい道を開いたのは，ボルチモア慈善組織協会の職員募集の新聞広告であった。彼女は，「無為な日常を断ち切り自己を表現する偶然の機会」だったと後年回想する。しかし，ユニテリアン教会に通い始めて信仰を深める彼女にとり，必然の帰趨でもあった。ユニテリアンは，父なる神の単一性を強調し，イエスの神格性を否定するキリスト教の一派である。人間の理性を重視し，個人の霊魂救済のみならず社会問題の解決に乗り出す社会福音運動を率先する教理がユニテリアンにはあった。事実，リッチモンドの応募の決意には，牧師ウェルド（C. R. Weld）ほか会衆の後押しがあった。

2　COSの総主事

▌貧困と友愛訪問

　1889年，27歳でリッチモンドはボルチモア慈善組織協会の会計補佐に就任した。彼女の働きは期待以上であり，早くも91年には推挙を受けて総主事に昇任した。慈善組織協会（COS）は，公的院外救済の無計画な施与や，私的慈善団体の無秩序な施与が貧困者の自助精神を損なうという非効率な事態の打開を目的とした地域機構であった。そこでは，地域一帯の救済申請の窓口を一本化して自助精神をめぐり救済価値を問う調査を徹底し，また金品施与とともに友愛訪問員が道徳的感化をはかる方法をとった。地域を舞台に個別に対応するこの一連の展開は，ケースワークの原形をなした。

　このリッチモンドにCOSの展望を思案させたのは，セツルメントの台頭であった。セツルメントは，スラム街の貧困者と生活を共にし，施策の整備や制度の確立で生活改善や社会改良をはかる志向をもった。ここには，貧困は社会の構造上の問題であるという認識があり，社会連帯の理念があった。だから，セツルメントを先導するハル・ハウスのジェーン・アダムズ（J. Addams）には，自助精神をめぐり救済価値を問う調査でCOSが標榜する科学的慈善は，似而非科学であった。たしかに，COSでは貧困は個人の道徳的な責任であるという認識が根底にあった。

Ⅱ　社会福祉の時代

家庭訪問に備える人々

　リッチモンドは，当初より友愛訪問員をCOSの要諦として重視した。そして特に，教育訓練を受けた友愛訪問員に関心を向け，1897年には「応用博愛学校の必要性」を訴えた。この主張は，翌年ニューヨーク慈善組織協会の夏期講習の開催を促し，のちに幾多の学校の設立に繋がった。このリッチモンドは，99年に初めての著書『貧困者に対する友愛訪問』を発表した。ここでは，貧困者の性格と同時にその環境を顧慮する意義を友愛訪問員に指摘する。そこには，セツルメントの台頭に対して旧来のCOSの貧困観に付加した社会認識があった。アダムズの批判にも，救済価値を問う調査ではなく，救済方法を問う調査であると反論して，同様に旧来のCOSの貧困観を修正した。

▎現代社会の隣人

　1900年，リッチモンドはフィラデルフィア慈善組織協会の総主事に就任した。背景には，リッチモンドの腕を買った当局の招誘があった。その地域機構は，求心力を失い諸活動が乱れた状態にあった。しかし，リッチモンドはその再建の任務を迅速かつ見事に成し遂げてみせた。

　他面，時はまさに社会改良の気運が高潮した革新主義の時代にあった。リッチモンドは，COSのもつ社会認識を広げ深める所論を発表する。一つは，1901年の論考「慈善の協力」であり，救済のリソースを社会全体に見渡す見解であった。そこでは，救済の焦点として家族を中心に置く同心円状の図式で，順に個人，隣人，市民，私的慈善，そして公的救済，と救済のリソースを整理した。また一つは，05年の論考「改良の小売り的方法」であり，個別救済を社会改良の一環に位置づける見解である。ここでは，社会改良を比喩的に卸売り的方法と呼び，また個別救済を小売り的方法と呼んで，後者は前者の起点かつ終点にあたるとし，両者の相互関係を整理した。さて，07年にはリッチモンドは2冊目の著書『現代都市における善き隣人』を発表する。内容は，福音書でイエスが真の隣人として説く善きサマリア人に学ぶ現代社会の実践啓発である。ここでは，道端に倒れ伏す

人をサマリア人が助け託した宿屋は，COS を意味した。

　1909年，リッチモンドはフィラデルフィアを去りニューヨークに移る。彼女の次の任は，ラッセル・セイジ財団の慈善組織部部長であった。ラッセル・セイジ財団は，企業家セイジ（R. Sage）の遺産で妻が設立した財団である。この財団設立には，COS の関係者も協力し，社会生活の改善向上の調査研究を目的に掲げた。その財団部門の代表は，リッチモンドの活躍と名声も相俟って全国の COS の指導者的な地位となった。彼女は，この大役を担い COS を母胎としたケースワーク論の構築に向けて執筆活動に全力を傾けた。

3　ケースワーク論の構築

▎個別救済の大成

　1917年，リッチモンドが発表した『社会診断』は，ケースワーク論の構築として記念碑的な大著である。着想は早く，すでに彼女の各地の講演や学校の講義，また論文や著書の端々に表出した。その念願の上梓には，二つの重要な背景と意味があった。一つには，個別救済の存立を守る，という点であった。11年以降，各州に次々と普及する一律に経済支援を母子世帯になす寡婦年金に対し，個別救済の意義を訴える必要があった。また，いま一つには専門職化の進展を図る，という点である。専門性を持たず媒介者にすぎないソーシャルワークは専門職業に非ず，として15年の全米慈善・矯正会議の講演で論断したフレクスナー（A. Flexner）に対抗する必要もあった。

　リッチモンドは，ケースワークの初期過程として社会診断を概ね次のように解説する。第1には，社会的困難を中心に生活の状況を構成する事実を社会的証拠として探索し収集する社会的調査がある。ここでは，クライエントと家族の生活全般を把捉する。このとき，ワーカーはまずクライエントや家族に対して面接を行い，次には取り巻く他の関係者とともに協議を行う。この協議の対象は，地域社会の人々や機関などである。この社会的証拠の探索と収集では，社会的困難を中心にした生活の状況に存在する社会的治療に活用可能なリソースも対象である。そして第2に，この社会調査を踏まえて，社会的治療を導く根拠として社会的証拠の比較と解釈，すなわち社会診断を行う。以上には，リッチモンドが COS の

個別救済に関して積み重ねた思索の跡形があり、また社会診断や社会的証拠という用語に医師や法曹に倣う専門職化の浮影があった。

　1922年、リッチモンドは後世に名を残すもう1冊の著書『ソーシャル・ケース・ワークとは何か』を発表する。ここでは、ケースワークの定義を「人間個々と社会環境の間を個別的に、かつ意図的に調整することを通じて、パーソナリティを発達させる過程」として確立した。このパーソナリティという概念は、社会学説に基づいた社会関係の総計を意味し、またケースワークの基本理念をも表現した。リッチモンドは、第一次世界大戦時にアメリカ赤十字社と協力し、出征兵士の家族に対するホーム・サービスをくり広げた。ここから、貧困者救済を越えた「貧困線以上のケースワーク」の提起もそこにはあった。

▌専門職像の模索

　実は、リッチモンドはソーシャルワークの専門職化には常に逡巡した。彼女は、著書『社会診断』の発表後もボランティアの意義への確信が残った。確かに、同著には専門職化に大きくふみ出す内容があった。ただし、彼女の内面では独特の専門職像があった。専門職化に伴う精鋭主義（elitism）を排除し、クライエントと社会的に同じ地平に立ち人間として対等に向き合う姿がその理想であった。

　1918年、リッチモンドは著名な6名と専門職団体に関する委員会を立ち上げた。ここでは、職業倫理の確立をはかることが一つの課題であった。ここに、ソーシャルワークの最初の倫理綱領の草案が完成する。そこに、「威張ってはならない」（Don't be bumptious）の文言があるのは、リッチモンドの想念を端的に物語っている。この委員会の活動は、最終的に21年、全米ソーシャルワーカー協会の結成へと繋がった。

　1920年代、経済繁栄のもとで、COSも役割を失い家族福祉協会へと看板を挿げ替えた。また専門職化の気勢は、リッチモンドの懸念に思い及ばず、精神医学に傾くソーシャルワークを台頭させた。21年、スミス大学は新しい専門職業の科学基盤を確立したとして、彼女に修士号を授与した。ところが皮肉なことに、スミス大学は精神医学に浸るソーシャルワークの牙城にほかならなかった。確かに、リッチモンドはソーシャルワークの世界に偉大な功績を残した。が、年老いた彼女が伝説の人物と化すのにさほどの歳月は要しなかった。

おわりに

　リッチモンドは，1928年9月2日，67年の生涯を閉じた。翌年には，時代を画する未曾有の経済恐慌が発生する。彼女は，そこに行き着く産業化や都市化，また移民の増大などアメリカ社会が劇的に変貌する一つの時代を生きた。晩年の彼女が手がけたのは，婚姻の研究であった。婚姻は，家族の紐帯であり家族は社会の基礎であった。彼女の懐古的な一面は否定できない。しかし，この懐古的な一面を時代に擦り合わせたところにケースワーク論の構築があったのも事実である。逝去の前年のこと，COS 50周年記念大会で行った演説が彼女の最期のメッセージとなった。

>　「あなた方の地域社会の他のサービスや社会的活動が交差するところで，あなた方の仕事を研究し発達させなさい。……（中略）……結局のところ，社会は1つの織り地なのです。だから，あなた方が地域の公私の社会資源や人々の生活動向を知るとき，あなた方は自身の専門性という縫い糸でその織り地に図柄を編み込むことができるのです。」

　百年にわたるソーシャルワークの歴史の中で，リッチモンドは常に原点回帰の対象であった。

◆ 引用・参考文献（さらに深く学ぶ人のために）

Richmond, M. E., *Social Diagnosis*, Russell Sage Foundation, 1917.

Richmond, M. E., *What Is Social Case Work?: Introductory Description*, Russell Sage Foundation, 1922.（小松源助訳『ソーシャル・ケース・ワークとは何か』中央法規出版，1991）

Richmond, M. E., *The Concern of the Community with Marriage*, 1927 in Rich, M. E., ed, *Family Life Today*, Houghton Mifflin Company, 1928.

Colcord, J. C. & Mann, Z. ed., *The Long View : Papers and Addresses*, Russell Sage Foundation, 1930.

小松源助ほか『リッチモンド——ソーシャル・ケース・ワーク（社会的診断論を中心に）』（有斐閣，1979）

Agnew, E. N., *From Charity to Social Work : Mary E. Richmond and the Creation of an American Profession*, University Press of Illinois Press, 2004.

[日根野建]

II　社会福祉の時代

第19章　アリス・ザロモン
――ドイツ福祉職を創出するフェミニスト

[Alice Salomon] 1872年4月19日，ベルリンに生まれる。1908年，ベルリン女子社会事業学校を設立。ドイツ女性団体連合（BDF）の社会政策の看板娘との期待に応え，06年に男女の賃金格差問題で博士号取得。25年には大学院レベルの対人援助職のアカデミーを付設。名声は日本にも及び，1920年代から日本の社会事業関係者も訪問。33年公職を追われるが，国際ソーシャルワーク教育界の要請で社会事業教育国際比較調査を続行。48年，亡命先のニューヨークで孤独死。

ここではフェミニストたる自覚を持って，福祉職を創出するザロモンを描く。宗派系慈善の養成所やボランティア講習会とは一線を画する専門教育を提唱。女子社会事業学校の教育モデルを掲げてヨーロッパ大陸を席巻するのは彼女である。その影響は戦前日本の社会事業教育にも及ぶ。が，ドイツ社会にあってフェミニストたる女のジレンマは大きい。BDFの支援を受けて1908年学校開設に成功するが，その際の実務に徹する生き方をどう見るのか。まずBDFで頭角を現す前半生と，国際ソーシャルワーク教育界の第一人者となる後半生に分けて，活動を追う。

1　前半生――「より良き社会」「女のための福祉」を目指して

▍ボランティア・グループへの参加

　富裕なユダヤ人家庭で育つが，14歳で父は死亡。家父長となる兄の抑圧に，「私の中にあるフェミニスト」の気概に気づくものの，生き方を模索する青春の日々。しかし，1893年暮れ，ザロモン21歳の時，天啓に導かれるような転機が訪れる。ボランティアを求める「呼びかけ」ビラを手にベルリン市役所に赴く。市役所に足を踏み入れる権利があることすら知らないお嬢様育ち。聡明なザロモンを可愛がってくれた父亡き後は，家では鬱々たる日々を過ごすしかなかった彼女は，こ

のボランティア・グループに加入することで，水を得た魚のように闊達になる。
　リベラル左派のフェミニストである M. カウアーと J. シュヴェーリンが中心になって立ち上げたこのグループの主たる活動領域は，乳幼児保護と女性労働者向けの教育支援であるが，盲人在宅支援やフンボルト大学附属病院でも活動する。ほどなくシュヴェーリンの私設助手となり，天性の実務能力に磨きをかけながら，「より良き社会」の時代思潮が息づくベルリンやロンドンの現場を駆け巡る。

■ ボランティア・グループの 2 種類の「呼びかけ」——本音と建て前の使い分け
　ザロモンの最初の活動拠点になるボランティア・グループは，当初，その「呼びかけ」ビラに「女性解放を扱わない」と記していた。が，グループ内ではその文言を取り外した別の「呼びかけ」が出回っていた。対外的には穏健な仮面を冠り，内部ではフェミニストたる気概を示す。「呼びかけ」の本音と建て前の使い分け戦略を聞かされて，若いザロモンはワクワクしたことだろう。穏健どころか，ベルリン在住の筋金入りのフェミニストの面々がグループ設立に関わっていたのだから。と同時に，ドイツにあってフェミニストたる女の生きにくさも感じ取ったであろう。これがグループも属する BDF フェミニストの処世術であった。
　師のシュヴェーリンとともに家庭訪問を通して女性労働者問題，特に家内労働者の生活困難を把握，1896 年のイギリス研修を機に執筆活動に入る。ほどなく BDF 社会政策の看板娘と注目される。さらに，グループ講習会の延長である以下の 1 年制コースを女子社会事業学校に再編，数カ月で開設にこぎつける。開設準備は，1908 年プロイセン女性高等教育改革に不満を持つベルリン在住の女性教員達の要請に応える形を取るが，グループの活動を BDF が評価した結果でもあった。

■ ベルリン女子社会事業学校設立への道
　1899 年秋に発足が決定していた 1 年制の社会事業教育コースは，グループを率いるシュヴェーリンの急死に伴い，ザロモンがグループの長になる形で担当する。その実績に基づき，1908 年に 2 年制のベルリン女子社会事業学校開設にいたる。開校式典で強調される T. カーライルの「汝の仕事をみつけし人は幸せだ！」は，彼女の座右の銘であり，イギリスの貧困調査と社会問題の捉え方に感化を受けて

II 社会福祉の時代

いた。だから，母性の聖性や母性愛を振りかざす宗派系社会事業学校とは異なる教育理念と，社会科学を重視する等のカリキュラムの独自性は，随所に見られる。

学校が軌道に乗るまでには数年かかるのだが，BDFで築く国内外の人脈を巧みに活用し続け，市民女性主導のリベラル校として国外でも名を馳せていく。1913年にザロモンは自前の校舎新築を決意する（写真参照）。学校運営を脇で支えるベルリン在住のBDF関係のフェミニストの一群も，女性の職業自立と「より良き社会」「女のための福祉」(Frauenwohl) を目指すことでは一致していたから，手持ち金のすべて

ベルリン女子社会事業学校（1914年頃）

をつぎ込む。シングルで生きると決めたのであろう。

▌架橋の役を担う社会政策通フェミニストとして

ザロモンはシュヴェーリンの影響で，当初は女性労働者問題に関心があった。シュヴェーリンは，C. ツェトキンも賛美する程に，女性労働者の生活支援に意欲的で，この師と同様に彼女も対立諸派の架橋を担う逸材になると，古参フェミニストが注目を寄せるのは，シュヴェーリンの急病で代役を務めるBDFの1898年ハンブルク大会においてである。平等主義の女性高等教育を求める一群が反旗を翻す動きがある頃で，「若いのに彼女は双方を繋ぐ対話の名手」と見込まれる。

ここより1900年，27歳で栄えあるBDF理事に就任する。理事は60歳以上との慣例を破る異例の抜擢。次いでBDF上部組織のICW（国際女性評議会）でも手腕が買われ，09年にヨーロッパ諸国を束ねる事務局長的な役に就く。同年，ICWの仲介で北米を訪問，J. アダムズと出会い，直後に『ハル-ハウスの20年』独訳を刊行。これが後の「ドイツのJ. アダムズ」とアメリカで賞される下地になる。さらに大戦を機に2人は親交を深め，双方で20年代の国際平和運動を支えていく。

国境を超えるフェミニストの女性ネットワークづくりが容易にできたのは，

M. ヴェーバー夫妻と弟の A. ヴェーバーの助言を受けてまとめる男女賃金格差問題を扱う博士論文 (1906年, フンボルト大学) によって, 社会政策通と目された点も大きい。が, ICW の役職を通して, 北米や北欧フェミニストと交流する舞台の拡がりは, 国内では妬みを煽る。加えて反ユダヤ主義勢力が BDF 内にも忍び寄る中で, ベルリンに来る BDF 関係者の接待や, 煩雑な事務を一手に引き受けるのは, 謹厳実直に実務をこなすザロモンであっても, 時に耐えがたいものとなる。G. ボイマーが BDF 会長に就任する1910年までは, ザロモンは BDF 擁護のフェミニズム論に健筆を揮うものの, 以後の両者の関係は悪化していく。

博士号を取得しても希望の職には就けず, 女性高等教育界の覇者 H. ランゲと同居し, 彼女の秘書兼家政マネジメントで生計を立てるボイマー。それだけにザロモンの学校の成功を妬んだようだ。さらに大戦勃発時に ICW の用務でイギリスにいて帰国ができないザロモンに, BDF 保守派は親英派との烙印を押す。保守派を宥める役回りのボイマーは, 平和を唱えるザロモンの大戦初期の態度に, 腹立たしさを禁じ得ない。かくして軋轢は避けがたいものとなり, ついに1920年7月にザロモンは BDF 脱会の決断を下す。これはザロモンが自らの手で前半生の幕引きをし, 国内外の社会事業教育に邁進していく転機になる決断であった。

2　後半生——ヨーロッパ大陸型教育モデルの提示

▍公務員型福祉職の旗振り役

後半生で特筆されるべき仕事は国際ソーシャルワーク教育の組織化である。ヨーロッパ大陸型教育モデルを提示するからで, ここでは BDF と ICW で鍛え抜かれた実務能力が如何なく発揮される。

何よりも福祉職の国家 (州) 認定資格を実現させた功績が, 国外では評価され, 名声は遠く日本にまで及ぶ。1920年に福祉職資格制度をザロモンは念願どおりに達成するのだが, そのための根回しは巧みだ。権限を握る医療系男性官僚に対抗して,「市民女性が主導してきた女子社会事業学校を男どもは潰すつもりよ」と, ドイツの社会事業学校長の結束を宗派の垣根を越えて固め, ベルリン女子社会事業学校を範とする制度化に成功するからである。グループの2種の「呼びかけ」の使い分けに似ている。これは私塾に近いベルリン女子社会事業学校を短期で

II 社会福祉の時代

ヨーロッパ大陸屈指の名門校に持ち上げる戦略とも連動する。

しかし，1920年代に福祉職が国家（州）資格の如く普及し，（準）公務員の職業像が定位していくと，ザロモンが吹聴したいエリート校云々のイメージは失効する。女性の大学進学に障壁がなくなり，同じ対人援助職ならば医師を目指す人が増え，結果的にザロモンの学校にエリートは集まらなくなるからで，名門校との国際的な格付けと，学生の実態との差は広がる一方であった。突破口を求めて1925年に設立される女性アカデミー。が，その対人援助職の専門職大学院構想も，20年代末の経済不況の波を受け，修了者は資格に相応しい就職口を容易には見出せないままに，33年，ナチ政権下で女性アカデミーは自主解散を余儀なくされる。

栄光の日々にすでに生じている数々の挫折。それはザロモンが語るような，穏健派フェミニストの牙城と自認する BDF の「女性の国民化」戦略の揺れというよりも，若き日から計算と妥協を繰り返す中で，仕事を進めざるをえない彼女の生き方から出てきた結末でもあった。

■ ヨーロッパ大陸型教育モデルの舵取り

ジェンダー化された福祉職像を自ら創出し，国内ではジェンダーの呪縛を脱しにくい立場にいたザロモン。が，国際舞台では縦横無尽に活躍する。1920年代から30年代半ばまで，国際ソーシャルワーク教育界でザロモン社会事業・教育論がヨーロッパ大陸の代表と目されるのも，1909年からの ICW での実績が高く評価されていたからで，BDF 脱会直後の20年9月，ICW 副会長に就任が決まる。むろん，ここでも反ユダヤ主義勢力の台頭で幾重にも譲歩を強いられ，ICW 会長職は諦める。国内の社会事業界でも宗派系社会事業学校との軋轢は続く。それでも37年強制出国を命じられるまで，律義に対立を緩和する架橋の役を任じた。

時代の渦中に投げ込まれながらもザロモンが己を見失わずにすんだのは，ベルリン女子社会事業学校と女性アカデミーがあったからである。「汝の仕事（アルバイト）をみつけし人は幸せだ！」は，彼女の生涯にこそピタリと当てはまる言葉であった。

3　なぜ，「基礎のない一輪の自転車にのっている日本社会事業界」との欠陥が指摘できたのか

日本の社会事業教育へのザロモンの鋭い指摘を紹介しておこう。なぜならば，

戦前日本社会事業がザロモンに教育指針を学ぶからで，その社会事業・教育論の特徴は二つある。一つは慈善論に通底する天職（ベルーフ）としての職業倫理を掲げつつも，フェミニズム論に立脚する「女のための福祉」論を試みる点であり，もう一つはアメリカ・ソーシャルワーク論に対して，「社会的公正」を力説する社会事業・教育論をヨーロッパ大陸諸国の社会事業学校にモデルとして提起する点である。

　福祉職資格制度はザロモンの教育モデルの「成功」に繋がり，国外ではとりわけ日本が関心を持つ。日本との連絡網は，ICW事務局で1914年ローマ大会開催準備を仕切る時にできる。20年代初頭から，長谷川良信や久布白落実が先鞭を付ける形で，ベルリン女子社会事業学校を訪問する。戦後も社会福祉教育界をリードする数名が関心を抱き，ドイツでは忘却の彼方に追いやられていた60年代末に，テキスト全訳に着手する（岡村ほか 1972）。単なるノスタルジアとは思えない。

　1936年，ロンドンの地で，大阪市社会行政を取り仕切る山口正の部下である若き池川清と，ザロモンは面談する。日本社会事業への見解を求める池川に対して，「社会事業あって社会事業教育のない，いわば，基礎のない一輪の自転車にのっている日本社会事業界」（池川 1960：23）と，鋭く指摘する。国際ソーシャルワーク教育界の第一人者たるザロモンのこの慧眼。後の日本で，「基礎のない一輪の自転車にのっている日本社会事業界」に対するザロモンの警告は，どう受け止められ，どの程度に「基礎のない」事態が改善されるのか。いまだに「社会事業あって社会事業教育のない」時代のツケを背負っているのではないか。ここに日本人が，「今，なぜ，ザロモン研究をするのか」の答えが凝縮されている。

おわりに——フェミニストたる生き方への回帰

　ドイツでは1980年代に忘却の彼方にあったザロモンへの研究関心が出てくる。しかし，福祉職の創出をめぐる評価は分かれる。母性主義者で進取的な女性運動を抑制し，福祉職の低賃金を容認するとの「通説」が定着している。彼女が女性史／ジェンダー史研究でブームになって四半世紀以上も経つのに，こうした批判が払拭されにくいのはなぜか。そこで本章では，自叙伝や秘書等が綴る伝記類を検証し直し，ザロモン像の再考を試みた。

　真正面から男性に闘いが挑みにくい状況下にあって，フェミニストたる女のジ

レンマは大きい。譲歩を重ね，果実を得るしかない。福祉職を創出し，それをアメリカに対置する形でヨーロッパ大陸型教育モデルにまでするのは，彼女の手腕による。その生涯を貫く信条は，博士論文に掲げる男女の「同一価値労働・同一賃金」であった。専門社会事業教育や福祉職資格も，BDF の女性公務員の雇用拡充戦略の中にまず位置づけられていた。

　1933年ナチ政権によって，アイデンティティをそのつど確認できたベルリン女子社会事業学校への入校を禁じられる。さらに37年，財産を剥奪され，アメリカに亡命する。既存の価値からの離脱と，自己像を修正せざるをえない事態に，還暦を過ぎて投げ込まれる。加齢に伴う身体の変化。生身の自分と向き合う日々。揺らぎの中にあったアイデンティティは，若き日に培われたフェミニストたる気概へと向く。女性アカデミーの成功に酔いしれる28年の最初の自叙伝（ザロモン／池川訳 1938）と，晩年にアメリカで書く自叙伝（刊行は Salomon 2004）との間に，自己像の落差が出るのは当然のことなのかもしれない。

◆ 引用・参考文献（さらに深く学ぶ人のために）

Salomon, Alice, Character is Destiny. *The Autobiography of Alice Salomon*. (edited by Andrew Lees) Ann Arbor : The University of Michigan Press, 2004.

池川清「アリス・ザロモン女史と語った思い出」（『四天王寺』245号，11月，22-26頁，1960）

河合節子・野口馨・山下公子編『ドイツ女性の歩み』（三修社，2001）

川越修・姫岡とし子『ドイツ近現代ジェンダー史入門』（青木書店，2009）

ザロモン，A.／池川清訳「後編　自叙傳（續）――生い立ちと女子社會事業人養成の使命」（『社会事業研究』26巻2号，43-57頁；26巻4号，53-62頁，1938）

ザロモン，A.／岡村重夫監修，増田道子・高野晃兆訳『社会福祉事業入門』（岩崎学術出版，1972）

フレーフェルト，U.／若尾祐司・原田一美・姫岡とし子・山本秀行・坪郷實訳『ドイツ女性の社会史』（晃洋書房，1990）

［岡田英己子］

Ⅱ　社会福祉の時代

第20章　ヤヌシュ・コルチャック
――子どもの権利の尊重

[Janusz Korczak] 1878（または79）年7月22日，帝政ロシア領ワルシャワでユダヤ系ポーランド人の家庭に生まれた。ロシア軍軍医として日露戦争に召集された。医学生時代から慈善協会の活動に参加，1912年，ユダヤ人孤児のための「孤児の家」の院長に就任。第一次世界大戦後，ポーランド人の孤児のための「私たちの家」に協力。39年ドイツのポーランド侵攻によるユダヤ人虐殺政策の結果，トレブリンカの収容所に42年に移送された。

　現在では子どもが大人と同じ人間として扱われることは当然とされてきている。しかし，1789年のフランス人権宣言では，権利が保障される「人」（hömme = man）は男性で教養・財産をもつ大人に限定していた。子どもは，教育や救済の対象とされたものの，子どもの権利を尊重すべきだとする主張は19世紀から20世紀に主張されてくるようになった。

　スウェーデンの女性エレン・ケイは20世紀を「子どもの世紀」と考えた。同様の考え方は，東欧ポーランドではユダヤ人として差別を受け，第二次世界大戦中のドイツ・ヒトラーによるユダヤ人抹殺政策の犠牲となったヤヌシュ・コルチャックによって主張され，実践された。彼らの理想は，第一次世界大戦後の1924年の国際連盟によるジュネーブ宣言に影響を与えたが，第二次世界大戦後には児童の権利に関する条約として結実することになる。コルチャックの生涯と思想を簡単に見ることにしよう。

1　コルチャックの生きた時代

▌ロシア領ポーランドのユダヤ人として

　コルチャックは父が弁護士，祖父が医者等を務めたワルシャワの裕福なユダヤ人の家庭に生まれた（本名 Henryk Goldszmit）。徴兵を逃れるため父がコルチャッ

クの出生届を遅らせたため，生年は1878年とも1979年ともいわれる。18世紀以来，ポーランドは周辺の強国ロシア，プロイセン，オーストリアに分割され，コルチャックが生まれた頃のワルシャワはロシア領となっていた。青年期のコルチャックは，複雑なアイデンティティ形成を経験せざるを得なかった。ユダヤ人ではあるが宗教としてのユダヤ教からは離れた理性・啓蒙を重視する同化ユダヤ人としての家族環境は，ユダヤの民族的国家の形成を志向するシオニズムとは違和感があった。ユダヤ系ポーランド人としてユダヤ人のなかでもマイノリティ意識を持った。ポーランド人からはユダヤ人としての差別も経験する。一方でポーランドを分割支配するロシア帝国・民族に対してはポーランド人としての民族的独立を意識させられた。学校ではロシア語が強制された。

　大学に進学する直前に父が若くして精神障害で死去する。これはコルチャックの心に不安を与えるだけではなく経済的にも困難をもたらす。家庭教師をするなどして1898年からワルシャワ大学医学部に学び，1814年以来の伝統を持つワルシャワ慈善協会の活動にも参加しだした。協会が行う貧困な子どものための読書支援やユダヤ人子弟のためのサマーキャンプにボランティアとして協力した。そのかたわら，小説や戯曲あるいは評論を発表する。その中で，次第に子どもに関する問題に関心を集中しだす。医学の面では1904年，子ども病院の小児科医の方向を選び，『街頭の子ども』と題した最初の小説を発表した。

▍小児科医から孤児院長へ

　しかし，1904年2月に開始された日露戦争は，日本と直接利害を持たないワルシャワのユダヤ系ポーランド人コルチャックをも巻き込んでしまう。ロシア領の住民であったためコルチャックは軍医として召集され，戦場になった中国東北部（旧・満州）のハルビンの野戦病院に勤務し，ハバロフスクにまで赴いた。戦争終結とともに，ようやく，ワルシャワに戻り，ユダヤ人児童や，ポーランド人のサマーキャンプに参加する。07年から，ベルリン，パリ，ロンドン，スイスのローザンヌ大学に医学などの研究のため留学をする。小児医学の研究だけではなく，この頃から子どもの教育に関する実践・思想にも関心を広げていった。古典的なルソーやペスタロッチ，同時期に子ども中心の教育実践を行っていたイタリアのモンテッソーリなどの影響を受けた。

第一次世界大戦前の1912年に一つの転機が訪れる。彼は求められてワルシャワのクロフマルナ通りに開設された「孤児の家」(dom sierot)の院長に就任する。医者の道から孤児たちとの生活に活動の重点が変化しはじめる。しかし，14年に第一次世界大戦が始まるとロシア軍の軍医として召集され，キエフ近郊の野戦病院に勤務させられる。その間も『子どもをいかに愛するか』の執筆は続けている。17年，ロシア革命が発生し，ロシア帝国は崩壊，レーニンを指導者とするソヴィエト連邦は第一次世界大戦を離脱した。18年，ロシアの支配を脱したポーランドは独立を達成した。20年からはソ連とポーランドの間に戦争が発生するが，コルチャックは今度はポーランド軍の少佐として，伝染病病院に派遣される。

軍務に妨げられながらも，コルチャックは孤児院の院長としての仕事を本格化させた。1919年には社会主義者としてワルシャワ慈善協会に協力していたマルィナ・ファルスカ (M. Falska) が経営するポーランド系児童中心の孤児院「私たちの家」(nasz dom)の医者兼協力者として仕事を始めた。ポーランド政府の遅滞児教育養成所 (1919～) や国立特殊教育研究所 (1922～)，福祉研究センター (1929～) の事業にも協力する。子どものための文学作品として『王様マチウシ1世』(1922)，『孤島の王様マチウシ』(1923)，『若きジャックの破産』(1924) 等を発表した。子どもの教育については第一次世界大戦中から執筆していた『子どもをいかに愛するか』(1920；第2版，1929)，『子どもの権利の尊重』(1929) など多くの著作を発表する。

2　コルチャックの福祉実践と思想

▌子どもたちの「家」

1920年代は文学や福祉実践の面でコルチャックの活動が頂点に達した時代であった。「孤児の家」や「私たちの家」で自発的な子どもの生活を創造しようと努力した。その中心的な考えは，成人期の前提としての子ども，あるいは，大人に保護された子どもという従来の子ども観を打破することであった。ルソーやペスタロッチの影響を受けながらも，子どもの本質が善であるとするほど楽観的ではない。逆に，性悪説でもない。様々な可能性をもつ存在としての子どもが前提にされている。基底にあるのは子どものか弱さ，不安定さである。それは子どもが何

Ⅱ　社会福祉の時代

コルチャックと子どもたち（I. ベルファー画）

時死に向き合わされるかもしれないことでもあり，ユダヤ人コルチャックの置かれた立場を反映していた。

　二つの施設に「家」が使われているように，コルチャックは家族関係を重視している。しかし，親が子どもを支配，所有することではない。子どもに対して「私の子ども」と言う権利を彼は認めない。妊娠の時から子どもは「自分の人生を生きたい」と言っているという。「15歳も過ぎれば，子どもは未来へと向かう。あなた（親）は，過去のものとなっていく。あなたには思い出と惰性が，子どもには新たなものの探求と大胆な希望が生まれる」。では，子どもにはどう接するのか。「探し求めるがままにさせよ，ただ道を誤りさえしなければよい。這い上がるままにせよ，ただ踏み外しさえしなければよい。打ちのめされるがままにせよ，ただ血が出るほどまでに傷を負わせなければ，たたかうがままにせよ，ただ，慎重に，慎重に，と」（塚本 2004：137-139）。

■ 子どもの自主性と権利の尊重

　二つの「家」でも，子どもたちに自発的な判断と行動を育てるようにした。「私たちの家」の教育方針は，経営の中心であるファルスカがコルチャックの同意を得て次のように述べている。

　　「私たちは子供たちに強制ではなく，自由意思により共同生活に適応させ，死んだような空虚な道徳的なきまり文句の代わりに，忍耐強く経験を通して学び，喜びをもって，共同生活の完成に努力していきたい。／私たちは子供たちをこねくり回したり，つくり直したりはしない。信頼のもと，互いの気持を尊重し理解することが大切だと思っている」（近藤 2005：94-96）。

　子どもが自主的な生活を送る基礎として，二つの「家」には子どもたちが運営

する議会，そこで定められる「子どもの法典」，問題発生の際には子どもたちによる裁判が設けられた。裁判官にはどの子どももなれるし，コルチャックも子どもの裁判で裁かれることもあった。

家庭や二つの「家」，さらにもっと大きな社会の中で子どもの自主性は守られねばならない。コルチャックは子どもの三つの権利を「自由のマグナカルタ」として提案する。

「1，子どもの死に対する権利，2，今日という日に対する子どもの権利，3，子どものあるがままで存在する権利。／子どもは，これらの権利を受け取りながら，可能な限り少なく，過ちを犯すことを知るべきである。過ちは避けがたいものである。しかし，穏やかに，彼は自分でそれを正すようになる，驚くほど注意深く。ただ，我々がこの価値ある才能や彼の防御の力を弱められなければの話である」（塚本 2004：141）。

▍子どもたちの置かれた状況

子どもの権利の最初に「死に対する権利」を挙げているのは，いくつかの解釈がありうる。か弱い存在としての子どもを捉えた場合，幼児死亡率の高い当時，出産や乳幼児の時期にも母親，子どもは死に向き合う。経済的不況や治安の悪化，戦争，災害の時でも子どもは最初に死に追いやられる可能性があった。それはユダヤ人たちが理由もなく差別され虐殺されたのと同様の非合理であった。死に直面する存在として人間的な死が保障されることを彼は求めたのである。

社会には子どもを正しく取り扱っていない欠点に満ちていた。ギリシャ・ローマの古典時代以降の子殺しや人身売買，教会門前への捨て子だけではない。現在でも子ども捨てなおざりにする例は多い。子どもの働きが社会の豊かさに貢献したにもかかわらず，恩恵や慈善としてしか子どもには還元されない。子どもに対する教育制度も「両親」と学校という矛盾する権威を子どもに課している。こうした子どもの重荷を解消するためにも，子どもたちの権利を尊重し，自治的な生活を保障する必要があると考えたのである（Korzcak 1994：23-25）。

コルチャックが二つの「家」を中心にして子どもたちの自主的な生活を保障しようとした時期は，最も弱いものに困難を与える内乱と戦争の時代であり，コルチャックと子どもたちはその嵐の中に巻き込まれていくことになった。

Ⅱ 社会福祉の時代

3 コルチャックの死

■ 世界恐慌の克服

　1929年，アメリカを起点として世界恐慌が広がる。30年代の各国はその克服に様々な努力が求められた。アメリカでは33年以降，F. ルーズベルト大統領によりニューディール政策が採用される。20年に独立を達成したポーランドでは，ユダヤ人を含めた多数の民族の平等を保障する憲法に基づき差別的な法規の廃止が行われた。しかし，不況の深刻化は，ポーランド人のなかに反ユダヤ的な感情を強め，反対に，ユダヤ人の中にも独自の国家を建設しようとするシオニズムが強くなる。隣の強国ドイツでは33年，ヒトラーが首相に就任し，総統として全権を掌握し，ドイツが世界のリーダーとなるナチス経済圏を構築することで不況を克服する道を選びだした。国内ではユダヤ人やロマ人などのマイノリティ，精神障害者などを強制収容所に隔離・抹殺する政策が採用されていく。
　1939年，ヒトラーのドイツはスターリンのソヴィエト連邦（ロシア）と独ソ不可侵条約を結ぶと，ドイツとソ連に挟まれたポーランドに軍隊を進める。ソ連も東からポーランドを侵攻した。コルチャックの住むワルシャワはドイツ軍に占領され，ユダヤ人を隔離する政策が実行される。ワルシャワ市内にはユダヤ人を強制的に住ませるゲットーが築かれ，「孤児の家」はゲットー内部に移動させられた。

■ ゲットーから絶滅収容所へ

　コルチャックや子どもたちは生命が危険にさらされる不安な日々を送ることになる。食べ物や薬などの必需品が不足し，突然に襲撃され拉致される危険があった。コルチャックは逮捕され投獄される経験もする。ユダヤ人の故郷とされたパレスチナへの移住を考えなかったわけではない。コルチャックの患者や生徒が逃亡の準備をし，避難所を用意した。それでも，彼は最後まで，子どもたちから離れなかった。1942年7月，「孤児の家」でナチスが禁止していたインドのタゴールの演劇『郵便局』を子どもたちと上演した。
　ユダヤ人への圧力は強まっていく。1942年8月，コルチャックたちに最後の命令が与えられる。ポーランド東部にあるトレブリンカのユダヤ人絶滅収容所への

移送であった。その様子は次のようなものであった。
「暑い日差しの日でした。…(中略)…行進する孤児の先頭にはコルチャックが歩いています。この日の情景は決して忘れられません。それは貨車への行進ではなく，ドイツの野蛮に抗する沈黙の抗議です。この行進は屠殺場に向かう獣の群れとはちがって，前例のないものです。子供たちは四列を組み，先頭をゆくコルチャックは両腕に二人の子供を支え，頭を天空に向けて行進を導きます。次の列を導いたのはステファニア・ヴィルチンスカヤ，第三の列はブロニアトフスカ（その隊列の子供たちは青いリュックサックを背に負っています），第四の隊列はトファルダ通りの寄宿舎の子供たちで，先導するのはシュテルンフェルトです。この隊列は威厳をもって死に赴き，野蛮人に対しては軽蔑の視線を注ぐユダヤ人の最初の行進です」(ティフ 2006：208-209)。

おわりに

トレブリンカでは100万人を超える人々が命を落とした。犠牲者のための碑が作られている。その中に「コルチャック（ヘンリュック・ゴールドシュミット）と子どもたち」と記された碑が含まれている。コルチャックの福祉実践は，第二次世界大戦中のユダヤ人虐殺政策の中で無残に中断された。第二次世界大戦後，日本でも児童憲章が作られた。世界的にも子どもの権利宣言，子どもの権利条約が制定された。しかし，子どもを取り巻く環境は完全なものとは言い難い。子どもに対する虐待，少年非行への取り締まりの強化，教育の自主性の剥奪など事例に事欠かない。コルチャックが二つの「家」で実践しようとした子どもの権利を尊重した自治的生活の実現は，現代でも未完成の課題として残されている。

◆ 引用・参考文献（さらに深く学ぶ人のために）
Korczak, J., *Bebegungen und Erfahrungen*, Vandenhoek & Ruprecht, Göttingen, 1982.
Korczak, J., *Das Recht des Kindes auf Achtung*, Vandenhoek & Ruprecht, Göttingen, 1994.
近藤康子『コルチャック先生』（岩波ジュニア新書，1995）
塚本智宏『コルチャック　子どもの権利の尊重』（子どもの未来社，2004）
近藤二郎『決定版コルチャック先生』（平凡社ライブラリー，2005）
ティフ編著／阪東宏訳『ポーランドのユダヤ人』（みすず書房，2006）（原著は2004年刊）
乙訓稔『西洋現代幼児教育思想史』（東信堂，2009）

[田中和男]

II 社会福祉の時代

第21章 ウィリアム・ベヴァリッジ
――自由を実現する統制的な手段

[William H. Beveridge] 1879年3月5日，インド，ベンガルに生まれる。1903年，トインビー・ホール副館長。08年，請われて商務省に入り，職業紹介所の設置に携わる。19年，軍需省・食糧省を経て，LSEの学長へ。その間も王立石炭委員（1925年）や失業保険法定委員長（1934～44年）を歴任する。37年，オックスフォード大学の学寮長に転出。42年，『ベヴァリッジ報告』を政府に諮問。庶民院・貴族院に所属。63年3月16日に死去（84歳）。

　ベヴァリッジは福祉国家の創設者である。彼は青年期から失業問題に関わり続け，困窮の予防と緩和のために生涯を捧げた。さらに慈善家・ジャーナリスト・官僚・学長・政治家・平和活動家という様々な顔を見せ，ケインズ等の経済学者を含む多くの人々に大きな影響を与えた。「福祉国家の合意」（資本主義のなかで生存権を保障する心情）という考えはその筆頭である。

1　青年期の転職

▍知的階級の出自

　ベヴァリッジは1879年3月5日，インドのベンガル地方で生まれた。父は現地に勤める判事，母はインド女性に向けた慈善事業家であった。
　内気で真面目なベヴァリッジは勉学に優れ，オックスフォード大学ベリオール・カレッジ（T. H. グリーン等の理想主義の殿堂）に入学した。そこで数学・古典学・文学で優等を獲得するが，父から期待された法曹界ではなく，トインビー・ホールの副館長に就任した。ここでは大学セツルメント運動の拠点として，知識人とスラム街の無業者が共同生活を送り，互いの感化が期待されていた。

第21章　ウィリアム・ベヴァリッジ

■ 現代の失業論

　ベヴァリッジはこの体験から失業の現代的特質（景気循環に順応するための不規則な雇用体制）を見抜き，解決方法は個人の道徳的向上ではなく，産業構造という社会問題の是正であると捉えた。ウェッブ夫妻の推薦やチャーチルの抜擢によって，ベヴァリッジは11年間にわたって官僚生活を続けることになった。

　主著『失業——産業の問題』（1909）の中心は，細切れで不定期な求人を，市場の組織化によって求職に合致させるアイデアである。国家による労働需給の情報ネットワーク整備（職業紹介所の設立）や失業保険が提唱されたのである。

2　ベヴァリッジ報告

■ 福祉国家の青写真

　第二次世界大戦の勃発後，ベヴァリッジは労働者の補償問題を中心に省庁間で議論する小さな委員会の議長となった機を捉え，戦後の福祉国家建設という壮大な構想を練り上げた。この成果が『社会保険および関連サービス』，通称『ベヴァリッジ報告』（1942）である。

　包括的な社会政策によって，人類の五大悪（窮乏・疾病・無知・不潔・怠惰）を根絶すべきである。しかし優先順位として，窮乏（最低限の生活物資も欠ける状態）からの解放を社会保障によってまず実現する。社会保障とは，怪我・病気・失業によって一時的に所得が中断したり，結婚や出産によって特別な支出が発生したり，障碍や老齢によって稼ぐ能力が永続的に喪失したり，という場合に，最低限度の厚生（とりあえずは所得）が国家によって保障される制度である。これまで自発的な互助組織が部分的に担ってきた機能を，全国民が権利として享受できる体制に変換するのである。ここにおいて，生老病死という人間の本質にある程度対抗し，一定以下の惨めな状態だけは少なくとも根絶させる体制が整うことになった。すなわち国民最低限保障（ナショナル・ミニマム）の確立である。

　ベヴァリッジの社会保障において，主軸は社会保険である。この考えは彼自身の生き方をそのまま反映している。つまり普通の人々は，保険料を支払うという小さな義務を負えるし，負うべきであるという勤勉な知的階級の発想であった。逆に無尽蔵な施しは，人々を堕落させるだけでなく，国家財政も危うくさせる。

もちろん様々な理由で保険料を拠出できない人々も多い。彼らには国民扶助という形で，現金の移転を行う（ただし厳しい資産調査の後）。この形態（施し）はあくまで例外，もしくは二次的な重要性に留まらなくてはならなかった。

　この主従関係は，一般的な福祉国家のイメージと異なる。通常，福祉国家とは混合体制（資本主義と社会主義の中間）のなかで，政府が市場の失敗を補正する目的で所得再分配を行う制度と捉えられている。『ベヴァリッジ報告』は確かにナショナル・ミニマムを保障させる構想だが，異なった階級間の所得平等化を直接の目標とするわけではない（国庫負担の部分があるので，間接的には達成される）。ベヴァリッジの構想はむしろ，自分自身のライフサイクルにおける所得平準化を，相互扶助という形を借りながら達成する仕組みである。ここには，階級対立ではなく，同類のリスクに対処する国民融和の発想がある。

▌勧告の前提条件

　さらに，この社会保障体制には多くの前提がある。その中で特に次の三つは，高度な社会保障が持続するための絶対的な条件であった。第1に，大人数の家族が困窮に陥らないように，児童手当を国家が提供すること。第2に，国民が健康的な生活を送り，かつ労働供給に支障が出ないように，保健およびリハビリの包括的なサービスを国家が提供すること。第3に，失業給付への過度な心理的・財政的依存を避けるために，高い求人状態を維持すること，つまり完全雇用政策を指向すること。

　こうした前提にもベヴァリッジの心情が窺える。第1の前提は，大家族は困窮をもたらすという調査結果を踏まえ，その予防を保護者ならびに国家の双方に求めたことを意味する。それが第1子までは親の（家族賃金を獲得すべきという）義務，第2子からは国家の補助という勧告につながる。第2と第3の前提は，労働不能や失業の状態が例外であることを国家が保障しなければ，逆に手厚い福祉政策が不可能になることを意味する。「国家は給付の支払い件数を少なくするために，断固たる努力をしなければならない」。

▌福祉国家の合意

　人々は『ベヴァリッジ報告』を熱狂的に受け入れた。戦後の理想郷に向けて，戦

時においてイギリス国民を統一したのである。ファシズムに対する闘いはチャーチル首相にまかされ，窮乏に対する闘いはアトリー内閣にまかされた。1948年までに次々と福祉の立法措置が完成し，「福祉国家」が誕生した。ここにおいて，市場社会という基本制度は守りながら，生存権を保障するという混合体制が誕生したのである。ただし労働党政権による実現のためもあって，社会保険を主軸とするベヴァリッジの構想は守られず，むしろ国庫補助による所得再分配の機能が前面に出た。

3　完全雇用と市民社会

ベヴァリッジは休むことなく，1940年代に第2・第3の構想を公にした。それぞれ完全雇用と市民社会に関する私的な報告書である。そこでは『ベヴァリッジ報告』に欠けていた要素が埋め込まれ，より包括的な戦後構想が明らかになった。

■ 自由と雇用

『自由社会における完全雇用』(1944) は彼の自由と統制に関する苦悩が伝わる作品である。社会保障体制が持続するためにも，市場の十全な機能と高い雇用の維持が求められる。しかし問題は雇用だけでない。生き方・働き方，そしてそれらを支える社会機構そのものの変化が求められた。ナチス政権がそうであったように，単に完全雇用を実現するならば，完全な統制経済の方が簡単である。しかしイギリスの伝統である自由社会を前提とした上で，それを守り強くする経済機構が必要となる。ベヴァリッジの回答は，経済参謀という政府に対する助言官がまず新しい世界の全体図を描き，その中でケインズ理論を摂取した経済政策を行うべきという勧告であった。

ベヴァリッジは有効需要の確保に同意した。経済は自動調整機能を持っておらず，価格メカニズムは不十分である。雇用は総支出（消費と投資）に依存するので，投資を調整する機能が国家に必要となる。経常予算と資本予算の分離も有効であろう。ただし総需要側だけでなく，産業構造や労働の流動性も同様に重視された。労働の需要や消費との関係で，産業の配置というきめ細かな政策も求められたのである。

こうした計画には自由の犠牲が伴うはずだ。しかしベヴァリッジは犠牲を最小限にできるという信念を持つ。少数の知識人が，本質的な自由と抵触しない優れ

II 社会福祉の時代

た構想を提出するからである。市民の本質的自由とは，信仰・言論・研究を含む。これらは守りつつ，非本質的な自由——結社，職業選択，所得処分——については部分的に統制される。これらの自由が社会的目的に合致しない場合——組合による過激な賃上げ要求，頻繁な離職，過小消費——

大恐慌時の職業紹介所

は，制限が必要となるのである。

▍市民の義務

『自発的活動』(1948)はベヴァリッジの社会観が浮き彫りになった作品である。社会保障が完備し，完全雇用が成立した後の社会が考察対象となる。たとえ両者が実現しても，なお市民生活そのものに不安が残る。

一つは余暇の増大ゆえに起こりうる市民の一般的な不安である。現代社会では宗教や家族による紐帯が著しく弱まり，複雑な機構で途方に暮れる個人が激増した。かつては友愛組合・労働組合・協同組合など，自然発生的な互助組織に属することもできた。しかし現代では「市民相談事業所」が人工的に必要となる。これは身近なトラブルを相談し，国家機能と市民生活の架け橋となり，疎外感や権利喪失を解消する仕組みであり，その職員は相談者の隣人・仲間としての機能を果たさなくてはならない。

もう一つは悲惨な状況に置かれた例外的な市民の不安である。虐待された児童，心身障碍者，未婚の母と子，釈放された元受刑者，不幸な家庭の主婦などが挙げられる。完全に個別対応が必要であり，国家による一元的・普遍的なサービスは逆に非効率になる。この時，市民の自発的な善意・社会的良心を発揮させる団体や活動が，国家によって推奨されるべきである。

自発的活動の類型は，慈善活動および相互扶助である。ベヴァリッジは本書において，市民の無理のない義務を語った。三つの報告書は社会保障・完全雇用・市民社会を題材としており，政治・経済・社会という各領域で国家と個人，そして共同体のなしうることを描き出した壮大な構想であった。

4　住宅政策と世界平和──究極の安全に向けて

　ベヴァリッジは自分の戦後構想を実現させるために，庶民院に立候補して1944年に当選し，しかし1年後に落選してからは貴族の称号を受け入れ，貴族院に所属した。その中で，晩年の生活を支えたのは，人工的な共同体作り（公的な住宅建設）と世界平和の運動であった。ここでは後者のみを取り上げておこう。
　ベヴァリッジは最後に，究極の安全を確保する運動に向かった。平和・社会的正義・自由を実現する「統一世界トラスト」の理事に加わったのがその象徴である。2度の世界大戦を経ても各国の軍事対立は避けられず，市民の安全が常に脅かされている。この事態を回避するには，究極的には，連邦政府の設立によって，国家主権の一部を制限しなければならない。
　現在まで，国際社会には法の秩序がない。各国が恐怖や復讐心や野望に囚われて，戦争の種を蒔き，実際に戦争を起こしている。ここに連邦政府という強力な秩序を構築し，防衛・植民地・経済の問題を包括的に処理する必要がある。ここまでは中央集権的であるが，同時に地域分権も考えられている。連邦政府は完全な統一政府ではなく，個別な国家主体も排除されていない。国家の主権や裁量は残しつつ，連邦主義によって緩い紐帯関係を確立し，なお連邦政府による時に強い権限が存在する──これは混合体制や最適な組み合わせを常に考えたベヴァリッジらしい発想であった。

おわりに

　1920年に戦勝国派遣団として飢餓撲滅評議会に加わり，1933年には亡命教授の受け入れ基金を作り，『エコノミスト』基金の創設理事を務めて言論の自由を支援した。ベヴァリッジは言葉の真の意味で「自由主義者」である。ただし自由を

Ⅱ　社会福祉の時代

実現する手段が，一見では統制を強化するように受け止められる。

　人間の自由を阻む要素は何か。ベヴァリッジは常にその解決策を模索していた。彼の回答は国内や国外の政治・経済・社会が機能不全に陥っているため，であった。それゆえ，社会科学者の全知能をかけて，その機能不全を修復する構想に没頭した。全時間を一心不乱に投入する生真面目さ，未来に向けた構想の動態的な広がり，雑多な帰納的データから一般的法則や原則を導く直観。これこそ，彼の人生そのものであった。

　1963年3月にベヴァリッジは古巣オックスフォードで死去した。臨終の言葉は"I have a thousand thing to do"（私には数多のすべきことがある）である。社会改革への飽くなき情熱がここに窺える。

◆ 引用・参考文献（さらに深く学ぶ人のために）
山田雄三監訳『ベヴァリジ報告──社会保険および関連サービス』（至誠社，1969）
毛利健三『イギリス福祉国家の研究──社会保障発達の諸画期』（東京大学出版会，1990）
伊藤周平『社会保障史──恩恵から権利へ』（青木書店，1994）
京極高宣『福祉の経済思想──厳しさと優しさの接点』（ミネルヴァ書房，1995）
ケインズ／平井俊顕・立脇和夫訳『戦後世界の形成（27巻）』（東洋経済新報社，1996）
毛利健三編『現代イギリス社会政策史　1945〜1990』（ミネルヴァ書房，1999）
金子光一『社会福祉のあゆみ──社会福祉思想の軌跡』（有斐閣，2005）
バー／菅沼隆監訳『福祉の経済学──21世紀の年金・医療・失業・介護』（光生館，2007）
小峯敦『ベヴァリッジの経済思想──ケインズたちとの交流』（昭和堂，2007）
小峯敦編『福祉の経済思想家たち　増補改訂版』（ナカニシヤ出版，2010）
小峯敦編『経済思想のなかの貧困・福祉──近現代の日英における「経世済民」論』
　　（ミネルヴァ書房，2011）
塩野谷祐一『エッセー　正・徳・善──経済を「投企」する』（ミネルヴァ書房，2009）
武川正吾『福祉社会──包摂の社会政策』（有斐閣，2011）

［小峯　敦］

II 社会福祉の時代

第22章 ヘレン・ケラー
―― 障害を乗り越えて

[Helen Keller] 1880年6月27日，アメリカのアラバマ州タスカンビアで生誕。82年，熱病のため聴力と視力を失い，会話も不可。87年，アン・サリヴァンを家庭教師として迎える。94年，パーキンス盲学校入学。1900年，ラドクリフ・カレッジに入学。02年，『わたしの生涯』出版。1909年，社会党に入党，社会的活動。36年10月20日，サリヴァン死去。37年4月，ポリーとともに来日，日本各地を訪問。48年，2度目の日本訪問。55年，アン・サリヴァンの伝記『先生』を出版。68年6月1日，ウェストポートの自宅で死去。享年87歳。

　ヘレン・ケラーは日本においても「三重苦の聖人」と呼称され，絵本や児童書等によって誰もが少年少女時代から一般的によく知っている人物であり，そのイメージは強烈である。映画や演劇「奇跡の人」等をとおして彼女の少女時代はあまりにも有名であるが，意外とその後の実像については知られていない。たとえば彼女の政治的な活動，資本主義への批判として社会主義思想に親近感をもっていたとか，アン・サリヴァンのことを知っていてもポニー・トムソンという協力者について，また日本びいきであり3度来日していること，日本の障害者福祉にも影響を与えたこと等々についてである。この章ではヘレン・ケラーの生涯を日本との関係を織り込みながら簡単に辿っていく。

1　誕生，サリヴァン先生，そしてラドクリフ・カレッジ

ヘレン・ケラーの誕生とサリヴァン

　ヘレン・ケラーは南北戦争終結から10数年後，1880年6月27日にアメリカのアラバマ州北方のタスカンビアで生まれた。ヨーロッパからの移民の家系で，父アーサー・ケラーは南北戦争時の大尉であり，母ケイトは聖公会のキリスト教徒でもあった。ケラーは2歳の時，熱病のため聴力と視力を失い，また話すこともできなくなった。87年，両親は父の友人であるベル（A. G. Bell）に相談し，パー

キンス盲学校に適当な家庭教師を依頼することとなり，その結果，同校の卒業生アン・サリヴァン（Anne Sullivan）を生家に迎えることになる。周知のようにこのサリヴァンの献身的な教育をとおして，ヘレン・ケラーは言葉の存在を知り，障害を克服して成長していった。ケラーの生涯を論じるにおいてこのサリヴァンを抜きにしては到底語ることはできない。

　アン・サリヴァンは，1866年4月14日，マサチューセッツ州スプリングフィールド郊外の貧家に父トマスと母アリスの子として生まれた。アイルランドからの移民の家庭であり，父は無学で酒飲み，横暴な性格であった。母は病弱であり，少女時代に亡くなる。10歳の時からテュークスベリーの救貧院に入れられ，また幼い時から目の病気（トラコーマ）でほとんど見えない状況であった。80年，14歳の時にパーキンス盲学校に入り，視力は幾分回復した。86年に同校を卒業し，翌年3月からケラーの家庭教師となったのである。ケラーとは14歳年上であり，ケラー7歳，彼女が21歳の時である。

■ ヘレン・ケラーとサリヴァン

　サリヴァンとケラーとの師弟関係はこれまで，多く語られてきたし，ケラーは1955年，75歳の時，サリヴァンに関する著『先生』を著わしており，またサリヴァンの献身的な教育は映画「奇跡の人」（the miracle worker）にもなったことは周知のとおりである。この映画によってケラーとサリヴァンの関係のみならず，ケラーが世界的に有名になったことは言うまでもない。ちなみに「ケースワークの母」とも称された M. リッチモンドは17年の著 *What is Social Casework* の「序論」に，サリヴァンのことについて触れている。その中でヘレンの自伝『私の生涯』（*The Story of My Life*）が，ソーシャルワークの入門書として非常に優れていることを指摘している。すなわちサリヴァンのケラーにおける教育は一人の人間を自立させていく模範的な支援をしたのである。もちろん彼女の生涯にはサリヴァンだけでなく，多くの人々との交友，そして様々な人の思想的影響があったことはいうまでもない。

■ パーキンス盲学校へ入学，そして信仰

　サリヴァンの類まれなる教育の結果，人と繋がる一番重要な手段である言語を

習得し，彼女の知識欲は日々増していった。そしてケラーはさらなる高等教育を希望し，サリヴァンの母校でもあるパーキンス盲学校でも学ぶことになる。この学校は，当初，フィッシャー（J. D. Fisher）によってボストン郊外に29年「ニューイングランド盲者保護施設」（New England Asylum for the Blind）という名称で開校された学校であり，サリヴァンの母校でもあった。当然ここでもサリヴァンとの二人三脚の生活であった。

　ところでケラーの人生観や世界観に影響を与えたキリスト教との出会いに触れておく必要があろう。「聖書は，私に『見ゆるものは一時的にして，見えざるものは永遠である』という深い慰めを与えてくれます」（『ヘレン・ケラー全集』1巻，196頁）と述べているように大きな影響を受けた。それは当然，彼女の青春であり，自我の目覚めであり，自己の存在を世界にいかに位置づけるかという問いであったろう。その問いが沸々と湧きだしたのであり，世界や自然を，そして宇宙をいかに認識していくかという魂の希求であった。それは19世紀末においてエマヌエル・スエーデンボルグ（E. Swedenborg, 1688〜1772）の神学への出会いにつながっていく。ここには自然という超越するものへの憧れがあり，とりわけ『天国と地獄』（*Heaven and Hell*）を愛読書の一冊としたのである。こうして人生における意味を見出したケラーは先に起こる多くの課題，困難に立ち向かう精神力を獲得したといってよいであろう。スピリチュアルな力の偉大さでなかろうか。ちなみに彼女は1927年に『私の宗教』（*My Religion*）を著わすが，ここには彼女の信仰，とりわけスエーデンボルグの神学が語られている。

■ ラドクリフ・カレッジへ入学

　ケラーは1900年，憧れのラドクリフに入学することになる。ラドクリフ・カレッジ（ラドクリフ女子大学）は1879年創立された名門の女子大学で，後年はハーヴァード大学と提携し，現在はハーヴァード大学の一部となっている。後にハーヴァード大学は彼女に名誉学位を授与している。ケラーはここを1904年に卒業する。彼女はこのラドクリフで学ぶ間に語学や哲学，思想，政治，法律等々多くのことを学んだことは言うまでもない。

　そこには尊敬する教師との出会いがあり，加えて友人を得たことは，これまでと違う社会でのネットワークを広げていったことになろう。このように人生にお

ける重要な生き方，そして生きる思想を体得した。すなわち，それは彼女を「子どもから成人へと転換」させたのである。ちなみにこの大学時代に彼女は『私の生活の物語』(*The Story of My Life*) を刊行している。これは多くの国で翻訳され，ベストセラーとなったが，何とも早い自伝的書物であろうか。換言すればこの青春時代がまた人生の大きな転換点であった証左かもしれない。

2 社会的活動をめぐって

▍政治活動とアメリカ盲人援護協会

　ラドクリフを卒業したケラーは，障害者福祉のための活動をする一方で，社会主義にも共鳴し，婦人参政権運動や公民権運動にも参加するなど政治的活動を展開した。敬愛するサリヴァンの夫ジョン・メーシーと同様に，1909年にアメリカ社会党に加入する。ここにおいて政治的活動を展開していった。

　当時，ケラーは労働者や差別，平和問題，そして優生学やジェンダーの問題にも関心を抱くようになる。1914年には第一次世界大戦が勃発し，また17年には「ロシア革命」が起こり，社会主義国が誕生した。社会主義に共鳴を感じていたケラーはこの新しいソ連に大きな関心を抱いていたことはいうまでもない。

　ところで1920年前後において，アメリカでは視覚障害者の問題に取り組もうとする機運が高揚していく。そういう背景の中で21年，ミゲール (M. C. Migel) によって，アメリカ盲人援護協会 (American Foundation for the Blind：AFB) が創設された。この協会は経営維持のために，たくさんの寄付金を必要としたが，ケラーの名前はそのためにも必要であった。とりわけ24年以降，ケラーはこの協会と深い関係を持つことになる。換言すればここで彼女は腰を落ち着け，盲人福祉活動を中心にして，奉仕活動や伝道活動を展開していくことになるのである。そしてその活動のために各地を旅行し，講演し，映画出演や舞台にも立ち，さらに政治的にはロビー活動をも展開した。

▍ヘレン・ケラーとルーズベルト

　1929年10月，ウオール街の株価暴落に端を発した不況は，世界大恐慌へと波及していった。またこの年は『流れの半ばにて』を出版した年であり，また後に大

統領になり，長く交友関係をもつことになるフランクリン・ルーズベルト（F. D. Roosevelt）がニューヨーク州知事になった年でもあった。彼は33年3月に第33代目の大統領の職に就く。大恐慌の下で，アメリカ社会はルーズベルト大統領の下で，ニューディール政策を展開し，35年には社会保障法（Social Security Act）を制定する。この法律の制定に際しても，ケラーは積極的に支持し，障害者の福祉向上に挺身していった。

3　岩橋武夫とヘレン・ケラーとの邂逅，そして来日

■出会い

1934年夏，ケラーは日本から講演のため渡米していた岩橋武夫と会うことになるが，ここで岩橋は日本への招聘を話す。しかし当時は恩師のサリヴァンの病気が重篤であったため，急には来日できなかった。そしてサリヴァンは36年10月20日，死去する。彼女の悲しみは幾ばくかであったことか。そしてサリヴァンなき後の彼女の補助者ポニー・トムソンとともに日本を訪問することになるのである。賀川豊彦は"If Helen Keller be called the American miracle, Takeo Iwahashi may be regarded a Japanese miracle"と呼んだように，彼は障害を乗り越えて福祉のために尽瘁した人物であり，岩橋とヘレンとの交友は障害者福祉の領域においても特筆すべきものがある。かくて37年になって，いよいよケラーの来日は実現することになる。ケラーにとって日本は憧れの地でもあった。それは塙保己一を生み出し，そして盲人の福祉においては伝統があるという認識のためであった。

■1回目の来日と太平洋戦争

1937（昭和12）年春爛漫の4月，ケラーは初来日することになるが，日本側の招聘目的には日本の盲人福祉への希望とともに，キリスト教伝道や日米間の摩擦の問題も背景にあった。一方，アメリカ側からは彼女に対してルーズベルト大統領の外交上の期待もあった。対中国やアメリカとの関係を背景にして，日本当局は平和思想を抱くケラーに対して期待とともに警戒心もあった。ケラーは8月10日まで精力的に日本各地のみならず，朝鮮や「満州」（現・中国東北部）まで講演行脚を行い，多くの人々に感銘を与えた。しかしその計画は日中戦争の途中で閉

東京会館での歓迎会

ざされることとなった。ケラーの帰国後，太平洋戦争が勃発し，不幸にも両国の国交は断絶することになる。それは岩橋とケラーとのつながりの中断でもあったのである。

4 戦後のヘレン・ケラー，そしてその晩年

　1945年8月，第二次世界大戦も終焉し，3年後の48年8月，69歳のケラーは2度目の来日をすることになる。この時も，ケラーは各地において講演を精力的に行った。広島や長崎を訪問したが，彼女にとって原爆への心境は複雑であった。しかし敗戦後の日本人に生きる力と勇気を与えたことは事実である。そして悲願の身体障害者福祉法の成立 (1949) においても尽力した。この来日を記念して日本において財団法人ヘレン・ケラー財団が設立されている。ところで，日本においては，54年10月28日，親友岩橋武夫が死去する。そして彼女の3度目の来日は翌55年5月で，この岩橋の霊前に花を手向けることが目的の一つであった。

　ケラーは帰国してからも世界各国の遊説を続けていった。1955年，インドを訪れ，そこでジャワハルラル・ネルー首相と会っている。彼女も75歳になっており病気がちになっていた。60年3月にはポリーが死亡し，61年10月にケラーは最初

の脳卒中の発作が出て，公的活動から引くことになる。64年にはジョンソン大統領は彼女に「メダル・オブ・フリーダム」（自由勲章）を与えた。しかしそれから4年後，68年6月1日，87歳の生涯を閉じたのである。

おわりに

　生前中，ヘレン・ケラーと親交のあった作家のマーク・トゥエインは彼女を「歴史上の偉人に並ぶ人物である」と評している。幼い時から障害というハンディを背負いながら，サリヴァンの献身的な教育とその後のサポートの中で，逞しく生きた彼女の人生は世界中の障害者のみならず無数の人々に生きる意味や勇気を与えていった。彼女の生誕の地アラバマ州タスカンビアには記念館（Ivy Green Birthplace of Helen Keller）が創設され，その偉業が公開されている。彼女の生涯は児童書から研究書まで世界中で幅多く出版されているが，1980年にはジョゼフ. P. ラッシュによって彼女の伝記 *Helen and Teacher* が出版されている。世界中には今も彼女に勇気と元気をもらっている多くの人々がおり，彼女の人生，生き方こそ福祉の灯台でもあるのだ。

◆ 引用・参考文献（さらに深く学ぶ人のために）
Keller, H., *Optimism : An Essay*, T. Y. Crowell, 1903.
小室篤次『ヘレン・ケラー』（新生堂，1934）
三上正毅『盲目聾唖の女傑ヘレン・ケラー』（不二屋書房，1935）
岩橋武夫他訳『ヘレン・ケラー全集』全5巻（三省堂，1936-1937）
岩橋英行『青い鳥のうた――ヘレン・ケラーと日本』（日本放送出版協会，1980）
Lash, J. P., *Helen and Teacher*, 1980.
ラッシュ，ジョゼフ・P／中村妙子訳『愛と光への旅――ヘレン・ケラーとアン・サリヴァン』（新潮社，1982）
Nielsen, K. E., *The Radical Lives of Helen Keller.* New York University Press, 2004.
ニールセン，キム・E／中野善達訳『ヘレン・ケラーの急進的な生活』（明石書店，2005）
山崎邦夫編著『年譜で読むヘレン・ケラー――ひとりのアメリカ女性の生涯』（明石書店，2011）

[室田保夫]

Ⅱ　社会福祉の時代

■□ コラム 6 □■

アメリカにおけるフィランソロピー

　アメリカでは，19世紀末から20世紀にかけて大企業が形成されつつあった。それとともに社会的影響力も強化され，マイナス面として反社会的，非競争的な行動が目につくようになった。その結果，規制を強化して企業の行動を抑制しようとする動きも強まった。各種のアンチ・トラスト法制定や，大恐慌後の銀行業と証券業の分離等の対策である。たとえば前者は，ロックフェラー系のスタンダード・オイル社の分割に，後者はモルガン系の一般銀行（現・JP モルガン・チェース）と投資銀行（現・モルガン・スタンレー証券）への分離に繋がった。

　企業家たちは，こうした反発を受けて，企業の力を社会的に評価される目的に向け始めた。その一つが，今日では企業フィランソロピーと称されている事業である。つまり，企業家の寄付によって宗教，文化，教育，社会福祉，医療等の充実を図ろうとする行為だ。たとえば，アンドリュー・カーネギーによるカーネギー・ホールの設立は，メセナとして著名であるが，J. P. モルガンも同様の活動に熱心であった。また日本では野口英世が活躍したことで知られているロックフェラー医学研究所（現・ロックフェラー大学）も，その寄付によるものだ。これは，寄付額が大規模化して財団の設立に繋がり，さらに企業市民という言葉とともに企業の社会貢献として認識され，社会責任論にまで展開した。寄付先としても，いわゆる「501(c)(3) 法人」のような税制上の優遇措置も拡大された。

　この背景には，アメリカの歴史的文脈がある。カーネギーやロックフェラーの活躍したのは，17世紀初頭以来，ヨーロッパから移民してきた WASP が同質の価値観を基礎にコミュニティを形成し，自治意識の高い州政府を樹立し，その後にようやく連邦政府が強化されつつある時期にあたる。つまり，コミュニティに必要な社会資源は，自助的に作り上げるものであり，政府に依拠して整えさせるものではなかった。これは，アメリカの文化的基盤であり，市民による寄付は，コミュニティに対する当然の貢献だった。

　またアメリカは，日本と比較して所得格差や資産格差が大きい一方，大恐慌後の一時期（いわゆるニューディール期）を除いて，基本的には公的福祉サービスの拡大を抑制する「小さな政府」路線であった。つまり，企業家や企業によるフィランソロピーは，政府による所得の再分配である公的福祉の強化を避け，コミュニティのメンバーによる自助的な再分配の一つとして歓迎されたのだろう。しかし1960年代の公民権運動以降，そのような WASP 的価値観は動揺し，支配的でなくなりつつあるようだ。オバマ大統領の登場と医療保険制度の改革は，そのメルクマールである。それとともにアメリカにおける伝統的なフィランソロピーも変化するのだろうか。格差拡大に直面している日本が教訓とすべきは何だろう。

[小笠原慶彰]

II　社会福祉の時代

第23章　ヘレン・ハリス・パールマン
――ソーシャルワークの先駆者

[Helen Harris Perlman] 1905年12月20日，アメリカ・ミネソタ州セントポールに生まれる。26年ミネソタ大学，43年コロンビア大学院卒業。35年にマックス・パールマンと結婚。45年から引退までシカゴ大学で教鞭。57年『ソーシャルケースワーク――問題解決の過程』を発表。10カ国で翻訳。シカゴ学派の問題解決アプローチの基礎を築く。シカゴ大学殊勲名誉教授。2004年9月18日イリノイ州ハイドパークの自宅にて永眠（98歳）。

　人生は問題解決のプロセスである。パールマンにより生み出されたソーシャルワークにおける，問題解決理論（A Problem-solving Model）には，この思想が主軸にあり，今なお実践・研究が展開されている。21世紀のソーシャルワークは，利用者の抱える問題の解消あるいは緩和を目指し，個人か環境かという課題を，同時一体的にシステム論や生態学的な視点により把握しつつあるということができる。このソーシャルワークの先駆者と言えるパールマンの歩みと実践についてみていこう。

1　その誕生とソーシャルワーカーとしての出発

▍その出自

　ヘレン・ハリス・パールマンは1905年12月20日，アメリカ，ミネソタ州セントポールで，母アニー（Annie）と父レザー（Lazer）の長子として誕生した。7人弟妹であったが成人まで生き残ったのは4人であった。祖父母・両親は東ヨーロッパから来ていた。愛情を受け，明るく伸び伸びと育つ。父は工場経営者であり，社会主義や組合労働といった進歩主義的動向に共鳴していた。少女のパールマンは，父の雇用者としての葛藤場面から，社会的役割についての「人生最初」の学びを経験している。

Ⅱ　社会福祉の時代

■ミネソタからシカゴへ

　1926年（21歳）にミネソタ大学で英文学と教育学の学士号を取得している。彼女は，早くから詩や小説を書いて発表し，大学からベスト劇作家，ベストライターとして英文学科年間賞を受賞したこともあった。卒業後は大学院を出て英語を教えたいと望んでいたが，教師から，女性でかつユダヤ人である事由により学究的な職に就く機会は開かれていないと，厳しい現実を突きつけられる。そのため，パールマンは単身故郷を離れ，広告の仕事を探すためにシカゴに行き，そこで偶然ユダヤ人のためのソーシャルサービスを行う夏季ケースワーカーの仕事を見つけることになる。

　ここで，みすぼらしい木の机の上に積み重ねられた台帳の上に置かれた M. リッチモンドの著書『社会診断』（*Social Diagnosis*）を見つけた。この時が，パールマンがソーシャルワークの領域に一歩足を踏み入れた「始まり」である。

2　ソーシャルワーカーへの道

■困難を抱える家族を援助

　彼女はこの時期の体験を，後に次のように語っている。「私は訓練されてはいないが，人々の行動や振る舞いや感情や問題を理解するために，ライターとして開発された方法を用いた」と。また「世界全体が私に対して開かれた。私は人々が抱える困難の種類に対して見当も付かなかった。が，彼らを助けることができるという事に大きい満足感を持った。家族は，ひとつの偉大な文学作品の中で遭遇する問題や困難と似ている問題を抱えていることを，私は多くのケースに見出した」とも。そして秋になり広告の仕事の依頼が来た時，それを断り，彼女はソーシャルワークの仕事を選択することを決断するのである。

　こうしてパールマンは，ソーシャル・ケースワーカー（ソーシャルワーカー）として，実践家として，18年間，家族サービス機関・学校・児童相談所・精神科病院の場で活動することになる。

■実践から研究へ──ニューヨークへ

　1920年代半ばに，パールマンは「心理学的な突然の洪水があった」と述べてい

る。22年発表のM. リッチモンドの著書 *What is Social Casework* にはまだ登場していないが，それは，17年からアメリカが参戦した第一次世界大戦により生じた戦争神経症の軍人の対応に応用されたフロイトによる精神分析の考え方による治療方法が，大きな成果をあげていたことを指している。東海岸において，人々を治療する最良の方法に関する議論は激しく繰り広げられていたが，中西部，西部ではほとんど議論されていなかった。当時のケースワーカーたちは，精神分析の考え方により，初めて，行動の諸側面への理解と対応の方法を学んだ。精神医学を基礎としたスーパービジョンも生まれ20年程続いたという。

　連邦基金は，この地域で実践家達に啓蒙するためにニューヨーク・スクール・オブ・ソーシャルワーク（1959年にコロンビア大学に編入される）の学生に四つの奨学金を提供した。パールマンはユダヤ人学生としてその一つを得，33年（28歳）に入学，34年卒業。彼女は，この時からソーシャルワークの研究を開始したのであった。

　パールマンは，1934年には精神医学ソーシャルワーカーとして認定を受け，ニューヨークでの研究を終えるまでの間，人々の日常生活に生じる社会的，情緒的な問題の処遇についての講義を，コロンビア大学，他大学とアメリカ全体会議で行っている。

■ 実践家・教員・学者として，ニューヨークからシカゴへ

　1934〜35年はシカゴに戻り実践活動を行い，35年にマックス・パールマンと結婚のためにニューヨークに戻る。42年に息子ジョナサン・パールマンが誕生した。また，40年から，大学からの要請でハーレム地区での犯罪の発見と予防プロジェクトに参加。児童相談局の臨床トレーナーとして学生の実習指導管理に携わり，38年から45年まで，コロンビア大学院でケースワークを教えた。

　仕事上の体験を介して，ソーシャルケースワークに様々な視点を得ることができ，パールマンは直接援助実践を行うための概念的な枠組みを開発しはじめるのである。援助対象者の階級・文化的な差異に関わる体験から，精神医とは異なる多くのことを学習していった。1940〜45年には大規模調査にも参加した。

　その後，1943年にコロンビア大学大学院からソーシャルワークの修士号を取得し，広くエディンバラ，ハワイ，バークレー，香港，カナダ，インドの大学で講

師として，引っ張りだこになった。45年には，夫がシカゴに転職することになり，ニューヨーク・スクール・オブ・ソーシャルワーク教員からシカゴ大学へと転任しシカゴに移った。

同45年に SSA（シカゴ大学スクール・オブ・ソーシャルサービス・アドミニストレーション）の教員となる。就任直後からソーシャルケースワークに取り組む。彼女はたちまち優秀で人気のある教師になり，全コースでケースワークを担当するようになった。博士コースでもケースワークを教え，また，活発でダイナミックな講演を行い，専門家や一般市民にソーシャルワークの理念を啓蒙していく。彼女はアメリカソーシャルワーク界の著名人であった。

3　問題解決理論をめぐって

■『ソーシャル・ケースワーク──問題解決の過程』の刊行

　本著（*Social Casework: A problem-solving Process*）は，10以上の言語文化圏で翻訳されており，世界中のソーシャルワーク教育と実践に影響を与えている名著である。パールマンは本著において，「問題解決」概念を用いて，ソーシャルワーカーの役割を分かりやすく説明し援助の枠組みを示している。

■その内容

　1966年に日本語版が発行されている。表紙を開けると，左指に眼鏡を挟んで手をこめかみに当てているパールマンの写真が載っている。右頁には日本の読者に向けて，「ソーシャルワークにおける価値は，アメリカ的なものであるが，本質的には，人間性理解と relationship を科学的に理解する法則に基礎をおくものであり，国際的に共通していると考える」と，45年前に書かれているが，現在に通じるメッセージが掲載されている。

　本著は，序文10頁，第1部「ソーシャルケースワークによる問題解決」と第2部「横断面よりみたケースワーク」と第3部「二つのケース」とに分かれ，それぞれ7章，5章，1章から構成され，以下のように，実践的な介入方法が示されている。

　①　ソーシャルワークは，『問題解決』の仕事である，と位置づけている

彼女は，人生そのものが「問題解決の過程」だという考えを主軸に置き，人は自我（エゴ）の力を活かすことにより，「問題」を効果的で効率的に解決できると考え，人々が「問題」に対処できるようになることを願った。

② ソーシャルワークの定義と「四つのP」を示している

ケースワークとは「所定の福祉機関で用いられるプロセスであり，その目的は個人が社会生活を営む上での諸問題により有効に取組めるように援助することである」と定義しさらに説明している。ケースワークには四つの要素があり，「problem（問題）を持った person（人）が専門家のいる place（福祉機関）に来る。専門家は彼を所定の process（プロセス）でもって援助する」と，四つのPの相関関係を強調した。さらにプロセスについては，「専門の援助者（ケースワーカー）とクライアントとの間に起こる進行的相互関係」であるという。また，それは意義のある relationship のなかで行われる一連の問題解決の協働作業であり，目的は，クライエントが諸種の問題に取り組み，解消もしくは軽減することができるようになることだという。1986年に，professional person（クライエントと関わる援助機関の専門職ワーカー），provisions（制度，対策・クライエントのニーズを満たすための諸制度）の二つのPを加えている。

③ 開始段階の重要性と，実践的な援助方法を教示している

クライエントが問題解決の主体者であり，クライエントとワーカーそれぞれが問題解決過程における役割があると位置づけている。「クライエントと関係を持つこと」「クライエントが彼の悩みを語るのをたすけること」「焦点をきめることおよび局部化すること」「クライエントの施設利用を援助すること」「技術についての注意」の項目について詳細に語られている。ここには，「自我機能を安定させる」「問題を大きい塊のままでなく小さく切り分ける」という，「問題解決モデ

Social Casework の表紙

ル」へと発展していく重要ポイントが提示されている。

　またパールマンは，診断派ケースワークと機能派ケースワークを統合した折衷的（eclectic）な立場に立った。1，クライエントの要求・2，施設の機能・3，クライエントのワーカビリティーとの絡み合いにおいて，問題状況を捉える枠組みを示し，四つのP（人——場所——問題——過程）のゲシュタルトを明らかにする試論を提示した。①クライエントの要求を知り，クライエントにより求められるゴール，②持つ問題に関して援助を必要とする人の性質，③施設の性質と種類，提供できる援助の種類，の3点が相互に作用し合う対象理解の方法が示されている。

▌問題解決理論の概要

　またパールマンは，ソーシャルワーカーの役割を，利用者の動機づけ（motivation）を高め，問題解決能力（capacity）を獲得できるように援助し，それを実行に移す機会（opportunity）を提供することであると説明した。これは MCO モデルと呼ばれており，利用者も援助者（ソーシャルワーカー）も共に「問題解決」過程（process）に沿って行動するのだという四つのPを構成要素とした援助プロセスの枠組みを提供した理論であり，ソーシャルワーク諸理論の原点ということができる。この理論は，1970年，*Theories of Social Casework* に掲載された「The Problem-solving Model in Social Casework」（問題解決理論）で発表された。

4　現代のソーシャルワーカーたち，思想家たちへのバトン

▌社会変革への視点

　パールマンは，1967年に "Casework is Dead"（ケースワークは死んだ），68年 "Can Casework Work?"（ケースワークはワークしうるか），70年 "Casework and 'The Diminished Man'"（ケースワークと小さくなった人）という論文を書き，アメリカでかなりセンセーションを呼んだ。逆説的かつシニカルにケースワークの限界と可能性を社会に示した。社会制度の欠陥による教育・医療・経済生活における困窮が慢性化している時は，社会の変革が一義的であると主張。ソーシャルケースワークに社会的視野を導入せよ，という主張は1952年以来提起している。

■ 貧困者（貧困の文化）への視点

　貧困を核にして多問題家族を取り上げ，新たに，予防（Prevention）と介入（Intervention）の概念を加え，MCO 理論を充実，発展させていく。ソーシャルワーカーの偏見に捉われないで，問題に対する事実を正しく見つけること，ニーズの発掘ということに，パールマンの目は向けられ続けるのである。

おわりに

　パールマンは，退職後にも 9 年間大学院コースで，「20世紀に見られるマイノリティーとしての子ども達」「ユートピアと人間の福祉」といった内容を教えた。彼女は，今日のソーシャルワーカーや思想家は過去のヒューマニストたちと繋がるべきと強調している。

　1992年にソーシャルワーク教育の評議会から特別功労賞を，96年にシカゴ大学 SSA はパールマンの90歳の誕生日に彼女の名の基金を設立した。そしてパールマンは，アメリカ矯正精神医学ジャーナルの編集委員等として，ソーシャルワーク専門職として，教育者として本当にアクティヴに仕事を積み重ねた。彼女は，ソーシャルワークに生涯を奉げた尊敬されるエキスパートであり，死を迎える98歳までシカゴの臨床ソーシャルワーク研究所の名誉理事会のメンバーであり続けた。

◆ **引用・参考文献**（さらに深く学ぶ人のために）

Perlman, H. H., *Social Casework : A Problem-solving Process*, The University of Chicago Press, 1957（松本武子訳『ソーシャル・ケースワーク——問題解決の過程』全国社会福祉協議会，1966）

Perlman, H. H., "The Problem-solving Model in Social Casework" Roberts and Nee *Theories of Social Casework*, The University of Chicago Press, 1970（久保紘章訳「ソーシャルワークにおける問題解決モデル」『ソーシャルワークの理論』川島書店，1990）

　　　　　　　　　　　　　　　　　　　　　　　　　　　　　　［川田素子］

II　社会福祉の時代

第24章　リチャード・ティトマス
―― ソーシャル・ポリシーの「3つのモデル」

> [Richard M. Titmuss] 1907年，イギリス・ベッドフォードシェアで生まれる。中学卒業後，26年から41年までの「カウンティ火災保険事務所」での勤務中から保険組織に関する研究に着手。50年，ロンドン・スクール・オブ・エコノミクス（LSE）の社会行政学教授に就任。任期中，*Essays on 'the Welfare State'* などを著す。ソーシャル・ポリシーの「3つのモデル」がよく知られている。73年，65歳で永眠。

　イギリスは，第二次世界大戦中から「福祉国家」建設の道を進んだ。イギリス政府は，「国民保健サービス」をひとつの軸として，社会政策を，労働者階級に対する保護政策から国民諸階層の「ニーズ」に生涯を通じて対応する「ソーシャル・ポリシー」へと変質させた。若き日に保険業への従事という「実務経験」を有していたティトマスは，「ニーズ対応型ソーシャル・ポリシー」の確立に寄与した人物のひとりである。

1　出自と若き日の保険会社での勤務

■出　自

　ティトマスは，1907年，イギリスはウェールズのベッドフォードシェアという町で，決して豊かではない家庭に生まれた。家業の関係で，幼少の頃に一家でロンドンに移住した。しかし，それによって家業が好転したという記録はなく，暮らしは引き続き豊かでなかったという。

　したがってティトマスは，大学で学んだうえで研究者の道を順調に進んだ人ではなかった。学歴は中学卒であったし，もちろん学位も有していなかった。

　中学を卒業した1926年，「カウンティ火災保険事務所」に就職し，ティトマスは事務員として41年まで働いた。そして，保険業務に従事しながら，自らの職業

的実践を，少しずつ理論的にまとめるという作業を積み重ねていた。

▍理論的関心

そしてその，火災保険会社の事務員としての日常業務を理論的に整理する作業が，後のティトマス理論の礎となったのである。

作業をまとめたものとして，1930年代の後半に彼は3冊の著書（うち1冊は妻・ケイとの共著）を刊行している。テーマは，貧困，長期疾病，人口統計，家族計画，私保険論等，日常の保険業務と深く関わったものであった。そして，この3冊の内容は，ティトマスの主著である *Social Policy: An Introduction* の内容にも色濃く反映しているという（Titmuss 1976: Introduction）。

そしてティトマスは，研究そのものに強い関心をもつようになり，研究界からも少しずつ注目されるようになった。

2　LSE へ

▍研究界からの注目

彼の研究は，ウェッブ夫妻（Webbs），トーニー（Tawney），エヴァ・ハバック（E. Hubback）らに注目されることとなった。

1948年から50年にかけて，ティトマスは，メディカル・リサーチ・カウンシルに設立された社会医学部において，J. N. モリス博士（後のLSE教授［衛生学］）と一般医（GP）制度に関する共同研究を行った。このときに，一般医制度の課題に関してティトマスが得た見識は，やはり *Social Policy: An Introduction* に反映している（Titmuss 1976: Introduction）。

その研究中に，前出のハバックがLSEのキース・ハンコック教授（Professor K. Hancock）にティトマスを紹介した。そして1950年から，ティトマスはLSEで社会行政学（Social Administration）を教授することとなった。

▍保険業務によって得た見識

したがって，学歴のない（たしかに，ティトマスをLSEで働かせることにハンコックも不安があったようではある）単なる「保険屋」としてのティトマスが何かの弾

II 社会福祉の時代

LSE の外観

みで教授になったのではない。そうではなく、学歴に代わる研究を保険業に従事しながら積み重ねていたティトマスが教授に任用されたのである。この点については、ブライアン・エーベルスミス（B. Abel-smith）も、「そのこと（保険会社での勤務）が、生涯にわたって、彼に私保険の実際の運営はいかにあるべきかについての実践論的知識を与え、保険会社・私保険の社会的効果と影響力について彼を論理的にしたのである」（Titmuss 1976 : Introduction）と指摘している。

3　保健サービスへの関心

■「保険」から「保健」へ

　以上の文脈から、彼の研究上の第1の関心は保険システムをいかに効率的・合理的に機能させるかという点にあったと言えよう。

　その一方で、イギリスでは彼が LSE に着任する直前の1948年に国民保健サービス法（National Health Act）が成立し、医療費は原則として国家によってまかなわれることとなっていた。ではなぜティトマスの研究が LSE にとって必要であったのか。

■「福祉国家」への違和感と「医療費マネジメント」

　それは、ティトマスの、保険論を基盤とする「医療費マネジメント理論」が、膨大な医療費支出がすでに現実のものとなっていた状況下のイギリスで求められていたからだと考えられてならない。ティトマスは、「福祉国家」の推進論者と

受け取られることも少なくなかろうが、もともと彼は「福祉国家」という言葉を嫌っていた。それは、「福祉」という用語が、社会サービスを国家による最終的な保護・救済に限定してしまうことに対する違和感からであったという（Titmuss 1976：Introduction）。

しかしながら、彼は生活問題に対する政策的コミットメントを否定していたわけではもちろんない。医療費保障という政策を「マネージ」するための、いわば「落としどころ」を政策的に設定するための頭脳として、ティトマスは必要とされたのかもしれない。

4　ソーシャル・ポリシーの「3つのモデル」

ティトマスは *Social Policy: An Introduction*（1974）のなかで、ソーシャル・ポリシーの三つのモデルを提起した。

第1のモデルは、「ソーシャル・ポリシーの残余的福祉モデル」（The Residual Welfare Model of Social Policy）である。このモデルは、「個人のニーズは私的市場と家族という二つの『自然な』（または社会的に与えられた）チャンネルによって適切に満たされる」（Titmuss 1974：30）ことを前提としている。「このモデルの理論的基礎はイギリスの初期救貧法にさかのぼる」（Titmuss 1974：31）という記述にも明らかなように、ティトマスはこのモデルにしたがってソーシャル・ポリシーを実施することには批判的であった。

次いで、ティトマスが提起したのが、「ソーシャル・ポリシーの産業業績モデル」（The Industrial Achivement-Performance Model of Social Policy）である。このモデルは、「社会福祉の重要な役割を、経済の付属物として受け入れる」（Titmuss 1974：31）ものである。つまり、労働生産性の向上によって社会的ニーズが満たされるとするモデルである。「小間使いモデル」（Handmaiden Model）（Titmuss 1974：31）という表現にも表れているように、ティトマスはこのモデルに対しても批判的であった。

では、ティトマスが結論的に支持したのはどのようなものであったのか。それは、「ソーシャル・ポリシーの制度的再配分モデル」（The Institutional Redistribution Model of Social Policy）である。このモデルの提示においてティトマスは、社会福

祉を「社会に統合された主要な制度」(Titmuss 1974：31) とみなす。そして社会福祉は，社会には統合されるが「市場の外で，ニーズの原則に基づいて普遍的サービスを提供する」(Titmuss 1974：31)。端的に言うならば，再分配システムたるソーシャル・ポリシーを制度として社会に統合し，市場原理で満たされないニーズを国家が保障するというモデルである。イギリスの実際の制度ではNHSがこれに該当するであろう。

この制度的再分配モデルは，先行研究においてすでに指摘されているように，労働党の政策に近い（相澤 1993：159）。ティトマスは制度的再分配モデルを支持するという立場から労働党の政策を支持したとみられる。しかし実際にはイギリスのソーシャル・ポリシーにおいてもティトマス以後の保守党政権下，「自助努力」と「民間活力の導入」が強調されることとなり（相澤 1993：157），「ティトマス路線」は後退した。

5　日本への影響

■「ニーズ論」とそれへの批判

ティトマスは，ソーシャル・ポリシーの対象を「階級」ではなく「ニーズ」であると規定した理論家であると理解されることがある。確かに，社会サービス制度が全国民に拡大されることによって，ソーシャル・ポリシー全体は単なる貧困対策ではあり得なくなった。しかし彼は，ソーシャル・ポリシーの対象である社会問題の階級性を無視したわけでは決してない。初期の著作においては，たとえば乳幼児死亡に関して，鉱山労働者世帯のそれが中・上流階級の2倍以上であることを論証（Titmuss 1943：23）する等，ソーシャル・ポリシーが解決すべき社会問題の階級・階層性を強調している。

とはいえ，ティトマスが，ソーシャル・ポリシーをいかにニーズに適合させるかについての研究に力を注いだことも事実である。しかし，彼がニーズを重視したというのは，ソーシャル・ポリシーの政策的目標と結果との関係を分析することが重要であると考えた，という趣旨である。つまり，結果が目標と大きく食い違ったとき，それを「ニーズ不適合状態」と考えたのである。

したがって，日本で展開した「ニーズ論」が，社会福祉の対象から貧困問題を

削除し,「アメニティ」を含意した「社会的要求」なる曖昧模糊たるものを社会福祉の対象であるかのように論じたとすれば,その理論は「ティトマス理論」によっても批判されねばならない。

■「イギリス流ソーシャル・ポリシー論」とそれへの批判

「イギリス流ソーシャル・ポリシー論」とは,簡潔に言うならば,社会問題から労働問題を切り離し,羅列的に措定された「生活問題」に対してソーシャル・ポリシーが対応するという理論である。したがってこれは,労働問題を主たる対象課題であると考える「ドイツ流社会政策(Sozial Politik)論」とは大きく異なる(「社会政策」と日本語で言う場合,そのどちらを意味するのかが不明である。イギリスの'Social Policy'は「ソーシャル・ポリシー」と呼び表し,労働問題を主たる対象と考えるドイツ流社会政策と区別することが必要であろう)。

ティトマスは,保険の実務を研究の基礎とした人であったし,そのことも影響してか,機能論的にソーシャル・ポリシーを論じた人であった。マルクス経済学をソーシャル・ポリシー研究の基礎とした研究者と比較すると,本質論者的色彩はかなり薄い。この点に関しては,「戦後英国資本主義の構造と諸矛盾について,そしてその中での『社会政策』の可能性と限界についての科学的な理解と洞察力を欠き,ある種の改良主義的な幻想に陥っていた」(相澤 1993:159)との批判がある。

ティトマスが,社会問題から労働問題(資本主義社会の本質的課題)を明確にかつ完全に切り離していたかどうかは不明である。しかしいずれにしても,彼が大きく前進させた「イギリス流ソーシャル・ポリシー論」を,社会問題対策のすべてであるかのように無批判に導入することには,今日においても問題が多い。

おわりに

ティトマスの業績は,①社会の変化に伴って複雑化する社会問題から生じるニーズに対し,社会政策は,従来の労働問題対策の枠を超えて「社会的諸施策(ソーシャル・ポリシー)」として拡大することによって適合的でなければならない,②福祉国家のソーシャル・ポリシーが,生活の諸側面すべてにコミットするこ

とには慎重でなければならないが，同時に，市場原理と私的扶養でカバーできる範囲も限定的である。以上 2 点を，生活問題の階級・階層性の分析を基礎に明らかにした点で評価されるべきであろう。したがって，もし「ソーシャル・ポリシー論」をもとに「ニーズ論」が「私的責任論」へと展開するとすれば，それはティトマスの意図したところとも大きく食い違うであろう。

◆ **引用・参考文献**（さらに深く学ぶ人のために）
Titmuss, R. M., *Birth, Poverty and Wealth : A Study of Infant Mortality*, 1943.
Titmuss, R. M., (Edited by Brian Abel-Smith and Kay Titmuss), *Social Policy : An Introduction*, 1974.
Titmuss, R. M., (with a New Introduction by Brian Abel-Smith), *Essays on 'the Welfare State'* (Third Edition), 1976.
社会保障研究所編『福祉政策の基本問題』（東京大学出版会，1985）
相澤與一『社会保障「改革」と現代社会政策論』（八朔社，1993）
坂田周一『社会福祉政策 改訂版』（有斐閣，2007）
日本社会福祉学会編『福祉政策理論の検証と展望』（中央法規出版，2008）

［木村　敦］

II 社会福祉の時代

第25章 ウィリアム・シュワルツ
――相互援助の思想と実践

[William Schwartz] 1916年,ニューヨークで生まれる。ブルックリン大学（Brooklyn College）を卒業後,コミュニティセンターのディレクター等を歴任するとともに,コロンビア大学で修士号,博士号を取得する。オハイオ州立大学,イリノイ大学,コロンビア大学,フォーダム大学で教鞭をとる。代表作として,William Schwartz and Serapio R. Zalba (eds.), *The Practice of Group Work*, Columbia University Press, 1971（W. シュワルツ・S. R. ザルバ編,前田ケイ（監訳）・大利一雄・津金正司共訳『グループワークの実際』相川書房,1978年）がある。82年8月に死去。

　ウィリアム・シュワルツは,ソーシャル・グループワークにおける「相互作用モデル」を構築したことでよく知られている。しかしながら,シュワルツの功績は,ソーシャルワーク固有の機能として「媒介機能」を提唱することで,ソーシャルワークの統合化にも大きな影響を与え,1960年代以降のソーシャルワーク理論にも大きな足跡を残したことに見出すことができる。

　シュワルツの研究業績は,死後12年を経た1994年に,彼の著作集『ソーシャルワーク――ウィリアム・シュワルツの著作集』（Toby Berman-Rossi (ed.), *Social Work: The Collected Writings of William Schwartz*, F. E. Peacock Publishers, Inc., 1994）として発刊された。本書によると,シュワルツの著作は,未公刊の文献も含めて全部で40編であり,そのうちの27編がこの『著作集』に所収され,シュワルツ研究においても貴重な1冊となっている。

　シュワルツがソーシャルワーク理論の構築に際し,その根源にあったのが「相互援助の思想」といえるものである。以下,シュワルツの経歴を辿りつつ,この思想に導かれたシュワルツ理論を概観することにしよう。

Ⅱ 社会福祉の時代

1 シュワルツの経歴と「相互援助の思想」の形成

▍シュワルツの経歴

　シュワルツは，1916年にニューヨークで生まれ育った。39年にブルックリン大学（Brooklyn College）を卒業後，YMHAのコミュニティセンターのユースディレクターやユダヤ人のコミュニティセンターのディレクターをしていた。その後，いくつかの近隣センターでのディレクターも歴任した。また，夏期にはYMHA等のキャンププログラムのディレクターとしても活動した。

　その間の1945年から47年までコロンビア大学でソーシャルワークを学び，48年には修士号を取得している。この時期にソーシャルワークの各種団体に勤務し，そこでソーシャルワークやグループワークの実践を積み重ねるなかで，個人や社会における小集団の意義に気づき，後に独自の理論を導き出す源流はこのあたりにある。

　その後，オハイオ州立大学，イリノイ大学，コロンビア大学，フォーダム大学で研究と教育を担い，また，その間にコロンビア大学大学院の博士課程で学び，1961年には博士号を取得している。

▍「相互援助の思想」の形成

　シュワルツのソーシャルワーク論の根幹に位置し，彼が独自の理論を導き出す拠り所としたのは，「相互援助の思想」といえる考え方にある。この思想にこそ，シュワルツがソーシャルワーク論を展開する原点を見出すことができる。

　シュワルツ理論の形成過程からみると，1960年から63年の間が理論の骨格がほぼ完成する重要な時期といえる。それはイリノイ大学時代とコロンビア大学時代にまたがっていることが分かる。この時期に形づくられたものを60年代から70年代にかけてのコロンビア大学時代に具体的かつ精力的に展開したといえよう。

　シュワルツの論文を分析すると，社会学，社会心理学，実存思想，進歩主義教育，集団力学等から幅広く影響を受けていることが分かるが，相互援助の思想との関連では，ロシアのクロポトキン（Pyotr A. Kropotkin）からの影響を受けている。クロポトキンは，ダーウィンの進化論の中心概念である生存競争や適者生存

を否定し，相互援助（mutual aid）が人間を含めた動物界の発展に重要な役割を果たすものであることを主張した。これは，シュワルツに"Mutual Aid"という言葉だけでなく，相互援助という概念の形成過程にも大きな刺激を与えた。

　後述するように，シュワルツは理想的な個人と社会の関係は「共生的な相互依存関係」であると規定し，理想的なグループの状態を「相互援助システム」とした。これは，シュワルツ理論の根源ともいえるものであるが，その前提として，民主主義社会としてのあり様が大きくシュワルツの中にあった。19世紀後半以降の産業革命は多くの社会問題を生み出したが，そこでシュワルツは対立や競争でななく，相互援助や協力を強調した。「相互援助」（mutual aid）というテーマは，民主的なシステムそのものの原型としてシュワルツの奥底に息づくものであったのである。

2　「相互援助の思想」とグループワーク

▌援助の論理としての相互援助

　1960年代以降のグループワークにおける主要モデルの一つが，シュワルツによって構築された「相互作用（交互作用）モデル」（reciprocal model）である。これは「媒介モデル」（mediating model）や「相互作用者アプローチ」（interactionist approach）とも呼ばれ，グループワークのみならず，その後のソーシャルワーク全体に大きな影響を与えてきた。

　シュワルツの相互援助の考え方は，グループワークにおける「グループ」の捉え方に顕著である。シュワルツは，相互援助のグループに関して，グループは一つの相互援助の事業体であり，「お互いを必要としている人々の集まり」であるとした。重要なのは，これがワーカーだけでなくクライエントがお互いを必要とする援助システム（helping system）であるという事実である。これは援助の中心をワーカーとメンバー間の関係からメンバー同士の関係に移行させたことを意味している。さらに，メンバー同士の相互援助関係を「システム」として捉えたところに大きな特徴がある。

　グループワークにおける相互援助というのは，言ってみれば当たり前のことであり，シュワルツ独自の発想というわけではない。しかしながら，シュワルツ独

自の発想とは，この相互援助の概念やプロセスをグループワーク論の中心に据え，そこから固有の援助論を導き出しているところにある。シュワルツはそれまで曖昧であったグループにおける相互援助の概念を明確にし，それをソーシャルワークの援助の論理として活用したのである。

この相互援助という考え方は，個人と社会との「共生的な相互依存関係」にまで概念化され，そこから「媒介機能」が導き出されることになる。

■「共生的な相互依存関係」と媒介

シュワルツのグループワーク論の特徴の一つは，グループワークをソーシャルワークの一方法として明確に位置づけた点にもみられる。つまり，グループワークをソーシャルワークに含まれる一つの特殊なケースとみなし，まず共通基盤としてのソーシャルワークを明確にし，そこからグループワークの定義を導き出さなければならないと主張した。こうしたシュワルツの理論は，一元的統合論（unitary approach）の立場に立って，1960年頃からのソーシャルワークの統合化の推進に寄与することになった。

シュワルツは，ソーシャルワーク独自の機能の確立を目指して取り組み，ソーシャルワークにおける共通の仕事は，自己実現に向けた相互のニードを通して，個人と社会がお互いに手を差しのべる過程を媒介することであるとし，ソーシャルワークの専門的機能とは媒介機能（mediating function）であると明確にした。シュワルツは，個人と社会の関係を「共生的な相互依存関係」（symbiotic interdependence）とし，この仮説から媒介機能を導き出したのである。言うまでもなく，この仮説の背景には相互援助の思想が基底にあり，個人と社会の関係は本来的には相反する関係ではなく，共存関係にあるという仮説がシュワルツ独自の援助論を導き出す起点となっている。

3 媒介機能とソーシャルワーク理論としての展開

■固有の機能としての媒介機能の明確化

媒介機能は，ソーシャルワークの目的は「個人の治療」か「社会の変革」かという従来からのソーシャルワークの議論に一石を投じるものでもあった。シュワ

ルツは,「個人」か「社会」かという二者択一的な議論が非生産的であると指摘したうえで,「人びとを変革すること」や「システムを変革すること」を必要とされているのではなく,お互いに取り組んでいく仕方を変革することを求められているのであるとソーシャルワーカーのすべき仕事を明確にした。シュワルツが個人と社会(システム)の出くわすところにソーシャルワーク固有の視点を求め,そこに介入

図25-1 ソーシャルワークの媒介機能
(シュワルツ)

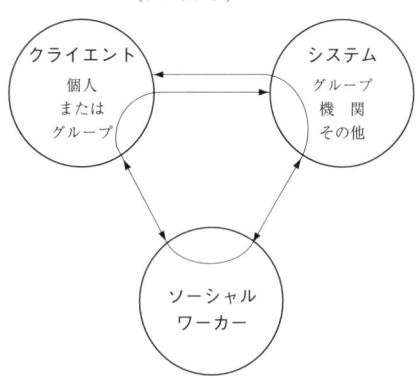

出所:引用・参考文献参照。

するワーカーの仕事を「媒介」として明示したことは画期的な示唆であった。この固有の視点の設定が,シュワルツがソーシャルワークの対象の拡大に貢献したと評価されるゆえんでもある。

　こうしたシュワルツによる媒介機能は,図25-1のようにクライエントとシステムを媒介するものとして図示される(トライアングルモデル)。ワーカーは二つのレベルの媒介者となる。一つはグループとそれを内包する機関とを媒介する外部的媒介であり,もう一つがメンバーとそれを内包するグループを媒介する内部的媒介である。つまり,システムである地域社会のサブシステムが機関であり,そのサブシステムがグループとして位置づけられる。それぞれのシステムがワーカーの媒介機能によって葛藤,協力,対決,交渉等の結合形態をとることになる。さらにシュワルツは,グループを対象とした内部的媒介については,ちょうど各自が全体の一部分となるように他者を活用し,グループのなかで自分の役割を明確かつ強化することによって,あるいはその共同体が活動している生産的全体に部分を統合するような組織と風土を発展させることによって交互作用を媒介することであると,交互作用の概念を用いて説明している。

■ 機能主義学派の流れをくむソーシャルワーク理論

　シュワルツによるソーシャルワーク理論の功績としては,伝統的な治療(医学)モデルに対するアンチテーゼとしての援助体系を打ち立てたことである。

シュワルツは，伝統的なケースワークにみられる社会調査—社会診断—社会治療という，いわゆる SDT モデルから脱却した援助論を構築した。グループワークにおいては，ヴィンター（R. D. Vinter）らによる治療モデルとは全く反対の立場をとることになる。この立場は，シュワルツの理論的継承者たちによって固く受け継がれている。

シュワルツのグループワーク論では，前もって援助目標を設定するのではなく，メンバーのグループにおける「いま，ここで」（here and now）の存在に焦点を当てることを強調する。こうした特徴は，援助プロセスに顕著に表される。シュワルツはグループへの取り組みを四つの段階に分けて説明する。その段階とは，「波長合わせ」（tuning-in）のための準備期，「契約」が中心課題となる開始期，先ほどの五つの課題の遂行が中心となる作業期，分離とサービスの終結に向かう終結期である。このなかでも，「波長合わせ」と「契約」の概念は特徴的である。

シュワルツは，準備段階において，クライエントからの合図を間違いなく受けとめるような準備を進める「波長合わせ」と呼ぶ一種の「予備的感情移入」を強調した。これはクライエントを診断的に捉え，その診断にもとづいてグループというシステムでの行動を予測することが極めて困難であるという，従来からの治療モデルとは対峙した見解によるものである。クライエントがどのような感情をもってグループに参加してくるのか，またそこでどのようなテーマが表面化するのかを前もって掘り起こしておくことは，それ以後の援助過程をスムーズに進めることになる。

また，開始期の中心課題として「契約」を明確化したことは，シュワルツの特徴的かつ重要な貢献といえる。ワーカーはこの段階で，クライエントがはっきりとした焦点を見出し，取り組みの諸条件を明確にすることができるように援助する。その過程で，機関，ワーカー，メンバーの目的と役割が一致し，特定化されるのである。

おわりに

1960年代以降，シュワルツのソーシャルワーク（グループワーク）理論は，ソーシャルワークの研究，実践，教育にわたって広大なインパクトを与えてきた。機

能主義学派の系譜に位置する理論として，目で見える具体的な形で概念化に成功したことは大きな意味をもつものである。診断主義学派に対抗するモデルが抽象的な理念レベルでは終わらず，モデルとして具現化されたことは，ソーシャルワークの本質や固有性を明確にするうえでも意義のあることといえる。また，シュワルツのモデルが，隣接諸領域からの借り物ではなく，個人と社会の基本原則及びソーシャルワーク固有の基盤に依拠して展開されていることもその意義として指摘できる。

シュワルツによる理論は，シュワルツ自身がグループワークの実践において，グループがもつ「助け合う力」を目の当たりにし，その力動をソーシャルワーク理論の枠組みのなかで理論化に向けて展開しようとしてきた。それは，個人と社会との関係をどう見るかという究極の論点に行き着き，その両者間の「共生的な相互依存関係」から導き出された媒介機能（トライアングルモデル）として結実する。

「相互援助の思想」という社会における人間存在の基本原理から援助の原理を導き出したところに，シュワルツのソーシャルワーク理論の強みがあるといえよう。

◆ 引用・参考文献（さらに深く学ぶ人のために）
シュワルツ，W.・ザルバ，S.R. 編／前田ケイ監訳，大利一雄・津金正司共訳『グループワークの実際』（相川書房，1978）
大利一雄・武田建『新しいグループワーク』（日本 YMCA 同盟出版部，1980）
リード，ケニス.E.／大利一雄訳『グループワークの歴史』（勁草書房，1992）
岩間伸之『ソーシャルワークにおける媒介実践論研究』（中央法規出版，2000）
William Schwartz, "Social Group work : The Interactionist Approach", *Encyclopedia of Social Work* (16th), NASW, 1971, p. 1259 (17th, 1977, p. 1334). William Schwartz, "Between Client and System : The Mediating Function", in Robert W. Roberts and Helen Northen (eds.), *Theories of Social Work with Groups*, Columbia University Press, 1976, p. 184.

［岩間伸之］

Ⅱ　社会福祉の時代

第26章　マーティン・ルーサー・キング・ジュニア
―― 公民権運動の指導者

[Martin Luther King Jr.] 1929年1月15日，ジョージア州アトランタに生まれる。55年，モントゴメリー・バス・ボイコットがきっかけでキング牧師は，ボイコット運動の主要なスポークスマンとしてリーダーシップを発揮。非暴力を手法に黒人の公民権運動を展開。世界的な評価を受け，64年にノーベル平和賞を最年少で受賞。しかし，68年，テネシー州で暗殺され，39歳の若さで死去。

　マーティン・ルーサー・キング・ジュニアは，1929年1月15日，アメリカジョージア州アトランタで牧師の父マイケル・キングと，母アルバータ・ウィリアムズ・キングとの間に長男として誕生した（姉と弟がいる）。その際，キングは父と同じ「マイケル」という名を授かるが，父親がその後，ドイツの神学者で宗教改革の指導者，マルティン・ルターの名前をとり，自らを「マーティン・ルーサー・キング」と名乗ったため，息子ジュニアも改名する。
　キングは生まれた時から愛情の溢れる信仰心の篤い両親のもと不自由なく育つが，貧困と人種差別が避けられない問題であることは幼少期から悟っていた。「人種的正義は経済的正義と表裏一体である」（King Jr. 1958：90）と訴えている。

1　天職の道へ

　学問上でも精神的にも早くから卓越していたキングは，9年生（中学校3年生）と11年生（高校2年生）で飛び級し，15歳の若さで高校を卒業した。モアハウス大学に入学後は社会学を専攻する。
　大学では，ベンジャミン・E. メイズ大学長と哲学・宗教を教えるジョージ・ケルシー教授の影響で精神的に大きく成長した。両者は，進歩的な社会変革に必要な潜在的な力として，キリスト教を用いることを奨励した恩師である。また，

第26章　マーティン・ルーサー・キング・ジュニア

その頃，作家・思想家であるヘンリー・ディヴィッド・ソローの書いた『市民的不服従』（Civil Disobedience）を手にし，そこから非暴力を通じて抗議や拒否の意思を示すことを学ぶ。

　モアハウス大学卒業後，キングは1948年から51年までペンシルベニア州のクローザー神学校に在学し，進歩的なキリスト教への理解を深めた。社会は悪の手から逃れることができないことを強調した現実派のプロテスタント神学者・牧師・政治学者のラインホルド・ニーバーが提唱する新正統主義に大きな影響を受けた。さらに，マハトマ・ガンジーの人生や教えについても学び，イギリス支配に対してガンジーが貫いた非暴力運動に強い感銘を受ける。55年，25歳の時に体系的神学で博士号を取得する。

　ニューイングランド音楽院に在学中のコレッタ・スコットと出会い，1953年に結婚。その後，4人の子どもをもうけた。54年，アラバマ州モントゴメリーにあるデクスター街バプテスト教会からの招聘に応じる。ボストン近郊の教会で説教の経験を積み，休暇中には実家のエベニーザー教会で父の手伝いをしたこともあり，この頃から神学的な洞察に富んだ説教に磨きがかけられ，際立った能力を持つ若き説教師として注目されるようになる。

2　モントゴメリー・バス・ボイコット

　19世紀末にアメリカの南部諸州で制定されたジム・クロウ法は，公民権法の成立によって20世紀半ばに人種差別制度が完全に撤廃されるまで存続した。この州法は，交通機関や公共施設での人種隔離を認めるだけでなく，黒人の参政権を実質的には否定するものであった。憲法修正14条で「肌の色」による市民権差別は禁止されていたが，こうした状況の中，1955年12月1日，仕事帰りの42歳の黒人女性ローザ・パークスは，バスの運転手から席を白人乗客に譲るように要求される。しかし，彼女が座ったまま拒否したため，モントゴメリー市条例違反で逮捕される。この逮捕に抗議するため，地元の全国黒人地位向上協会（National Association for the Advancement of Colored People）代表であったE. D. ニクソンやジョアン・ロビンソン，そしてラルフ・アバナシーなど，モントゴメリーの黒人指導者たちがモントゴメリー改善協会（Montgomery Improvement Association）を結成し

Ⅱ　社会福祉の時代

た。そして，その先頭に立つ人物として，教養があり，広いネットワークを持つ若いキングが選ばれたのである。

　長距離を徒歩で通勤することになったが，黒人社会全体が一丸となってモントゴメリー・バス・ボイコットを381日間続けた。キングは，ボイコット運動の主要なスポークスマンとして，自らが積んだ宗教・学術的訓練を利用してリーダーシップを発揮し，黒人教会を総動員し，その巧みな話術により白人からも支持を得た。結果，1956年後半にブラウダー対ゲイル裁判で，アラバマ州のバスの隔離政策を禁止する最高裁判所判決が出た。

3　公民権法制定までの道のり

　急速な高まりを見せた公民権運動が新たな指導者や南部地域全体の活動調整役を必要とするようになったため，1957年，南部キリスト教指導者会議（Southern Christian Leadership Conference：SCLC）が設立され，キングが会長に選ばれた。彼は非暴力の南部公民権運動を拡大すべくSCLC会長となり，暗殺される1968年まで，アメリカ公民権運動に尽力する最も重要な指導者として注目を集めていった。

　1963年，キングは「アメリカで最も隔離された都市」として知られていたアラバマ州バーミングハムを中心に非暴力運動を起こす。彼は地元の黒人有識者とのミーティングを10回ほど開き，運動のために投獄されてもかまわない人々を200人選び，非暴力のアプローチを皆に伝授した。運動が始まると，市内を穏やかにパレードする黒人たちが連日のように警察により投獄された。黒人の若者たちが警察犬や消防用高圧ホースに襲われる映像がテレビで放映され，ブル・コナー警察部長やバーミングハム警察の残忍性が明らかにされた。

　バーミングハムでの運動で3,300人以上の黒人とともに刑務所に収監されていたキングは，1963年4月16日，刑務官の目を盗んで歯磨き粉に隠し入れた「バーミングハム刑務所からの手紙」（Letter from Birmingham Jail）を世に送り出した。これは，アメリカの宗教指導者に向けて書かれたキングの哲学と戦術のマニフェストである。こうして，「不正な法は，法ではない」などのキングの言葉に刺激を受けた指導者たちは非暴力革命を拡大していった。

第26章　マーティン・ルーサー・キング・ジュニア

大群衆を前に演説するマーティン・ルーサー・キング・ジュニア（1957年5月17日）

　キングの公簡に影響され，同年にワシントン DC のナショナルモールで開かれた「ワシントン大行進」(March on Washington) には25万人以上の参加者が集まった。この行進に際し，キングは「私には夢がある」(I Have a Dream) で有名なスピーチを行い，社会変革のリーダーとして地位を固める。その公民権運動の指導力は全米に影響を及ぼし，キングは64年の『タイム』誌で「今年の人」(Man of the Year) に選ばれた。

　ワシントン大行進が成功したこともあり，アメリカ議会は国内の人種差別を完全撤廃する画期的な公民権法を1964年に可決した。法律は，公共施設，教育領域や交通機関，その他の多数の場所で人種による差別を行うことを違法とした。翌年の65年，議会は選挙権を剥奪されていた黒人の投票への障壁撤廃を制定した投票権法も成立させる。

4　非暴力を礎に

　キングの公民権運動の特徴は徹底した「非暴力主義」である。キングの非暴力

アプローチでは，非暴力の教えとキリスト教の社会的福音の手法が強固に組み合わせられている。バヤール・ラスティンなどのベテランの平和主義者をはじめ，インド独立の父であるマハトマ・ガンジーの非暴力に啓蒙された結果である。

また，キングは，労働組合，平和団体，アメリカ南部の改革団体，宗教団体などの多種の組織から非暴力主義への支持をとりつける才能もあった。1956年にはすでに，全米自動車労働組合（United Auto Workers）を含む労働組合やホーマー・ジャックなどの平和運動家がモントゴメリー改善協会の運動に参加した。全国バプテスト教会連盟との強固な関係を通じて，全国の教会からの支援も受け，キングのアドバイザーだったスタンリー・レヴィソンはユダヤ団体からの幅広い支援も得た。

キングは，様々な著書で非暴力主義について言及している。たとえば，モントゴメリー・バス・ボイコットに触れた自叙伝『自由への大いなる歩み』（*Stride Toward Freedom*, 1958）では，ボイコットの発端となった出来事やその意義を説明し，住民や市民団体がどのような役割を担い，運動を組織・維持していったかについて述べている。また，非暴力主義の六つの原則については以下のように記している。

(1)非暴力的抵抗は臆病な者がとる方法ではない。一見，受動的に見えるが，実際には能動的な精神的強さがなければ行えない手法である。(2)相手を欺いたり，倒したりするのではなく，相手から友情・理解を得ることを目的とする。(3)悪を行う体制に抗するのであり，悪を行う個人を攻撃するのではない。(4)報復せずに苦痛を受け入れる心構えを持つ。(5)身体的な暴力だけでなく，内面的な暴力も行わない。(6)正義のために戦う時，全宇宙が味方をしてくれる。

ここでキングは，非暴力アプローチがキリスト教の本質であると指導者たちが主張し，それを黒人コミュニティが信じたことが，アプローチの受容に大きくつながったと説明している。

1959年には，ガンジーの見解への理解を深めるため，キングは妻のコレッタや活動家とともに，インドに約1カ月滞在した。ジャワハルラール・ネルー首相などインドの指導者やガンジーの家族と会い，非暴力抵抗は，自由のために闘う抑圧された人々にとって潜在的な力を持った，極めて積極的な抵抗方法だと再確認する。

5　非暴力運動を世界に

　キングの活躍は世界に発信され，称賛される。そして，1964年，35歳という若さでノーベル平和賞を最年少受賞する。

　受賞後，1965年から68年の間，キングは経済的正義に焦点を絞るとともに，ベトナム戦争への強い反戦メッセージを打ち出すイリノイ州シカゴでの集会に参加するなど，「国際平和」を唱える運動にも大きな影響を与えた。

　人種隔離と植民地主義の問題に対するキングの認識は，海外，特にアフリカで抑圧と戦うグループとの連携をもたらした。1957年3月，キングはクワメ・エンクルマの招待でガーナを訪れ，独立記念式典に参加。帰国後はすぐに，アフリカ諸国の問題を扱う合衆国委員会の代表も務め，南アフリカのアパルトヘイト政権に対して抗議の意を示すため，国際スポンサー委員会副会長として「一日抗議」も主催した。

　これらの運動は後の「貧民大キャンペーン」に繋がる。当時，ベトナム戦争に並ぶ大きな問題として貧困の問題が深刻であったが，経済改革を推進するためにアメリカ多民族連合を結成しようと広範囲からの支援・資金集めを開始した。

　こうして，キングの活動は絶頂期を迎えていたのだが，1968年4月4日，「貧民大キャンペーン」のためテネシー州メンフィス入りしていたキングは，夕刻，休養をとっていたロレーヌ・モーテルの部屋の前で友人たちを待っていた時に，銃で撃たれ，30分後に亡くなる。10年半の社会的なリーダーシップは突然の悲劇で失われたのである。

おわりに

　キングが情熱を注いだ非暴力運動がアメリカ南部のジム・クロウ法の撤廃，1964年の公民権法制定，65年の投票権法の制定につながったことは言うまでもない。これらの法律制定を確実にした手法が非暴力アプローチを用いた運動であることは，暴力が常套手段として蔓延する世の中では特に注目すべき事柄と言えるだろう。

Ⅱ　社会福祉の時代

　キングによる功績は次世代に引き継がれており，黒人だけではなく，他の人種・民族マイノリティの人々や，女性，同性愛者の抱える問題，そして海外の人権問題（アフリカのアパルトヘイト等）にまで影響を与えた。また，1963年の演説「私には夢がある」の中で彼が説いたように，社会正義は経済的正義（就労）がなくては完全に成立しない。キングの残した教えは，失業，人身売買，貧困など幅広い社会問題にも影響を及ぼし続けている。

　キングが暗殺された18年後，レーガン大統領政権下で1月の第3月曜日が「マーティン・ルーサー・キング・ジュニア・デイ」と制定され，現在では毎年この日に彼の功績が讃えられている。

◆ 引用・参考文献（さらに深く学ぶ人のために）

King Jr., M. L., *Stride Toward Freedom: The Montgomery Story*, Harper & Row Publishers, 1958.

King, C. S., *My Life with Martin Luther King, Jr.*, Henry Holt and Company, 1993, revised ed.

辻内鏡人・中條献『キング牧師――人種の平等と人間愛を求めて』（岩波ジュニア新書，1993）

ラパポート，ドリーン（文），ユリアー，ブライアン（絵）／もりうちすみこ訳『キング牧師の力強い言葉――マーテイン・ルーサー・キングの生涯』（国土社，2002）

The King Center Imaging Project（2011）．The King Center（http://www.thekingcenter.org/archive/about-the-archive, 2013年3月20日アクセス）

[陳　礼美]

■□ コラム7 □■

JFK の時代，アメリカの夢そして正義

　1945年4月，いわゆるニューディール期を含む12年間にわたってアメリカ大統領として君臨した F. D. ルーズベルトが死去した。4選直後であったが，トルーマンが副大統領から昇格したため，結局20年間の民主党政権が続いた。そして1953年にはアイゼンハワーが共和党から大統領となるが，この政権期に公民権運動が激化した。1960年の大統領選挙は，JFK（ジョン・F・ケネディ）と現職副大統領のニクソンの対決で，JFK が勝利しカソリック教徒として初の大統領となった。しかしその任期は，暗殺までの1,000日余りであった。

　JFK の父ジョセフは，アイルランド系のカソリック教徒であったため WASP による差別を受けた。だが実業家として成功し，ルーズベルトに対して相当の資金的援助をした。その報いは駐英アメリカ大使という名誉的なポストであり，実質的な閣僚の地位ではなかった。そんなジョセフの夢は，ケネディ家から大統領を誕生させることであったが，第二次世界大戦で長男のジョセフ・ジュニアは戦死していた。そのため，夢は次男の JFK に託された。彼も海軍士官として従軍し，生還した英雄として下院議員に当選し3期務めた後，上院議員となった。この間，公民権法案は重要なテーマであったが，基本的に法案支持の姿勢であった。大統領選中には，公民権運動の指導者マーチン・ルーサー・キング・ジュニア牧師の逮捕・拘留を受けて，影響力を行使し，釈放させた。南部保守層の票を失う覚悟であった。しかし，結果的には当選した。

　ケネディ家には，秘密があった。ジョセフの長女であったローズマリーに知的障害があるとされた事実が隠されていたのだ。その「障害」は，彼女が成人する頃まで大きな問題にならなかった。しかし，ロボトミー手術の失敗も重なり，終生介護を必要とする状態になった。一方ジョセフは，長男の戦死を受けて，彼を記念する財団を設立した。その運営は三女のユーニスに任せたが，知的障害の原因究明を主目的にするよう要請していた。JFK は，大統領就任直後に「大統領知的障害問題委員会」を発足させた。ユーニスも委員に加わっていた。そして，彼女の勧めによってローズマリーの「障害」は公表され，社会的反響を呼んだ。大統領委員会が答申した知的障害者のための95項目の要望は，70％が法律化されたといわれているが，その影響もあっただろう。

　JFK には，出身地や宗教による差別を感じ，家族に知的障害者がいるという秘密があった。だが彼の政策には，その現実を乗り越え，理想を目指す夢があり，正義があった。公民権法は，JFK 暗殺によって暴力で正義が否定される恐れから，恩讐を乗り越える形で成立したといえよう。そしてユーニスは，知的障害者のためのスペシャル・オリンピックスを創始し，世界に普及させた。私たちは JFK の生きた時代にアメリカが抱いた夢，そして正義から何を学び，実現すべきだろうか。

[小笠原慶彰]

II 社会福祉の時代

第27章 ホイットニー・ヤング
―― 公民権運動とソーシャル・アクションの指導者

[Whitney Moor Young, Jr.] 1921年，アメリカ・ケンタッキー州にて誕生。61年から全国都市同盟事務局長を務め，キング牧師らと公民権運動を推進する一方，専門社会事業界の人種問題解決に取り組んだ。64年に主著 *"To Be Equal"* を刊行し，ジョンソン大統領の「貧困戦争」政策のアドバイザーや全米ソーシャルワーカー協会会長を歴任した。71年，ナイジェリアで海水浴中に溺死（享年50歳）。

　アメリカにおける貧困問題は，人種問題と深く関わっている。人種隔離制度による就学・就業・居住地などの制限によって，黒人たちの生活が，貧困階層に留められ，南部ではリンチ，北部では人種暴動によって，この不平等な社会構造は強化・維持されてきた。これに対して全国黒人向上協会（NAACP）を中心とした公民権運動が進められ，1954年の最高裁判決をもって人種統合が開始されることとなった。しかし実際に公民権が認められ，黒人の生活向上政策が実行に移され始めたのは，60年代半ば以後である。この時期にメディアを駆使したソーシャル・アクションを展開し，改革に大きな影響を与えたのが黒人社会サービス機関である全国都市同盟（NUL）の事務局長を務めたホイットニー・ヤングである。この章では，マイノリティ社会事業の旗手として活躍したヤングの歩みと実践活動をみていくことにする。

1　黒人の生活向上のために

■ 社会事業界に入るまで

　ホイットニー・ヤングは，1921年7月31日，リンカーン学院（黒人のための高等学校）の教師（後に校長）の家に生まれた。当時の南部の黒人家庭としては恵まれた環境で育ち，州立産業大学を修了後，数学教師を経て陸軍に入隊，機械・通信業務に従事した。44年にマーガレットと結婚。46年除隊後，ミネソタ大学で社会

事業修士（MSW）を取得した。彼が社会事業に転向したのは，戦時中に黒人兵のまとめ役として上官と頻繁に交渉した経験があったからである。

▌社会事業界に希望を見出す

　黒人の実質的利益を切望したヤングは，社会事業学校入学当初から都市同盟に興味を持ち，1947年にセントポール都市同盟に就職した。ここで，都市同盟について解説しておく。都市同盟は，11年，白人社会事業家ルース・ボールドウィン（R. Baldwin）や黒人社会事業家ジョージ・ヘインズ（G. E. Haynes）などによって，ニューヨークの黒人を支援する三つの民間団体を統合して設立された。この団体の主な活動は，黒人向けの社会事業サービス提供と黒人の生活向上のためのソーシャル・アクションである。具体的には，①職業紹介，女性保護，児童福祉サービス，公衆衛生などのサービス提供，②黒人の生活実態調査の実施，③消費者運動，住宅改良運動，公民権運動などのソーシャル・アクションであった。また，黒人ソーシャルワーカー養成にも，奨学金や実習機関を提供することを通して積極的に協力してきた。ヤングが就職した頃，大都市には，必ずと言ってよいほど都市同盟が設立されていた。

　1954年，アトランタ大学学長クレメント（R. Clement）から請われ，彼は，同大学社会事業学校の校長として赴任した。ここで彼は，改めて南部の黒人が置かれた状況を認識する。彼は，社会事業学校の運営改善に取り組む一方，南部の黒人指導者や公民権活動家たちとの交流を深め，黒人の生活向上のための運動を進めていった。

2　NUL 事務局長として

▌公民権運動の旗手として

　ヤングが，NUL 事務局長グレンジャー（L. Granger）の後継者となったとき，世はまさに公民権運動の頂点にさしかかろうとしていた。グレンジャーの専門社会事業界での活躍はよく知られていたが，社会福祉サービスを提供することに主眼を置いてきた NUL は，黒人団体の中で保守的団体と見なされていた。

　無論，ヤングを推挙した理事会の意図は，NUL を，より「黒人のための」運

現在のアトランタの黒人街（オーバーン街）

動体に変化させていくことにあった。その期待通り，彼は公民権運動との共闘を目指した。こうした努力により，1961～68年までの8年間に，NUL の会員数は増加し，各都市同盟の数は，63から98に増加，NUL 職員数は，300人から1,200人に増加した。そして，財政収支は10倍に増加した。

　NUL は，他の草の根公民権団体のように，組織を挙げてバスボイコットやランチカウンターの座り込みなどの直接抗議行動を実施することはなかった。しかしその財政力は，公民権運動に大きな貢献をした。1963年にキング牧師らの公民権運動6団体が中心となって組織したワシントン大行進も，NUL の財政支援なしには成功しなかったであろう。

■ 黒人雇用の拡大と政治的影響力

　ヤングは，NUL 活動の焦点を「黒人雇用の拡大」に置いていた。そのため，大企業の黒人雇用方針や，工場や事務所における人種統合のやり方についてアドバイスを求められればどこへでも積極的に出向き，企業の重役たちの会議やパーティーで講演を行った。「統合主義」，すなわち大企業を敵に回さず，その内部に雇用される黒人の数を増やしていくことが彼の方針であり，実際にそれによって国内の大企業における黒人雇用数は大幅に拡大した。しかし一方で，ヤングは社会変革を求める草の根黒人団体から「白人に迎合する黒人」としての批判も受けた。

　雇用の拡大は，NUL の政治的影響力に直結した。都市黒人を束ねる NUL の頂点に立つヤングは，ケネディ（J. F. Kennedy），ジョンソン（L. Johnson），ニクソン（R. Nixon）の3代にわたる大統領の相談役に任命された。彼は，その立場を利用して，奴隷制及びそれ以後の黒人に対する社会経済的剥奪に対する補償を求めていった。これが後に，連邦政府の政策として採用され，教育や雇用における人種差別の禁止や，黒人の優先採用というアファーマティブ・アクションに発展していった。

3 *To Be Equal* をめぐって

■ *To Be Equal* の出版

　1964年，ヤングはその主著 *To Be Equal* を出版した。この中でヤングは，「国内マーシャル・プラン」の必要性を力説する。マーシャル・プランとは，第二次世界大戦後，ヨーロッパの早期復興のためにアメリカ政府が無償贈与を中心に100億ドルを超える援助を供与した復興計画を指す。これによってアメリカは西欧諸国の協力による安全保障とアメリカ企業の巨大市場を得た。ヤングは，その前例に基づき，人種統合を平和的に進め，かつアメリカ社会に経済的利益をも生み出す方法として，黒人に対する財政投資を積極的に行うよう，連邦政府に働きかけた。

■ その内容

　本書でヤングは，黒人の状況を，数字を使い「事実」として説明する。就職，賃金，労働組合の組織率などが明らかに劣位であり，失業率や保護率が高いことを白人との比較で明確にする。さらに彼は，ソーシャルワーカーをはじめとする専門職が「現実を忌避してきた」ことを指摘し，長い間社会的・経済的に黒人が剥奪されてきたことをアメリカ社会が認めることを要求する。例えば，法律の未整備によって黒人が保護されてこなかったこと，職業訓練の機会が制限されてきたこと，学校教育の質が保障されてこなかったこと，黒人居住地区の住宅整備が行われてこなかったことによって，黒人が生活向上の機会を奪われてきたことなどである。その上で彼は，黒人大衆の生活回復のためには，政府がまず大量に財政投資を行い，それによって就労機会や住宅の確保を含めた「総合的な黒人の包摂」施策を実施すべきであると主張する。

　ヤングは，単なる法制度の条文として人種平等を入れるだけでは不十分であり，それまで差別されてきた黒人に利益をもたらす政策が意図的に展開されなければ，真の平等が実現しないということを強調する。そして喫緊の課題として取り組むべきこととして，10項目にわたる具体的提案をする。

　すなわち，①社会が黒人に不利な生活条件を歴史的に科してきたことを認め

ること，②黒人の才能を認め，伸ばしていくこと，③学校教育の質（設備，カリキュラム，教師）を白人と同等にすること，④資格や技能にあわせた採用，昇格を行うこと，⑤住宅を購入したり，家を借りたりする場合に制限を設けないこと，⑥黒人にも最良の保健福祉サービスを提供するため，黒人の生活環境を理解できるワーカーを配置すること，⑦有能な黒人を雇用，住宅，教育，保健，福祉関連機関の理事とし，運営に参加させること，⑧教育や技術訓練を黒人に対しても白人と同様に全過程を提供すること，⑨補助金や助成金のあり方を見直し，黒人団体や黒人を優遇する機関に積極的に提供するとともに，黒人の人権保障を監視する部門を創設すること，そしてその上で，⑩黒人自身もその責任を果たすべく熱心に努力し，地域の住民としての役割を遂行せねばならない，と結んでいる。

　ヤングは，多様な文化や異質な人を包摂して，同等の人として扱うことが，アメリカ民主主義の成熟した姿であり，安定した社会の姿であると語り，こうした黒人に対する意図的優位策の必要性を強調した。これは，やがてジョンソン大統領が推進した「貧困戦争」の理論的支柱となっていった。

4　ヤングのソーシャル・アクションとは

　ソーシャル・アクションとは，女性，同性愛者，マイノリティ・グループ，障害者など，社会的に不利な立場を強いられている人たちの生活向上のために，制度改革や社会変革を迫る運動を指す。社会事業家としてのヤングを評価するとき，社会変革の要求を精選し，それをメッセージとして発信する方法，交渉によって要求事項を実現する方法に注目する必要があるだろう。

　ヤングは，当時のアメリカ社会における激化する人種対決を緩和し，黒人の生活向上を実現するため，自らの役割を「交渉」と「調整」に置いていた。ヤングが連邦政府の要職に就任せず，NUL 事務局長の立場を貫いたのは，自由に動き回り発言できる立場を重視したからである。以下にヤングが用いたソーシャル・アクションの手法の特徴を解説する。

第27章　ホイットニー・ヤング

■ 専門社会事業界内部からの告発

1960年アトランティック・シティで開催された全米社会事業会議（The National Conference of Social Work）で，NULの事務局長予定者のヤングは，専門社会事業界の人種問題への取り組みの不十分さを批判して，以下のように述べた。

> これまでわれわれは，人種差別や人種隔離に焦点を当てた会議，セミナー，ワークショップ，講習会に，何年も続けて参加してきた。しかし，その間毎年，「集団同士の関係」とか「異文化関係」とか「兄弟関係」とか「人間関係」とか「包括的状況」といった，使い古された，曖昧で抽象的な言い方を繰り返しただけだと思える。なぜそのような表現が用いられたのか，と言えば，発表や議論の大半は，常にこの国の人種問題に重点が置かれているために，誰をも攻撃せず，誰とも喧嘩せず，そして極端な立場ではなく穏健派に見えるように，という気持ちが働いたからだと思う。このような状況が打破され，来る1961年までには，「人種隔離の不道徳性とその社会事業への影響」，とか「専門社会事業機関における人事とサービス提供における差別解消」というテーマでこの大会が開催されることを，私は楽しみにしている。

保守的かつ個別援助に偏りがちであった専門社会事業界に対して，ヤングは「同じ社会事業家」として改革を訴えた。アトランタ社会事業学校校長であったヤングは，「内部の人間」であり，内側からの改革を担う立場にあった。ヤングは，その後1967年に全米社会事業会議の会長，1969年には全米ソーシャルワーカー協会の会長となり，専門社会事業界の人種別支部の廃止や，人種別サービス提供を停止させていった。

■ 政治経済のトップとの会談

NULは，その発足以来，社会調査の結果をもとに黒人に対する政策改善を求めてきた。1960年12月，NULは詳細な報告書を発表し，黒人の社会経済的不利を解消する連邦政府の介入をケネディ大統領に求めた。しかし連邦政府が動いたのは，62年1月に民主党の仲介によってヤングがケネディ大統領と面会してからである。巨大な組織になればなるほど，官僚機構の途中で社会変革の動きは封じ込められやすい。したがってヤングが用いたのは，政権トップとの直接対談を行い，政策の必要性とそれによる政治的利益を理解させることであった。

ケネディより遥かに現実主義者であったジョンソンは，黒人を取りまとめる力

のあるヤングを重視した。ジョンソンは，ヤングを様々な審議会や委員会のメンバーに任用しただけでなく，ヤングとの直接コミュニケーションを重視した。機会均等委員会の活動，公民権法の施行，住宅改良事業など，ヤングと二人三脚で実現した政策も多い。

　1961年3月の大統領令10925号によって，人種差別撤廃方針を持つ会社でなければ連邦政府と契約できないことが定められると，経済界におけるヤングの価値は急速に高まった。電気通信事業，食品関係企業，雑誌社など，アメリカを代表する大企業のトップが，ヤングを経営セミナーや企業研修の講師に招聘した。

　ヤングが，経営のトップに受け入れられたのは，彼自身が優れた経営者であったためである。ヤングは，まずNULの人種統合を実施し，能力があれば白人をも雇用した。こうした経営者としての実務経験とそれに基づく彼の話，さらに対等な経営者としての彼の態度は，共感を得やすく，信頼された。ヤングはそれを利用して，黒人の雇用条件の改善策の提案や，採用数の増加を実現していった。

おわりに

　ヤングは，「武装した調整者」(militant mediator) と呼ばれていた。それは，NULが掴んだ事実をもとに人種差別の実態を直接糾弾する一方で，あくまでも体制内での改革を目指したからである。彼は，政治経済の中枢を握る人物たちと親しく交際し，彼らの「理解」を得ることにより黒人の雇用や住宅を確保した。

　また彼は，他の黒人団体や全米各地で始まった福祉権運動などの体制変革を求める団体とも対立関係を形成せず，むしろ彼らと協調しつつ都市ゲットーの問題への対処を図っていったのである。

◆ **引用・参考文献**（さらに深く学ぶ人のために）
Whitney M. Young, Jr.: *To Be Equal*, 1964.
Whitney M. Young, Jr.: *Beyond Racism*, 1969.
Nancy J. Weiss: *Whitney M. Young, Jr., and the Struggle for Civil Rights*, 1989.
Dennis C. Dickerson: *Militant Mediator*, 1998.

［西崎　緑］

II 社会福祉の時代

第28章　N. E. バンク - ミケルセン
―― ノーマライゼーションの父

[Niels Erik Bank-Mikkelsen] 1919年，デンマークに生まれる。コペンハーゲン大学在学中ナチスのデンマーク侵略に抗議，ナチスに対するレジスタンス運動に身を投じ，逮捕の末，強制収容所生活を体験。44年，大学卒業後にレジスタンス運動を再開。戦後はデンマーク社会省に入省し障害者福祉を担当。その過程でノーマライゼーション（normalization）の理念を提唱，それを自国の障がい者政策の基礎に据え，その実践に尽力，世界に向け理念の啓発に努めた。68年「ケネディ国際賞」を受賞。90年永眠。

　ノーマライゼーションは世界各国の福祉政策に多大な影響を与えた理念で，N. E. バンク - ミケルセンが提唱したものである。彼がナチスの強制収容所で強いられた生活とほぼ同様な粗末な施設での過酷な生活を強制される障がい者の存在を知ったことが契機となり，障がい者福祉の発展に献身するようになった。
　本章では，その理念を提唱するまで，そして，その実現に向けた取り組みや理念の意義などについてみていくこととする。

1　生 い 立 ち

　バンク - ミケルセンは1919年3月29日にユトランド半島北西部のスキャーンで生まれた。両親は信仰心が篤く，父親は紳士服商を営み，母親は教会で知的障がい児との交流をかかさなかった。41年に結婚，44年にコペンハーゲン大学法学部を卒業する。大学で学んだ法律がのちにノーマライゼーションの考え方を法制化する仕事に役立ったといわれる。
　1940年，ナチスのデンマーク侵略と同時に，バンク - ミケルセンは他の学生とともに最初に結成されたレジスタンス運動「団結デンマーク」（Dansk Samling）に身を投じ，新聞編集に従事するが，同じ年にナチスに逮捕され，投獄。さらにコペンハーゲン西刑務所，ついでドイツ国境近くの強制収容所で収容生活を余儀

なくされる。この収容所での体験は、彼に人間の生と死、そして人間の生活のこと、また平和と戦争のことを深く考えさせる契機となったといわれる。

1945年に釈放され、再び「団結デンマーク」に加わり、新聞編集に従事したあと、社会省に入り、知的障がい者福祉の仕事に就くが、仕事のかたわら知的障がい児が非人間的な扱いを受けていた実態を目の当たりにして心を痛めた。そこでは隔離と保護主義が支配的で、なかには1,500人を収容する施設があり、優生手術が無差別に行われるといった重大な人権侵害が横行していたからである。

大型で粗末な施設に大勢の知的障がい者が押し込められるように収容され、可酷で人間らしい生活とは程遠い非人間的な状況は、まさに彼自身が体験した強制収容所の生活とまったく変わらないことを実感させるものであった。それだけに「たとえ障がいがあっても、人間として平等であり、人間として尊厳ある生活を営む権利を持っており、可能な限り障害のない人と同じ生活条件のもとに置かれなければならない」というノーマライゼーションの理念を実現することは、非人間的な収容所生活を体験した彼にとっては切実な願いであった。

2 ノーマライゼーションの誕生と実践・普及

1951年に知的障がい児親の会が結成されたとき、親たちが掲げたスローガンに共鳴する。そのスローガンとは、①入所者を20～30名の小規模な施設に改めること、②そのような小規模施設を親や親戚が生活する地域につくること、③他の子どもと同じように教育を受ける機会をもたせること、というものであった。彼は社会省の役人でありながら、そのスローガンを法律として実現するために文章化に取り組む過程で、親たちの願いを象徴的に表現する言葉として最終的に採用したのが *Normaliserling*（ノーマリゼーリング：ノーマライゼーション）という言葉であった。

1953年、知的障がい児親の会の要望は、社会省に「知的障がい者福祉政策委員会」が設置されることで結実し、バンク－ミケルセンは委員長に就任する。58年、「知的障害があってもその人はかけがえのない人格をもっているのであり、障がいのない人と同じように生活する権利をもつ」という理念を盛り込んだ報告書がまとめられ、それが59年、「知的障がい者福祉法」として成立した。この法律は

世界で最初にノーマライゼーションの理念を盛り込んだだけでなく，条文の中に「知的障がい者の生活条件を可能な限りノーマルな生活条件に近づける」という内容を明文化しているという点でも画期的なものであった。

知的障害者施設を訪れた時（社会福祉局長のとき）

1970年から12年間，社会省の社会福祉局長を務めるが，その間，福祉行政委員長を歴任し，83年に退官するまでの37年間，障がい者福祉の発展に献身する。彼の長年の努力によってデンマークの知的障がい者福祉が世界的に高く評価されるに至ったことはいうまでもない。国際的にも数々の知的障がい者福祉の国際会議の開催に尽力し，会議を指導するとともに，WHOのアドバイザーとして36カ国を訪問，各国の知的障がい者の処遇実態を視察，改善のための提言や助言を惜しまなかった。

ノーマライゼーションの理念を世界に広げる国際的な働きはそれぞれの国の政策に反映され，1968年に知的障がい者福祉の分野で優れた業績を上げた研究者，団体に贈られる「ケネディ国際賞」を受賞する。

1985年に来日し，山形，東京，京都などで講演する。各地の施設を視察した印象として，大型化した施設は障がい者にとって適切でないばかりか，むしろ悲惨であり改善を要すると忠告し，関係者の不屈の努力を期待した。

1990年9月20日にがんのため自宅で71歳で死去するが，彼の葬儀のあと，「ノーマライゼーションの育ての父」と称されるスウェーデンのベンクト・ニーリエ（B. Nirje 1924〜2006）は，バンク-ミケルセンについて「弱い立場の人の利を守る守護者であり，我々の同志であり，ヒューマニズムに深く根を下ろす精神と思想を実現するためには，法律や規則を破ることを辞さない行政官であり，自分の組織に属しているとはいえども戦いを挑む信念と行動の人であった」と述べその死を惜しんだ（花村 1994：234）。

3　ノーマライゼーションの意味

　ノーマライゼーションは現在，障がい者福祉のみならず高齢者福祉など広範囲な福祉政策において世界的に広く採用されている基本的な理念である。ノーマライゼーションという用語そのものは1946年にスウェーデン社会庁の障がい者雇用検討委員会報告書のなかで使用され，検討がなされたようであるが（河東田 2009：23-24），ノーマライゼーションの理念の実践はデンマークが世界の先駆けとなった。
　バンク‐ミケルセンはノーマライゼーションの理念の根幹となる思想について，それは全人類の平等であり，たとえその人の障がいがどんなに重いものであっても，他の人とまったく平等であり，法的にも同等の権利を持つということを強調した。そのうえで，「量的に平均だから普通（normal）なのではない，また障がいがあるからといって，少しもその人が異常（abnormal）なのではない。だから人は障がいのゆえに差別されることがあってはならない。たとえ身体的に，また知的に障がいがあったとしても，一人の人間であり，障がいのない人と同等であり，一般市民と同じ条件のもとで生活する権利がある。ノーマライゼーションの目標は，障がいのある人をノーマルにすることではなく，彼らの生活条件をノーマルにすることである」と訴えた（Hanamura 1998：49-50）。
　そもそも社会に障がいのある人が一定の割合で存在するのはごく自然（normal）な状態なのである。しかも人間としてまったく平等であり同等の権利を保障されている。それゆえ障がいがあるからといって彼らを排除したり，隔離するようなことこそ異常（abnormal）であるといわねばならない。
　ノーマライゼーションは，障がいのある人をもたない人と同じ（平等）人として受け入れ，その人の生活条件を可能な限り普通の生活条件と同じとなるよう努力するという考え方である。では，普通の生活条件とはどのようなものか。バンク‐ミケルセンによれば，現在その国の普通の市民が文化的，宗教的，社会的枠組みのなかで暮らしている生活条件，あるいはその枠組みのなかで目標とされている生活条件であるという（Hanamura 1998：156）。
　要するにノーマライゼーションとは，障がいのある人たちが，可能な限りその国の，あるいはその地域のごく普通の市民と同じ条件のもとで生活できるように

することである。そのように生活することが当たり前（normal）であるような社会を実現することは社会全体の義務であり、この点でいうなら、ノーマライゼーションは社会の変革を迫るものである（野村 2010：216）。バンク‐ミケルセンは、ノーマライゼーションは障がいのある人がどんな重い障がいであっても、一般市民と同様の普通の生活を送る権利をできる限り保障するという目標を表現したものだという。それゆえノーマライゼーションは、障がいのある人が一般の市民が持っている様々な権利、たとえば教育を受ける権利、働く権利、余暇活動に参加する権利、社会生活に参加する権利、投票する権利、移動の権利、隔離されることなく自由な市民である権利、異性と一緒に住む権利、性生活を営む権利、結婚し子どもを持つ権利、ニーズに応じて福祉サービスを受ける権利など、人間であるならば当然に享受すべき権利を保障することを意味している。それゆえノーマライゼーションは、人間を人間にすることであり、「ノーライゼーションはヒューマニゼーションである」といっても過言ではない（花村 1994：164）。

4　ノーマライゼーションの理念の発展と日本への貢献

　ノーマライゼーションの考え方は、先ほど紹介したニーリエが、普通の生活を測る物差しとして「八つの原理」を明らかにし、それを英文にしたことから各国に広がった。「八つの原理」とは、①１日の普通のリズム、②１週間のノーマルなリズム、③１年間のノーマルなリズム、④ライフサイクルにおけるノーマルな発達経験、⑤ノーマルな個人の尊厳と自己決定権、⑥その文化におけるノーマルな性的関係、⑦その文化におけるノーマルな経済水準とそれを得る権利、⑧その地域におけるノーマルな環境形態と水準、とされている。

　ニーリエは知的障がい者団体の事務局長や政府の障がい者専門委員会の委員などを務めた後、ウプサラ大学ハンディキャップ研究所顧問に就任するが、彼の著書『ノーマライゼーションの原理』（1969）は世界的に大きな影響を与えた。

　ノーマライゼーションという用語は1971年に国連総会で採択された「知的障害者権利宣言」のなかで公式に採用され、その理念を知的障がい者の権利保護の共通の基礎あるいは指針として反映するよう加盟各国に要請している。また、アメリカ政府の「知的障がい者に関する大統領委員会」が刊行する文書の中に、北欧

諸国で実践されているノーマライゼーションの理念が紹介されている。しかし，ノーマライゼーションの理念が世界的な規模で影響を与えたのは，1981年の「国際障害者年——完全参加と平等」の制定であろう。これは国連が障がいのある人々の問題を世界的な規模で取り上げ，啓蒙活動を行う世界最初の共同行動であった。「国際障害者年」では，①障がい者の社会への適合の援助，②就労機会の保障，③障がい者の社会参加権周知のための情報提供などが盛り込まれた。

日本にノーマライゼーションという言葉が紹介され，多くの人々の共感を得るようになったのは1970年代に入ってからであるが，「国際障害者年」の制定がきっかけとなって広く知られるとともに，「国際障害者年」が強力な後押しとなって，日本の障がい者福祉政策が大きく動き出し，ノーマライゼーションが政策理念の柱となった。「障害者基本法」改正 (1993)，「障害者のすみよいまちづくり推進事業」(1986)，「障害者プラン——ノーマライゼーション7か年戦略」(1995)，「障害者基本計画」(2002) 等にそれがうかがえる。

日本のボランティア活動において，ノーマライゼーションの考え方が多くの人々の共感を得るにしたがって，一部の人々の活動からあらゆる層へ広がったことも注目される。活動内容も従来の福祉，医療，教育といった特定の分野だけではなく，まちづくり，環境や自然保護，災害，国際協力など広範囲に及んでいる。ノーマライゼーションの理念が，ボランティア活動の普及・定着のみならず，活動理念の一つである「共に生きる」を基礎にした社会連帯の重要性と必要性を社会に知らしめた意義は大きい。特に1995 (平成7) 年1月17日の阪神淡路大震災や2011 (平成23) 年3月11日の東日本大震災に，全国各地や諸外国から多くのボランティアが被災地に駆けつけ，「共に生きる」，「絆」が活動理念となったことはそれを物語っている。

5　社会福祉実践思想への貢献

その一つはバリアフリーという実践理念の理論的な根拠を与えている点であろう。障がい者の社会参加を阻む様々なバリア（壁，障壁）を除去ないし軽減する取り組み（バリアフリー）は，とりもなおさずノーマライゼーションの実現に不可欠な実践である。例えば，駅などの公共施設におけるエレベーターやエスカレーターの設置にみられる物理的なバリアの除去，視覚障がい者に対するIT機

器などの発達による情報バリアの軽減，障がい者が特定の資格を取得しようとする場合に，その障がいを理由として取得資格の機会を剥奪される，いわゆる「欠格条項」の撤廃の動きなどである。そして障がい者などに対する社会に潜む無知・偏見である「心のバリア」の根絶は社会全体に課せられた責務である。このような様々なバリアの根絶をはかることによって，障がい者が社会参加の意欲を高め，持てる能力を発揮し，人間としての尊厳の回復と自己実現を可能にする。

さらにノーマライゼーションの理念は，近年の障がい児教育におけるインテグレーションの考え方，社会福祉援助の理念となっているメインストリーム，ソーシャル・インクルージョン，障がい者の地域生活支援，アメリカで展開されている障がい者の自立生活運動などの実践理念の理論的根拠を与えている。

おわりに

バンク-ミケルセンはノーマライゼーションの考え方をデンマークの障がい者福祉の基礎に据えるとともに，社会福祉の実践理念として世界に広げることに不滅の功績を遺したが，ノーマライゼーションの理念は普遍的な社会福祉実践思想として確立している。その思想的影響はたんに社会福祉の分野にとどまらず，市民社会を構成するすべての人々の相互依存関係のありようや，社会全体のあり方を方向づける社会思想としての先導的な役割を果たすに至っている。人間が尊厳を保持し，人権が確立され，自由と自己実現を保障されるような社会の中で生きることが権利とされる社会を実現するためには，ノーマライゼーションは人類の普遍的価値として意義づけられることであろう。

◆ 引用・参考文献 （さらに深く学ぶ人のために）
花村春樹『「ノーマリゼーションの父」N・E・バンク-ミケルセン』（ミネルヴァ書房，1994）
Hanamura Haruki, *Niels Erik Bank-Mikkelsen, Father of the Normalization Principle*, The N. E. Bank-Mikkelsen Memorial Foundation, 1998.
野村武夫『ノーマライゼーションが生まれた国・デンマーク』（ミネルヴァ書房，2004）
The Danish Disability Council, *The Principles of Danish Disability Policy*, 2006.
河東田博『ノーマライゼーション原理とは何か』（現代書館，2009）
野村武夫『「生活大国」デンマークの福祉政策』（ミネルヴァ書房，2010）

[野村武夫]

第29章 エド・ロバーツ
―― 自立生活運動の父として生きた人生

[Edward V. Roberts] 1939年にカリフォルニア州で生まれる。53年，14歳の時にポリオにより，全身マヒの障害を受けた。62年，カリフォルニア州立大学バークレー校に車いす使用学生の第1号として入学した。69年，同大学院にて政治学博士号取得。72年，バークレー CIL を設立。75年，カリフォルニア州リハビリテーション局の局長となる。83年，世界障害問題研究所を設立。95年3月に永眠。

現在，障害者福祉の分野でキーワードとされる「自立生活運動」(Independent Living Movement) は，1960年代前半にアメリカのカリフォルニア州バークレーにある州立大学における，障害のある学生の運動が起源とされている。リハビリテーション概念を基盤として，障害のある人たちが「治療の対象物」という役割を演じさせられてきた長い歴史に終止符を打ち，「自立生活」という主体的な生き方を主張した。自立生活運動の歴史も半世紀近くになったが，アメリカ西海岸を中心として運動を牽引してきた人がエド・ロバーツである。

1 障害を受けたことと学生生活改善運動

■ ポリオに罹患して

アメリカにおいて，ポリオが1952年に大流行して，彼も14歳で感染し，この後遺症により障害を受けた。日本では生存率が低かった重症のポリオ患者は，医学がより進んでいたアメリカでは多くが生存し，重度障害を残している。エド・ロバーツも，四肢はもちろんのこと呼吸器にも大きな障害があり，昼間は人工呼吸器を口にくわえ，就寝時には「鉄の肺」と呼ばれる高圧式呼吸補助機の中に入り込んで生活を営んでいた。電動車いすを使用して移動しているが，その他は介護を受けなければならない身体状態である。彼の話し方は，呼吸器の障害からくる

第29章　エド・ロバーツ

肺活量の不足により，発せられる声は小さいが，語調は優しく論理的であり，自立生活運動の先頭に立ってきた人物であることが認識される。

▎車いす使用学生の第1号として

　自立生活運動の歴史は，エド・ロバーツが1962年にカリフォルニア州立大学バークレー校（U. C. Berkeley）に車いす使用の重度障害者学生の第1号として，入学した時に始まったとされる。

　彼は，大学構内にあるコーウェル病院（Cowell hospital）で介護を受けながら教室に通い，政治学を学んだ。彼が入学した後の数年間に，重度障害のある学生も増えていった。「重度障害者の楽園」と呼ばれていた病院は，コーウェル・レジデンス・プログラム（Cowell Residence Program）というサービス体制を作り，障害のある学生を援助していた。しかし，エド・ロバーツを中心とする障害学生達は，常に「これは，決して一般学生と平等な学生生活ではない」と考えており，「障害のある学生も大学のある地域で生活するのが理想だ」と訴えていた。そして，1960年後半には，連邦教育事務局の基金で「肢体障害学生援助計画」（Physically Disabled Student Program）が制度化された。この計画の根底には，「障害学生の苦しさは，障害学生にしか理解できない」という考えが流れており，この業務に従事する者は，原則として障害者でなければならないとした。

　エド・ロバーツは，1970年，8年間に及ぶ大学・大学院生活に終止符を打った。大学に長く在籍した理由は，障害のある学生の学生生活をより充実させるために，活動を続けていたからである。これまでにも，エド・ロバーツとともに活動を続けていた同志の数人は，大学を卒業していた。地域での生活を始めた者にとっての問題は，「学生時代のように誰も生活を保障してくれない」というものであった。プログラム下にあり，保護されていた学生時代とは違い，介護人を見つけることだけを取り出しても，自分の足で探さねばならなくなった。そして，71年には大学のプログラムが，地域で生活する障害者にも適応されるようになった。しかし，大学外の利用者が学生利用者を数段上回り，プログラム本来の主旨から外れ，プログラムが機能しきれないという深刻な問題が現れてきた。この深刻な問題が，どのような人たちにも公平なサービスを提供しようとするCIL（Center for Independent Living）の設立構想につながっていく。

2 自立生活運動の展開

■ CIL の誕生

　1972年4月，エド・ロバーツと数人の仲間が，バークレー校の近くで2ベッドルームの貧素なアパートを借りた。この行為が，CIL の誕生を意味している。72年6月には，彼らの要求が実を結び，リハビリテーション・サービス管理局（Rehabilitation Services Administration）から5万ドルの援助金が支給され，CIL の運営が軌道に乗るまでの，貴重な財源となった。バークレー市における CIL の設立は，このような状況の下で行われた。自立生活運動の拠点が生まれたことになる。この自立生活運動が目指す当面の目標は，「差別撤廃法」を勝ち取ることであった。

■ リハビリテーション局の局長に就任

　1975年，カリフォルニア州の新知事にジェリー・ブラウン（J. Brown）が当選すると，エド・ロバーツは，州知事の任命により，カリフォルニア州リハビリテーション局の局長に就任することになる。そして，彼は自立生活運動から距離を置き，自分の後継者として，ワシントン D.C. を中心として東海岸で活動していたジュディ・ヒューマン（J. E. Heumann）を自立生活運動の牽引者に指名して，西海岸のバークレーへ招聘した。

　エド・ロバーツは，「いくら外から叩いても，開かないドアもあるが，中から開けてみれば，簡単に空くドアもあるものだ」という言葉をジュディ・ヒューマン等に残して，州都であるサクラメントへ引っ越していった。そして，この年に結婚し，翌年には一人息子であるリー（Lee：写真〔234頁，右側〕）が生まれ，幸せな家庭を築いている。しかし，エド・ロバーツは，自立生活運動を忘れたわけではなかった。

　この4年間でシビレを切らしていた障害者たちは，フォードからカーターへと政権担当者が移った1977年に，アメリカ障害者市民連合の名の下，連邦政府に対して「3月31日までに施行規則を制定し，発令しなければ，我々は全国で一斉に立ち上がる」という決議文を提出した。しかし，連邦政府は，この決議文が提出されたにもかかわらず，これを無視し続けたのである。障害者達は，4月4日以降，全国で座り込みやハンストを強行し，その数は2,500団体で600万人を上回っ

た。ジュディ・ヒューマン等は，サンフランシスコにおいて，これらの運動に参加していた。彼女を代表とするグループは，4月1日から28日までの28日間，保健・教育・福祉省（Department of Health, Education and Welfare）のサンフランシスコ市庁舎を占拠した。この28日間にも及ぶ占拠期間は，連邦政府関係の建造物

カリフォルニア州立大学バークレー校サウザーゲート（正門）

で行われた占拠闘争の中で，アメリカの歴史上，最も長い記録であり，この記録的な運動により，「障害者差別禁止法」（リハビリテーション法）を勝ち取ったのである。この法律が施行されたことにより，障害者福祉に関する予算が増大することになり，公共機関や，住宅のアクセシブル（利用可能化）政策がスタートしたのである。この運動展開を行政サイドで糸を引いていたのが，エド・ロバーツであり，中からドアを開けようとしたのである。

3　世界的な自立生活運動の必要性

▍障害者インターナショナル（DPI）の提唱

　この差別撤廃法の施行とともにCILへの財政的援助が立法化され，アメリカの自立生活運動は，小休止の時代を迎える。しかし，カーターからレーガンへと政権が移動したと同時に，福祉に関する予算が大幅に縮小され，自立生活運動やCIL，そして障害者自身の生活にも大きなダメージを与えた。エド・ロバーツは，このような当事者無視の政治的措置に対して，国際的な当事者団体を形成し「障害のある」という共通基盤に立脚した国際団体という観点で，監視体制を築くことを目的とした「障害者インターナショナル」（Disabled People's International：DPI）を提唱し続けていた。1981年の「国際障害者年」を記念して開催された「国際リハビリテーション交流セミナー」に来日した際にも，エド・ロバーツは力強くDPIの重要性を語った。彼らの積極的な運動により，国連等の国際会議のなか

で発言力をもつ団体として，1981年にDPIが設立されている。日本においても，エド・ロバーツの講演が契機となり，1986年に日本会議の正式な発足が見られた。

■ 世界障害研究所（WID）の誕生

　自立生活運動は，運動論を強調し過ぎたがゆえに，論理性に欠け，説得力に欠けるという落とし穴が待ちうけていた。このような傾向が連邦や州に対する要求運動の弱さを導いてきたとされる。リハビリテーション局の局長を退いたエド・ロバーツは，ジュディ・ヒューマン等とともに「世界障害研究所」（World Institute on Disability：WID）を1982年に設立し，全米に対して調査研究を行うことにより現在運用されているサービス内容を再検討し，新設すべき項目や改善すべき政策を提示した。この研究所は連邦からの期待も熱く，「CIL」を軽く上回る予算を得ており，現在でも自立生活運動を牽引している機関と言っても過言ではない。1990年に制定・施行された「障害のあるアメリカ人法」（American with Disability Act：ADA）にもWIDでの研究成果が大きな影響を与えており，エド・ロバーツのADAにかける情熱の大きさがうかがえた。上記したように，エド・ロバーツは，常に自立生活運動の先頭に立ってきたと言え，「自立生活運動の父」と呼ばれるに値する人物である。

4　エド・ロバーツの思想

■「軽依存による自立」と「リスクを負う自由」の意味

　1981年の「国際リハビリテーション交流セミナー」に参加するために初来日したエド・ロバーツは，講演の中で次のように述べている。リハビリテーションは大体が大変うまく行われているが，「私はかつてリハビリテーションの失敗例とみなされてきた。私は歩けないので，普通の人間ではない。私はできるだけ『普通の人間』になろうとしてリハビリテーションを受けるうちに，いろいろなことを知った。私のエネルギー（精力）には限界がある。しかし，作業療法士は自分で食事をするべきだと判断し，精巧な装置を使って食事ができるようになった。しかし，食事に2時間半の時間がかかり，それだけで疲れ果ててしまった。そこで，自分で食事をするのはあきらめて，自分のエネルギーを学校に通うことに使おうと決めた」と述べ，自立とは「自分の人生に自分で責任をとる方法を知るこ

とを意味した」という持論を語っている。このエド・ロバーツの言葉は，自立生活概念を表現しているものである。

　自立生活概念の中に，「軽依存による自立」という考え方が反映された価値観がある。具体的に述べると「衣服の着脱に1時間を要する者がいると，その人に対して介護人を派遣して10分で着脱を終わらせ，残りの50分をより人間的に有意義な時間を作り出していく」というように，他者の介護を受けるという依存の形態を取りながらも，結果的には「自分のための時間を持つ」ことができるようになるという自立を完成したことになる。重度障害者は，この自立生活概念の価値基準によって自立というものが身近なものとなり，現実的なものと成り得たのである。さらには，「リスクを負う自由」という考え方が，自立生活概念の中にある。障害のある人たちの行動や活動を制限している言葉に，幼児期より言われてきている「危ない！」がある。彼らを取り巻く周りの人々（特に両親）は，「障害者の行動＝事故や迷惑の発生」というメカニズムが働くことが多々あり，事故や迷惑が起こる確率は健常者と差異がないにも関わらず，障害のある人たちの主体性を圧し潰してしまうことも多い。「リスクを負う自由」とは，重度障害者にも冒険する機会を与えるという考え方であり，自分で決定し行動した結果に対して，自らが責任をとるという精神的自立にも深く関係している。エド・ロバーツは，障害を受けた自分の青年期を「依存心の魂」であると評して，「依存による自立」と「リスクを負う自由」という価値観を根底に持った自立生活概念のもとで，自らも主体性を打ち出した行動が取れるようになったという思想の持ち主である。

■ メインストリーミング概念

　エド・ロバーツの思想を形成するもう一つの柱は，「メインストリーミング概念」である。ノーマライゼーション概念が北欧のスカンジナビア地方で発達したのに対し，メインストリーミング概念はアメリカで発達した。また，ノーマライゼーションが知的・発達障害者を対象としたものに対し，メインストリーミングはどちらかと言えば身体障害者を基本にしたものと言える。いずれも障害のある人たちを一般市民の中で溶け込ませて，生活を営ませることを目指した点に違いは見られないが一般の生活場面を基礎としたノーマライゼーションに対して，メインストリーミングは教育現場に焦点が当てられてきた。これは，アメリカで

1975年に「全国障害者教育法」が制定し、あらゆる障害者に対して義務教育が保障された事を契機としている。この法律制定の時期は、エド・ロバーツがリハビリテーション局の局長に就いている期間であることを忘れてはならない。

おわりに

　世界中の障害のある人たちが幸福に生活できることを願って設立された世界障害研究所の所長として、国際的に活躍していた1995年3月、エド・ロバーツは、自宅において心臓マヒにより、惜しまれながら永眠した。まだまだ活躍が期待される56歳という若さだったがゆえに、後継者を育成しようとした頃であった。彼の死は、予想を超える程に、自立生活運動の方向性を見失う結果になり、今日に至るまで新しい方向性を示せていない現状にある。

　彼の業績を讃えて、急逝した直後から「銅像を建てるとか、エド・ロバーツ通りを名づける」という提案がされてきたが、1998年に「エド・ロバーツ・キャンパス」(Ed Roberts Campus：ERC) が、地下鉄の「アッシュビー駅」の近郊に建築された。ここには、彼に関連していたCILやWIDをはじめとする当事者が中心となっている団体の事務所が置かれている。

　日本に対する影響を考えると、1981年の「国際障害者年」に彼が初来日したことを契機として、彼らの元へ研修留学する障害のある若者が急増した。そして、彼自身は含まれてはいないが、アメリカの運動家を招き、1983年に「自立生活運動セミナー」が全国で開催された。このセミナーが起爆剤となり、全国的に自立生活運動が華やかに展開され、「自立生活センター」の制度化へと繋がっている。

◆ 引用・参考文献（さらに深く学ぶ人のために）
『国際リハビリテーション交流セミナー報告書』（日本障害者リハビリテーション協会，1982）
谷口明広『重度身体障害者の自立生活』（障害者自立生活研究所，1986）
谷口明広「障害者福祉の概念変容と価値」『同志社大学院社会福祉学論集』（同志社大学院文学研究科社会福祉学専攻院生会，1988）
『自立生活NOW　資料集』（第3回自立生活問題研究全国集会，1991）
谷口明広『障害をもつ人たちの自立生活とケアマネジメント』（ミネルヴァ書房，2005）

[谷口明広]

Ⅱ　社会福祉の時代

第30章　マザー・テレサ
―― 貧困者・病者への愛と祈り

[Mother Teresa] 1910年，マケドニア共和国スコピエで生まれる。28年，ロレット修道会に入会し，インド・カルカッタへ派遣される。聖マリア高校の教師となり，44年から校長。46年，貧困者への奉仕を使命として確信する。48年，ロレット修道会を退会し，カルカッタでの奉仕活動を始める。50年「神の愛の宣教者会」を設立。79年，ノーベル平和賞受賞。81年，82年，84年に来日。97年9月5日死去（87歳）。2003年に福者に列せられる。

　マザー・テレサは，第二次世界大戦後，インドを拠点にして，貧しい人々や病に苦しむ人々の救済に尽力した。社会から見捨てられた人に寄り添って，愛の行為を続けていく姿に，世界中の人々が感動を覚えてきた。マザー・テレサの語る言葉に魅せられて，新しい人生に踏み出すことのできた人も多いであろう。
　マザー・テレサ自身は，自分はソーシャルワーカーではないと述べているので，社会福祉史上の人物として取り上げるのは，マザー・テレサの本意ではないかもしれない。しかし，実践の一つ一つに，福祉実践のあり方が示されている。福祉実践に携わる者にとって，手本であり，目標である。マザー・テレサの生涯を学ぶことなしに，社会福祉のあるべき姿を考えることはできないといっても過言ではない。

1　修道女として生きる

▌幼少期

　マザー・テレサ（本名はアグネス・ゴンジャ・ボヤジュ。本章ではマザー・テレサで統一する）は1910年8月26日に，マケドニア共和国のスコピエで生まれた。マケドニアは，マケドニア人のほか，トルコ人，アルバニア人など様々な民族が暮らしていた。宗教も，イスラム教，正教など多様であり，マザー・テレサは，複雑

な社会背景をもった地で幼少期を過ごした。父は事業に成功して裕福であった。しかし，19年に急死する。不自然な死に方だったのと，民族運動に関与していたことから，毒殺ではないかという疑いもあった。いずれにせよ，父の死を契機に，いくつかの不運も重なって，裕福な生活は一変して，厳しい暮らしになっていく。

　複雑な宗教事情の地域で，カトリックは少数派であった。しかし一家は熱心なカトリックで，特に母はカトリック信仰に熱心であり，また奉仕活動にも積極的であった。夫の死後，自力で生活を支え，マザー・テレサら子どもたちを育てていく。マザー・テレサは，こうした環境のなか，祈りの生活のなかで，カトリックの深い信仰をもつようになる。

▌ロレット修道会

　マザー・テレサは12歳の頃から，修道女になることを考えていたようである。1928年，18歳のときに，修道女になることについて，神からの呼びかけとしてとらえるようになった。アイルランドに行き，ロレット修道会に入る。1928年12月，ロレット修道会員として，インドに派遣された。

　1929年からカルカッタ（現・コルカタ）での生活が始まり，聖マリア高校で地理を教えた。1937年に終生誓願をして，修道名「テレサ」が与えられた。教師としての活動を続けているなか，イギリス領であったインドも第二次世界大戦に巻き込まれ，カルカッタも影響を免れなかった。学校はイギリス軍の病院として用いられ，戦乱に加えて飢饉が発生し，ますます人々の困窮が深まった。こうした厳しい状況のもとで，マザー・テレサは44年に校長になった。

2　貧しい人々に捧げる人生

▌神の召しを受ける

　マザー・テレサは，1946年9月10日にダージリンへ向かう列車のなかで，神からの呼びかけを受けた。貧しい人のために働くことをこれからの使命として示されたのであった。この体験により，自分が今後，生涯をかけて捧げる仕事を知ることになる。

　しかし，すでに終生誓願をしているので，自分の意思だけで動くことはできな

かった。カルカッタのペリエ大司教を経て、教皇の許可を得る必要があった。ペリエ大司教は申し出が重大であることからこれを熟慮し、時間がかかったものの、教皇ピオ12世から、修道女の身分のまま、ロレット修道会を出て活動することについて、許可が出ることになる。大司教が慎重な態度をとったことで、しばしば大司教がマザー・テレサの行動を邪魔したかのように描かれているが、事案の重要さゆえに時間がかかったのであって、大司教はあくまでマザー・テレサの支援者であった（工藤・ヴェリヤト 2007：154-156）。

　1948年、マザー・テレサは、聖マリア高校を辞し、ロレット修道会を去った。そして、3カ月の看護訓練を受けた後に、カルカッタのスラムでの活動を開始した。子どもたちの学校をつくったり、診療所を設置して病者の世話をしたりする。インド国籍を取得して、名実ともにインドの人々とともに生きることとなる。

　マザー・テレサの活動が知られるようになると、かつての教え子が、行動を共にしたいと願い出て、同労者が増えていった。グループを中心として、1950年「神の愛の宣教者会」が修道会として教皇に認められる。小さな共同体からスタートした「神の愛の宣教者会」は世界に広がり、日本でも、東京、愛知、大分に修道院を置いて活動している。

■ 死を待つ人の家

　「神の愛の宣教者会」の活動は、当初はカルカッタのみであったが、やがて世界各地に広がっていく。マザー・テレサの活動は多岐にわたる。特に中心的な拠点として知られているのは、「死を待つ人の家」「子どもの家」「平和の村」である。

　社会から見捨てられ、路上で死をむかえる人が多数いた。あるとき、マザー・テレサは死にかけている人を連れ帰った。このことをきっかけにして、マザー・テレサはそうした人々を引き取り、最期をみとった。身寄りもなく、棄てられてしまった人のためのホームであり、これが「死を待つ人の家」である。当初は活動への無理解から、罵詈雑言が浴びせられたりしたが、人々を救う決意のもと、活動は継続された。

　さらに「子どもの家」を設置する。ゴミ箱に捨てられていた赤ちゃんを助けたことがきっかけである。誰も育てる人のいない子どもを引き取って、世話を始め

II 社会福祉の時代

た。棄てられた子が次々と連れてこられたが、どんな子どもも断ることなく、受け入れ、育てていった。

また、ハンセン病者の救済も行う。ハンセン病は戦後の日本では特効薬が普及して、治癒する病気となって、現在では発症自体がほとんどみられない。しかし、インドでは、多くの患者が、放置されたまま症状が進行して苦しんでいた。病気による苦難だけでなく、貧困と孤独がさらに苦しみを深めた。マザー・テレサたちは、空き地や公園での治療に始まって、やがて病棟や工場をつくって支援した。これが「平和の村」である。

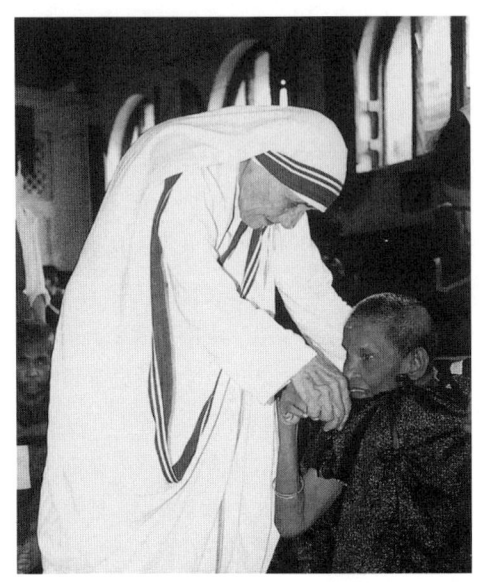

「死を待つ人の家」にて（1995年8月22日）。

3　ノーベル平和賞と来日

■ ノーベル平和賞受賞

　こうしてマザー・テレサは活動の場を広げていたが、日本ではあまり知られていなかった。日本人がマザー・テレサについて知ったのは、ノーベル平和賞の受賞によってであろう。1979年にノーベル平和賞の受賞が決まった時、「朝日新聞」(79年10月18日付朝刊)では、「ノーベル平和賞に尼僧のテレサ女史」という見出しで、さほど目立たない記事で報じているにすぎない。しかし、受賞決定後の報道のなかで、日本人もマザー・テレサがどのような活動をしていたのか知ることとなり、アジアのなかでの優れた活動に驚嘆し、また尊敬の念が広がった。

　マザー・テレサは、人間社会での栄誉には、何の関心ももってはいない。特に賞というものは、世俗的な評価を示すものにすぎず、神の栄光をあらわすことと一致するとは限らない。しかし、マザー・テレサはノーベル平和賞だけでなく、

第30章　マザー・テレサ

数々の賞を受けた。賞をあえて受けるのは，賞金を貧しい人々に使うためである。ノーベル平和賞のときも，授賞式での恒例の晩餐会について，「費用を貧しい人たちのために使ってください」と要請し，晩餐会はとりやめられた。

■ 3度の来日

さらに日本人にとってマザー・テレサが身近な存在になったのは，日本訪問である。マザー・テレサは3度来日している。1回目は1981年4月22日から28日まで，2回目は82年4月21日から28日まで，3回目は84年11月19日から25日までである。

マザー・テレサの来日の特徴は，他の一般の要人であれば訪れそうにない場所に足を運び，集った人々に直接語っていることである。1回目の来日では，東京・山谷と大阪のあいりん地区を訪問している。2回目では，長崎に赴き，原爆資料館，さらには長崎郊外の山上近くに位置する恵の丘長崎原爆ホームを訪れた。3回目では，広島の平和記念資料館を見学した。そうした場で，会衆に積極的に語りかけ，貴重なメッセージを日本人に残している。

長崎では，原爆資料館の見学の後「ここにある写真を見て，愛が働くように，悪が働いていると感じました。そして，こんな爆弾，すべてを破壊するような兵器をつくっている人たちが見るべきだと思います。そうすれば，きっとだれも，もう原爆や核爆弾，または同じようにいのちを破壊する兵器をつくったりはしなくなると思います」と語っている（三保訳 2003：11）。日本人が直接，あるいは映像等で間近で接したことで，マザー・テレサの思想への共鳴と実践への尊敬が，ますます浸透した。

4　マザー・テレサの思想

■ 実践と社会

マザー・テレサは，まとまった著作を出版するようなことをしなかったので，著作を通じて思想を把握することには限界がある。しかし，各地で多くの人々に語り，常に祈りを捧げてきた。そうした語りや祈りを通じて思想を把握することは可能であるし，何より貧しい人々との交わりのなかで，実践を通して思想が表

現され，影響を与えてきた。その意味で，巨大な思想家であった。

　マザー・テレサは，他人に，とりわけ援助の対象となっている人に対してカトリックを押しつけることはしなかった。あくまで，愛の活動をしているのであり，宗教については寛容な姿勢を貫いた。ヒンドゥー教徒やイスラム教徒であれば，それぞれの宗教の方法を尊重して対応した。もちろん，人種や国籍など一切関係なく，必要な支援を行った。

　マザー・テレサに絶えず投げかけられた問いは，政治や社会運動とは距離を置いて活動していた姿勢に対し，もっと根本的な社会変革を目指すべきではないかということである。1982年4月，長崎での記者会見でも，社会変革の必要性への問いがあった。質問に対してマザー・テレサは，「イエスは神さまが私たち一人ひとりを愛しておられるように，お互いに愛し合うという福音を伝えにこられたのです。そして，ほんとうの愛は，分かち合うことを学んだときに初めて現れます」（三保訳 2003：14）と応えている。社会悪を看過していたわけではない。湾岸戦争開戦前には，それを避ける嘆願書を出しているように，愛と平和を実現するために行動し，社会が誤った方向に向かわないよう努めていた。

▎愛の実践

　マザー・テレサは，実践を通じて，真の変革を模索したのである。マザー・テレサが活動した時期，先進資本主義国では富を求め，搾取を続けていた。一方で，そうした資本主義のあり方に疑問を感じた人々は，イデオロギーを信じて，革命を目指した。搾取による富で人は幸福にはならない。しかし，人工的に構想した政治思想で幸福が実現するのではないことも，歴史が証明していくことになる。

　マザー・テレサがしばしば強調したのは，中絶の徹底的な否定である。避妊についても，自然家族計画は認めたが，人工的な方法には反対した。中絶の否定について批判もあるが，カトリックの教義の教条的適用でも，過ちを犯した人を裁くための論理でもなく，一人一人に手をさしのべる実践者の倫理として，理解すべきであろう。マザー・テレサの発言は，一般の人々に分かりやすく語っているので平易である。ただ，ある課題について単純化して述べる面があるため，言葉尻だけ捉えると，誤解を与える面があるように思う。受け止める側としては，実践と関連づけつつ，真意をつかみとる姿勢が求められよう。

第30章 マザー・テレサ

おわりに

　こうして，世界の人々に感銘と勇気を与えてきたマザー・テレサであるが，1997年9月5日，神のもとに召されていった。インド政府による国葬が行われ，日本からは土井たか子前衆議院議長が参列した。しかし何より，多数の貧しい人々が，遺体が運ばれる沿道を埋め尽くしたことに，マザー・テレサの生涯がどういうものであったのかが，示されている。

　死去後，マザー・テレサへの関心は薄れるどころか，尊敬の念はますます高まっている。今なお，世界中の人々がマザー・テレサから学ぼうとしている。2003年には福者（その生涯が聖性に特徴づけられるものであったことの証しとしてつけられる称号。さらに調査の後，聖人に加えられることがある）に列せられた。これからも，人間の幸福について，愛について，マザー・テレサは私たちに語り続けるであろう。

◆ 引用・参考文献（さらに深く学ぶ人のために）
沖守弘『マザー・テレサ――あふれる愛』（講談社，1981）
マザー・テレサ『命あるすべてのものに』（講談社現代新書，1982）
西川潤・小林正典『マザー・テレサ――インドから世界へ』（大月書店，1995）
渡辺和子訳『マザー・テレサ――愛と祈りのことば』（PHP文庫，2000）
三保元訳『愛――マザー・テレサ　日本人へのメッセージ』（女子パウロ会，2003）
工藤裕美・シリル・ヴェリヤト『宣教師マザーテレサの生涯』（上智大学出版，2007）
中井俊已『マザー・テレサ――愛の花束』（PHP文庫，2007）
五十嵐薫『マザー・テレサの真実』（PHP研究所，2007）

［杉山博昭］

◇ 人物史年表

凡 例
1. 本年表は，左から西暦，本書の各章で取扱う人物の事績，社会福祉（事業・制度等）／社会状況を掲げた。
2. 本年表は，本書で登場した人物等の学術業績及びその他の事績の理解に資することをねらいとして各章執筆担当者，編者および年表作成者が選定した。
3. 本年表では，以下の国名を略号で表記している。
   イギリス：(英)，アメリカ合衆国：(米)，ドイツ：(独)，フランス：(仏)，スウェーデン：(ス)
4. 本年表の作成には参考として以下の文献を用いた。
   池田敬正・土井洋一編『日本社会福祉綜合年表』（法律文化社，2000年）
   金子光一『社会福祉のあゆみ――社会福祉思想の軌跡』（有斐閣，2005年）
   木下康彦・吉田寅・木村靖二編『詳説世界史研究』（山川出版社，2008年）
   高田実・中野智世編著『近代ヨーロッパの探求15 福祉』（ミネルヴァ書房，2012年）
   菊池正治・清水教惠・田中和男・永岡正己・室田保夫編著『日本社会福祉の歴史 付史料――制度・実践・思想』（ミネルヴァ書房，2003年）
   室田保夫編著『人物でよむ近代日本社会福祉のあゆみ』（ミネルヴァ書房，2006年）
   室田保夫編著『人物でよむ社会福祉の思想と理論』（ミネルヴァ書房，2010年）

西暦	人 物 の 事 績	社会福祉（事業・制度等）／社会状況
1601		(英) エリザベス救貧法
1642		(英) 清教徒革命
1662		(英) 定住法
1688		(英) 名誉革命
1722		(英) 労役場テスト法
1726	ジョン・ハワード生まれる（1726-1790）	
1769		(英) ワット，蒸気機関の改良に成功（この頃より産業革命が始まる）
1773	ハワード，ベッドフォードシャー州の執行官に就任	
1775	ハワード，欧州各国の監獄視察を開始	
1776		アダム・スミス『国富論』
1777	ハワード『イングランドとウェールズの監獄事情、その予備調査と諸外国の監獄見聞（監獄事情）』	
1780	トマス・チャルマーズ生まれる（1780-1847）	
1782		(英) ギルバート法
1789	ハワード『ヨーロッパにおける主要な避病院について』	フランス革命 ジェレミー・ベンサム『道徳および立法の諸原理序説』

西暦	人物の事績	社会福祉(事業・制度等)/社会状況
1795		(英)スピーナムランド制度
1798		ロバート・マルサス『人口論』
1802		(英)工場法
1805	ジョージ・ミュラー生まれる(1805-1898)	
1808	ヨハン・ヒンリッヒ・ヴィヘルン生まれる(1808-1881)	
1809	ルイ・ブライユ生まれる(1809-1852)	
1812	ブライユ,失明する	
1815	チャルマーズ,グラスゴー(トロン教区)にて救済活動を開始	
1819	チャルマーズ,グラスゴー(セント・ジョン教区)にて救済活動を開始 ブライユ,王立パリ盲学校に入学	
1821	ブライユ,盲人用文字の研究を開始	(米)クインシー・レポート(マサチューセッツ州)
1824		(米)イェーツ・レポート(ニューヨーク州)
1825	ブライユ,「点字」を完成	
1828	チャルマーズ,エジンバラ大学神学教授就任	
1829	ウィリアム・ブース生まれる(1829-1912)	
1833	ヴィヘルン,ラウエハウス設立	
1834	ミュラー,聖書知識協会設立	(英)改正(新)救貧法
1836	ミュラー,ブリストル孤児院設立	
1838	オクタヴィア・ヒル生まれる(1838-1912)	
1839	F.E.C.ウィラード生まれる(1839-1898)	(仏)メットレー感化院
1840	ファーザー・ダミアン生まれる(1840-1889) チャールズ・ブース生まれる(1840-1916)	
1841		(仏)児童労働規制法
1842		(独)プロイセン救貧法
1844	サミュエル・バーネット生まれる(1844-1913)	
1845	トーマス・ジョン・バーナード生まれる(1845-1905)	
1848	ヴィヘルン,「内国伝道」を提唱	カール・マルクス,フリードリヒ・エンゲルス『共産党宣言』

◇人物史年表

西暦	人物の事績	社会福祉（事業・制度等）／社会状況
1849	ヴィルヘンが作成した「綱領」を基にした「ドイツ国民への覚書」が発表される エレン・ケイ生まれる（1849-1926）	（英）レッドヒル感化院
1851	ヘンリエッタ・バーネット生まれる（1851-1936） レオン・ブルジョワ生まれる（1851-1925）	
1853		（独）エルバーフェルト制度
1854		（米）「ピアース原則」確立
1858	ヴィヘルン，ヨハネスシュティフト設立 ビアトリス・ウェッブ生まれる（1858-1943）	
1859	シドニー・ウェッブ生まれる（1859-1947）	ジョン・スチュアート・ミル『自由論』
1860	ジェーン・アダムズ生まれる（1860-1935） ヘレン・ボーザンケット生まれる（1860-1925）	（ス）国民のアメリカへの移住本格化
1861	メアリー・リッチモンド生まれる（1861-1928）	
1863		（米）奴隷解放宣言
1864	ダミアン，ハワイ伝道を開始	
1865	ウィリアム・ブース，東ロンドン伝道会設立（70年キリスト教伝道会へ改称） ヒル，ロンドンにて貧しい労働者のための住居管理事業を開始	
1867	サミュエル，聖マリア教会の助任に就任	カール・マルクス『資本論』
1868	ヒル，COSの前身となるロンドン貧困及び犯罪防止協会の設立に参画 バーナード，イーストエンド少年伝道団設立	
1869		（英）慈善組織協会（COS）設立（翌年より本名称へ）
1870	バーナード，ステプニー・コーズウェイホーム設立（ドクター・バーナード・ホーム事業開始）	
1871		ドイツ統一 （ス）改正救貧法（救貧の国家責任を確認）
1872	アリス・ザロモン生まれる（1872-1948）	第1回国際監獄会議
1873	ダミアン，モロカイ島へ赴任しハンセン病患者への支援を開始	

西暦	人物の事績	社会福祉（事業・制度等）／社会状況
1873	サミュエル，ヘンリエッタと結婚，ロンドンの聖ユダヤ教区へ赴任	
1874	ウィラード，キリスト教婦人矯風会（WCTU）設立 バーナード，Ever Open Doors 設立	
1875	ミュラー，国際的伝道旅行を開始	
1876	バーナード，「少女の村」設立	
1877		（米）バッファローにおいて慈善組織協会設立
1878	ウィリアム・ブース，伝道会を「救世軍」へ改称 ヤヌシュ・コルチャック生まれる（1878-1942：異説あり）	（独）社会主義者鎮圧法
1879	ウィリアム・ブース，救世軍機関誌 War Cry ウィリアム・ベヴァリッジ生まれる（1879-1963）	
1880	ヘレン・ケラー生まれる（1880-1968）	
1881	ウィラード，"Do everything" 宣言，広範な社会事業を展開していく ダミアン，ハワイ王室よりカラカウア勲章を授与される	（独）労働者の厚生に関する皇帝詔勅
1883	ウィラード，万国キリスト教婦人矯風会（WWCTU）設立に参画	（独）疾病保険法
1884	ダミアン，ハンセン病に罹患 サミュエル，トインビー・ホールを設立，初代館長に就任 チャールズ・ブース，統計協会のフェローに就任 バーナード，Babies Castle 設立	（英）フェビアン協会設立 （独）労災保険法
1885	シドニー，フェビアン協会に入会	（ス）浮浪者法
1886	ミュラー，来日し同志社などで伝道講演を行う チャールズ・ブース，ロンドンにおける貧困調査を開始	（米）ネイバーフッドギルド設立
1887	アダムズ，ヨーロッパ旅行（トインビー・ホールなど滞在） ケラー，アン・サリヴァンを家庭教師に迎える	（米）全米慈善・矯正会議

◇人物史年表

西暦	人物の事績	社会福祉（事業・制度等）／社会状況
1889	チャールズ・ブース『ロンドン民衆の生活と労働』（1903まで） チャールズ・ブース『老齢年金と老齢貧民——1提案』 アダムズ，ハル・ハウス設立 ボーザンケット，COSに入会 リッチモンド，ボルチモアCOSの会計補佐に就任	（独）老齢・障害保険法
1890	ウィリアム・ブース『最暗黒の英国とその出路』	（ス）社会民主党成立 （仏）共済組合国民連合成立
1891	ウィラード，万国キリスト教婦人矯風会（WWCTU）会長に就任	
1892	シドニー，ビアトリスと結婚	
1894	ウェッブ夫妻『労働組合運動の歴史』	
1895	ヒル，「歴史的名所や自然的景勝地のためのナショナル・トラスト」設立に参画 ブルジョア，急進派内閣を組織し，フランス首相に就任	
1896	ブルジョワ『連帯』（Solidarité）	
1897	ウェッブ夫妻『産業民主制論』	
1899	リッチモンド『貧困者に対する友愛訪問』	（米）少年裁判所の設立に関する法律
1900	エレン・ケイ『児童の世紀』 リッチモンド，フィラデルフィアCOSの総主事に就任 ザロモン，ドイツ女性団体連合（BDF）の理事に就任 ケラー，ラドクリフカレッジに入学	
1901	シーボーム・ラウントリー『貧困——都市生活の研究』	
1902	ケラー『わたしの生涯』	（仏）フランス共済組合全国連盟成立
1903	エレン・ケイ『生命線』 ベヴァリッジ，トインビー・ホール副館長に就任	
1905	ヒル，救貧法王立諮問委員会に参加 ビアトリス，「救貧法および貧困救済に関する王立委員会」委員に選出 ボーザンケット，「救貧法および貧困救済に関する王立委員会」委員に選出	

西暦	人物の事績	社会福祉（事業・制度等）／社会状況
1905	ヘレン・パリス・パールマン生まれる（1905-2004）	
1906	エレン・ケイ『恋愛と結婚』（『生命線』の第1部を改題） ブルジョワ，第1回国際平和会議にフランス代表として出席 ボーザンケット『家族』 ザロモン，男女賃金格差問題を扱う博士論文を発表	（英）学校給食法 （仏）労働局設置
1907	ウィリアム・ブース，来日 ブルジョワ，第2回国際平和会議にフランス代表として出席 リチャード・ティトマス生まれる（1907-1973）	（英）学校保健法
1908	ザロモン，ベルリン女子社会事業学校設立 ベヴァリッジ，商務省入省，職業紹介所設置に携わる	（英）無拠出老齢年金法 （英）児童法
1909	ウェッブ夫妻，王立救貧法委員会「少数派報告書」 ボーザンケットら，王立救貧法委員会「多数派報告書」 ケラー，社会党入党	（英）職業紹介法 （英）最低賃金法 （英）住宅・都市計画法 （米）第1回白亜館会議 （ス）社会事業中央連盟成立
1910	アダムズ，全米慈善・矯正会議の会長に就任 アダムズ『ハル・ハウスの20年』 マザー・テレサ生まれる（1910-1997）	
1911	ウェッブ夫妻『貧困の予防』 ウェッブ夫妻，来日	（英）国民保険法 （米）母子扶助法（イリノイ州）
1912	コルチャック，「孤児の家」院長に就任	
1913		（ス）国民年金法
1914		第1次世界大戦勃発
1916	ウィリアム・シュワルツ生まれる（1916-1982）	
1917	リッチモンド『社会診断』	
1919	コルチャック，「私たちの家」の医師兼協力者として活動開始 N.E.バンク-ミケルセン生まれる（1919-1990）	（独）ワイマール憲法制定 （米）第2回白亜館会議 （ス）女性の参政権確立 国際労働機関（ILO），第1回総会 国際赤十字連盟成立

◇人物史年表

西暦	人物の事績	社会福祉（事業・制度等）／社会状況
1920	ブルジョワ，ノーベル平和賞受賞 ザロモン，ドイツ女性団体連合（BDF）脱退 ザロモン，国家（州）の福祉職資格制度を成立させる コルチャック『子どもをいかに愛するか』	国際連盟成立
1921	ホイットニー・ヤング生まれる（1921-1971）	
1922	リッチモンド『ソーシャル・ケース・ワークとは何か』	
1923	アダムズ，来日	
1924		（ス）児童保護法 児童権利宣言（国際連盟）
1925		（英）寡婦・孤児および老齢拠出年金法
1926	ティトマス，カウンティ火災保険事務所に就職	
1928	マザー・テレサ，ロレット修道会に入会，インドへ派遣される	（仏）社会保険法 国際ソーシャルワーク連盟成立
1929	コルチャック『子どもの権利の尊重』 マーティン・ルーサー・キング・ジュニア生まれる（1929-1968）	世界恐慌
1931	アダムズ，ノーベル平和賞受賞	
1932		（ス）社会民主党政権成立 （仏）家族手当法
1933		（独）ヒトラー政権成立
1933		（米）ニューディール政策
1935		（米）社会保障法
1937	ケラー，来日（48年に２度目の来日）	
1938		（ス）サルトシェバーデン協約
1939	エド・ロバーツ生まれる（1939-1995）	第２次世界大戦勃発
1942	コルチャック，トレブリンカのユダヤ人絶滅収容所への移送を命じられる ベヴァリッジ『社会保険および関連サービス（ベヴァリッジ報告）』	ILO『社会保障への道』
1943	パールマン，コロンビア大学院修了	
1944	ベヴァリッジ『自由社会における完全雇用』 マザー・テレサ，聖マリア高校校長に就任	ILO，フィラデルフィア宣言

西暦	人物の事績	社会福祉（事業・制度等）／社会状況
1945	パールマン，シカゴ大学で教鞭を執る	（仏）ラロックプラン 国際連合成立
1946	ヤング，ミネソタ大学でMSW（社会事業修士）取得	（英）国民保健サービス法 （仏）社会保障一般化法 世界保健機構（WHO），国際児童援助基金（UNICEF）成立
1947	ヤング，セントポール都市同盟に就職	インド，パキスタン分離独立
1948	ベヴァリッジ『自発的活動』 シュワルツ，コロンビア大学院修了（61年に博士号取得）	ベルリン封鎖 世界人権宣言（国際連合）
1949		（独）ドイツ連邦共和国（西），ドイツ民主共和国（東）成立
1950	ティトマス，ロンドン・スクール・オブ・エコノミクス（LSE）の社会行政学教授就任 マザー・テレサ，「神の愛の宣教者会」設立	朝鮮戦争勃発
1953	バンク-ミケルセン，社会省「知的障がい者福祉政策委員会」委員長に就任 ロバーツ，ポリオにより全身マヒの障がいとなる	（仏）社会扶助法
1954	ヤング，アトランタ大学社会事業学校の校長に就任	
1955	ケラー『先生』（サリヴァンの伝記） キング，博士号（体系的神学）取得 キング，モンゴメリー・バス・ボイコットに際し，スポークスマンを務める	アジア＝アフリカ会議 （米）全米ソーシャルワーカー協会成立
1956		（ス）社会扶助法
1957	パールマン『ソーシャルケースワーク――問題解決の過程』	欧州経済共同体成立
1959	バンク-ミケルセン，「知的障がい者福祉法」制定に尽力	（デンマーク）知的障がい者等福祉法
1960		パラリンピック，ローマ大会開催
1962	ロバーツ，カリフォルニア州立大学バークレー校入学	（米）キューバ危機
1963	キング「バーミングハム刑務所からの手紙」	
1964	キング，ノーベル平和賞受賞 ヤング *To Be Equal*	（米）「貧困戦争」開始 （米）公民権法
1965		ヴェトナム戦争激化

◇ 人物史年表

西暦	人物の事績	社会福祉(事業・制度等)／社会状況
1967	パールマン「ケースワークは死んだ」("Casework is Dead")	
1968	キング,テネシー州メンフィスで暗殺される ミケルセン,ケネディ国際賞受賞	(英)シーボーム報告
1969	ヤング,全米ソーシャルワーカー協会会長就任 ロバーツ,カリフォルニア州立大学院にて政治学博士号取得	(米)「貧困戦争」敗北宣言
1970	ティトマス『贈与関係――献血からソーシャル・ポリシーへ』	
1971	シュワルツら,『グループワークの実際』	
1973		第4次中東戦争,第1次石油危機
1974	ティトマス『ソーシャル・ポリシー(社会福祉政策)』	
1975	ロバーツ,カリフォルニア州リハビリテーション局長に就任	ヴェトナム戦争終結 (米)社会保障法タイトルXX
1979	マザー・テレサ,ノーベル平和賞受賞	(英)サッチャー政権誕生
1980		(ス)社会サービス法
1981	マザー・テレサ,来日(82・84年に再来日)	(米)レーガン政権成立
1982		(英)バークレイ報告
1983	ロバーツ,世界障害問題研究所設立	
1985	バンク-ミケルセン,来日し山形,東京,京都等で講演	
1988		(英)グリフィス報告
1989		ベルリンの壁崩壊 児童の権利に関する条約(国際連合)
1990		(英)国民保健サービスおよびコミュニティ・ケア法 東西ドイツ統一 (米)障害を持つアメリカ人法
1992		欧州連合設立条約(マーストリヒト条約) (ス)エーデル改革
1994	シュワルツ『ソーシャルワーク――ウィリアム・シュワルツの著作集』	(独)介護保険法
2001		(米)アメリカ同時多発テロ事件

◇ 各人物の活躍した時期

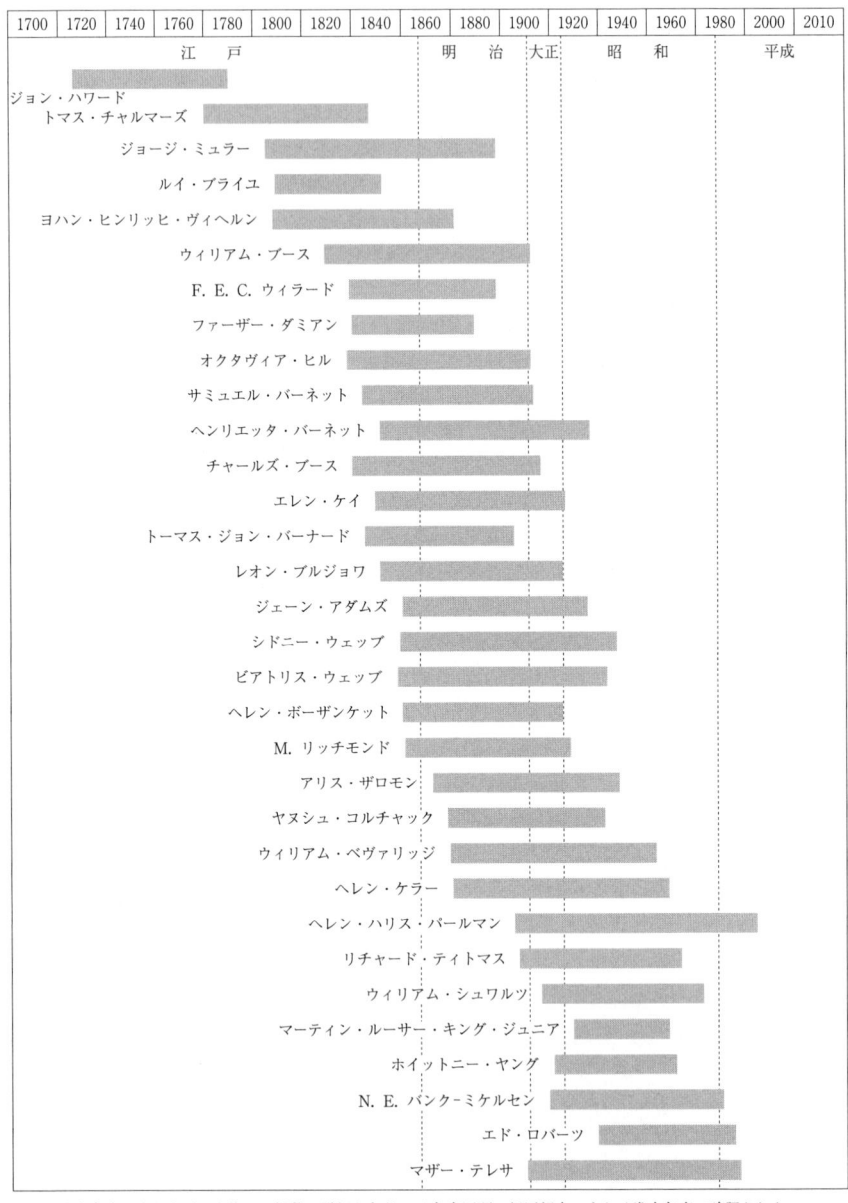

| 1700 | 1720 | 1740 | 1760 | 1780 | 1800 | 1820 | 1840 | 1860 | 1880 | 1900 | 1920 | 1940 | 1960 | 1980 | 2000 | 2010 |

江戸　　　　　　　　　　　　　明治　大正　昭和　　　平成

ジョン・ハワード
トマス・チャルマーズ
ジョージ・ミュラー
ルイ・ブライユ
ヨハン・ヒンリッヒ・ヴィヘルン
ウィリアム・ブース
F. E. C. ウィラード
ファーザー・ダミアン
オクタヴィア・ヒル
サミュエル・バーネット
ヘンリエッタ・バーネット
チャールズ・ブース
エレン・ケイ
トーマス・ジョン・バーナード
レオン・ブルジョワ
ジェーン・アダムズ
シドニー・ウェッブ
ビアトリス・ウェッブ
ヘレン・ボーザンケット
M. リッチモンド
アリス・ザロモン
ヤヌシュ・コルチャック
ウィリアム・ベヴァリッジ
ヘレン・ケラー
ヘレン・ハリス・パールマン
リチャード・ティトマス
ウィリアム・シュワルツ
マーティン・ルーサー・キング・ジュニア
ホイットニー・ヤング
N. E. バンク-ミケルセン
エド・ロバーツ
マザー・テレサ

注：本書各章で取り上げた人物のみ掲載。詳細な年月日は各章冒頭の経歴紹介，または巻末年表で確認されたい。

人名索引

＊各章で取り上げる人物は，該当ページをゴシック体で示した。

あ 行

アクィナス，トマス 3
アダムズ，アリス・ペティ 129
アダムズ，ジェーン 9, 12, 91, **126-132**, 137, 157, 158, 164
池川清 167, 168
石井十次 38, 42, 43, 118
市川房枝 132
岩橋武夫 187, 188
アウイ，バランタン 47
アウグスティヌス 2
アリストテレス 3
ヴィヴァルディ 45
ヴィクトリア女王 20
ウイッテンマイヤー，アニー 70
ヴィンター，R. D. 210
ウエスレー，ジョン 62
ヴィヘルン，ヨハン・ヒンリッヒ **53-59**
ウィラード，F. E. C **68-74**
ウェッブ，シドニー **140-142**, 145
ウェッブ，ビアトリス 86, 91, 101, 135, **140**, 150
ウェッブ夫妻 12, **140-146**, 147, 150, 177, 199
オーエン，R. 36
オバマ，バラク 190

か 行

賀川豊彦 132, 187
片山潜 91, 96, 129
金井延 60
カーネギー 10, 190
カメハメハ5世 78
カーライル，T. 163
カルヴァン 3, 19
ガンジー，マハトマ 213, 216
キング，マーティン・ルーサー・ジュニア 12, **138**, **212-218**, 219, 220, 222
クリスティ，アガサ 154
クレーク，ヘンリー 38, 40
クロポトキン，P. A. 206
桑田熊蔵 60
ケイ，エレン **104-110**, 169
ケラー，ヘレン 12, **183-189**
コルチャック，ヤヌシュ 13, 138, **169-175**

さ 行

サリヴァン，アン **183-187**, 189
サルトル 14
ザロモン，アリス **138**, **162-168**
澤田美喜 118
ジャービス，ジム 113, 114
シュモラー 60
シュライエルマッヘル 54
シュワルツ，ウィリアム **205-211**
ショー，ジョージ・バーナード 146
ジョンソン，L. 189, 220, 222, **224-226**
スター，エレン・ゲーツ 127, 128
スタンレー，ヘンリー 8, 64
スマイルズ，サミュエル 6
スミス，アダム 6, 21
聖フランチェスコ 3
ソクラテス 3
ソロー，ヘンリー・デイヴィッド 213

た 行

田子一民 124
チャルマーズ，T. **31-37**, 86
ディケンズ，C. 8, 41, 75, 156
ティトマス，リチャード 136, **198-204**
デカルト 4
デニソン，E. 87

デュメス 58
デュルケーム 7
土井たか子 247
トインビー，アーノルド 90, 92, 93, 129
トムソン，ポニー 183, 187
留岡幸助 30, 58, 132

な 行

生江孝之 132
ニーリエ，ベンクト 229, 231
野口英世 190

は 行

ハイデッガー 14
バーナード，トーマス・ジョン 22, **112-118**
塙保己一 187
バーネット，サミュエル 91, 96
バーネット夫妻 23, **90-96**, 128, 129
バーネット，ヘンリエッタ 86
林歌子 132
パル，ヘルマン 39, 40
パールマン，ヘレン・ハリス **191-197**
バルビエ，シャルル 46, 48, 49
ハワード，ジョン 13, 20, **24-30**
バンク-ミケルセン，N. E. 138, **227-233**
ハンセン，A. 79
ビスマルク 6, 22, 53, 60
ヒューマン，ジュディ **236-238**
平塚らいてう 104, 108, 132
ヒル，オクタヴィア 23, **83-89**, 90, 91
ファーザー・ダミアン 12, **76-82**
フーコー 14

259

ブース, ウィリアム 8, 12, 61-67, 73
ブース, チャールズ 8, 23, 66, 97-103, 135, 141
ブライユ, ルイ 46-52
プラトン 3
フランケ, A. H. 39, 40, 54
ブルジョワ, レオン 7, 119-125
フレクスナー, A. 159
フロイト 10, 193
ベヴァリッジ, ウィリアム 136, 176-182
ベッカリーア, C. 28
ヘーゲル 6
ベーコン, フランシスコ 4
ボーザンケット, ヘレン 135, 147-153
ホッブス, トマス 4
ポランニー, カール 14
ボールドウィン, ルース 221

ま 行

マザー・テレサ 12-14, 139, 241-247
マルサス, T. R. 6, 21, 34, 36
ミュラー, ジョージ 12, 22, 38-44
ミュルダール夫妻 111, 138
ミル, J. S. 4
メイヒュー, ヘンリー 8
モンゴメリー 75

や 行

矢島楫子 71, 132
ヤスパース 14
山川菊栄 109
山口正 167
山田わか 109
山室軍平 42, 63, 66
山室民子 132
ヤング, ホイットニー 138, 220-226
与謝野晶子 109

ら 行

ラウントリー, S. 8, 23, 66, 101-103, 135
ラスキン, J. 84, 85
ランズベリ, G. 95
リッチモンド, M. 9, 130, 137, 138, 155-161, 184, 192, 193
リュッケ, フリートリッヒ 53, 54
リリウオカラニ王女 80
リンカーン, エイブラハム 20, 126
ルター, マルティン 3, 19, 212
ロック, C. S. 87, 94
ロック, J. 4
ロックフェラー 10, 190
ロバーツ, エド 139, 234-240

事項索引

あ行

悪徳の学校　26
アパルトヘイト　217
アファーマティブ・アクション　222
飴と鞭　60
アメリカ赤十字社　160
アメリカ盲人援護協会　186
イーストエンド　62, 91, 94, 97-99, 112-114
イーストエンド少年伝道団　114
『イギリス労働者階級の状態』　7, 62
『イングランドとウェールズの監獄事情，その予備調査と諸外国の監獄見聞』　27
インネレ・ミッション　53, 55, 56
エリザベス救貧法　→救貧法
エリザベス・サンダースホーム　118
エルバーフェルト　21
エルバーフェルト制度（システム）　9, 22, 137
王立救貧法委員会　88, 135, 136, 143, 147, 150, 152
岡山孤児院　43, 118
オクタヴィア方式　84-86, 88
オープンスペース　88
『オリバー・ツイスト』　8, 41, 75

か行

開始段階の重要性　195
改正（新）救貧法　5, 21, 22, 41, 117, 134
開放処遇　58
革新主義　73, 128-131, 158
『家族』　148-150
家庭学校　30, 58
神の愛の宣教者会　241, 243
感化救済事業　124, 144

監獄改良　24, 27-30, 56, 71
『監獄事情』　24, 27-29
完全雇用　178-181
関東大震災　96, 132
企業フィランソロピー　190
機能主義学派　209
義務の連帯　121, 122
救護法　109
救世軍　7, 8, 42, 61-64, 66, 67
救貧法　4-6, 8, 9, 20, 21, 23, 31-37, 41, 45, 75, 95, 101, 102, 117, 135, 136, 143, 147, 148, 201
救貧法および貧困救済に関する王立委員会　→王立救貧法委員会
『共産党宣言』　7, 53, 56
『キリスト者の自由』　3
ギルド　83, 84
ギルバート法　5
禁酒運動　68-73
クエーカー　113, 126, 127
グループワーク　135, 205-208, 210, 211
ケースワーク　9, 23, 31, 89, 97, 137, 148, 152, 155, 157, 159-161, 184, 193-196, 210
ケネディ国際賞　227, 229
公民権運動　10, 138, 186, 190, 212, 214, 215, 219-222
公民権法　213-215, 217, 219, 226
『功利主義』　4, 21
国際女性評議会（ICW）　164
国際障害者年　232, 237, 240
国際ソーシャルワーク教育（界）　162, 165-167
国際婦人連盟　131
国際連盟　119, 123, 138, 169
黒死病　18, 56
『国富論』　6
国民最低限保障　→ナショナル・ミニマム
国民の家　138

国民保健サービス法　136, 200
国民保険法　136
孤児の家　169, 171, 174
孤児列車　75
子どもの家　243
『子どもの権利の尊重』　171
子どもの法典　173

さ行

『最暗黒の英国とその出路』　8, 64
最低生活の保障　122
里子委託　117
産業革命　1, 2, 4, 6, 18, 20, 21, 33, 53, 61, 83, 90, 105, 134, 137, 207
シェイクスピア戯曲　156, 157
ジェンダー　152, 166, 167, 186
慈善事業　3, 5, 7-9, 19, 23, 25, 34, 38, 41, 90, 94, 95, 118, 126, 128, 134, 135, 137
慈善組織協会（COS）　9, 22, 23, 31, 66, 83, 86, 87, 93, 94, 97, 134, 136, 137, 141, 147, 148, 155, 157, 158
児童虐待防止協会　22
児童手当　178
児童の権利に関する条約　138, 169, 175
『児童の世紀』　104-109
死に対する権利　173
死を待つ人の家　243, 244
社会改良　ii, 6, 7, 60, 86, 88, 94, 102, 119, 120, 122, 129, 131, 135, 145, 157, 158
社会改良運動　7, 8, 126, 129, 130, 134
社会国家　7, 10
社会診断　159, 160, 210
『社会診断』　9, 155, 159, 160, 192
社会調査　8, 97, 101, 135, 141, 142, 159, 210, 225
社会的正義　121, 122, 181

261

社会的治療　159
社会鍋　63
社会保険　6, 22, 60, 120, 122, 136, 137, 177, 179
社会保障法　10, 125, 132, 187
社会連帯思想　7, 10, 124
社会連帯主義　22, 119, 120, 122
借家人組合　93
住居改良　84
住居管理　84-89
住居管理事業　83, 84, 88
住居管理婦　86
『自由への大なる歩み』　216
自由放任主義　21, 22, 97, 102, 137
囚人救済　24
首長令　19
障害者インターナショナル（DPI）　237
障害のあるアメリカ人法　238
少数派報告書（レポート）　101, 135, 143, 144, 150-152
少年裁判所　22, 129
女権主義　106, 109
女性解放運動　104, 105, 109
女性キリスト者禁酒同盟（WCTU）　68, 70, 71, 73
女性参政権　70, 73
女性十字軍　68, 70
職業紹介所　151, 176, 177, 180
自立生活運動　139, 233-238, 240
『神学大全』　3
進化論　105, 106, 206
『人口の原理』→『人口論』
『人口論』　6, 34
人種差別　212
新婦人協会　109
スピーナムランド制度　5, 20
スペシャル・オリンピックス　219
聖心会　77
世界障害研究所　238, 240
世界女性キリスト者禁酒同盟（WWCTU）　68, 71, 73
世界の工場　8, 16, 61
全国黒人向上協会（NAACP）　220

全国都市同盟（NUL）　220
全米慈善・矯正会議（NCCC）　129, 159
全米社会事業会議　225
全米ソーシャルワーカー協会　138, 160, 220, 225
セツルメント　9, 66, 78-80, 88, 90, 91, 93, 96, 97, 128, 129, 137, 157, 158
セツルメント運動　23, 90, 95, 96, 126, 129, 131, 135, 176
専門職化　138, 155, 159, 160
相互援助　205, 207, 208
相互援助の思想　206, 207, 208, 211
相互作用モデル　205, 207
相互作用者アプローチ　207
ソーシャル・アクション　135, 220-222, 224
『ソーシャル・ケースワークとは何か』　9, 155, 160
ソーシャル・ポリシー論　203
ソーシャルワーカーの役割　194, 196
ソーシャルワーク　9, 10, 83, 84, 89, 126, 129, 130, 134, 136-138, 155, 159-161, 167, 191-195, 197, 205-211
ソーシャルワーク教育　194, 197
『ソーシャルワーク——ウィリアム・シュワルツの著作集』　205
ソノグラフィー　46, 48, 49

た　行

『大転換』　14
大統領知的障害問題委員会　219
多数派報告書　135, 143, 147, 150-152
『単語と音譜と簡単な歌曲を、盲人のために点字で書き表す方法』　51
知的障がい児親の会　228
知的障がい者福祉法　228
チャーティスト運動　22
ディアコニー　53, 55
点字　46, 47, 49-52

ドイツ女性団体連合（BDF）　162
ドイツ歴史学派　60
トインビー・ホール　23, 66, 86, 90-96, 128-130, 135, 176
東京婦人矯風会　71
ドクター・バーナード・ホーム　41, 112-118
奴隷解放宣言　20

な　行

内国伝道　→インネレ・ミッション
ナショナル・トラスト　83, 88
ナショナル・ミニマム　135, 136, 138, 140, 142-145, 150, 177, 178
南部キリスト教指導者会議　214
南北戦争　20, 68, 75, 91, 126, 137, 155, 183
『ニコマコス倫理学』　3
ニューヨーク監獄協会　56, 58
ニューヨーク児童援護協会　75
人間の安全保障　15
ノーベル平和賞　119, 123, 126, 212, 217, 241, 244, 245
ノーマライゼーション　138, 227-233, 239
『ノーマライゼーションの原理』　231

は　行

媒介機能　205, 208, 209, 211
パーキンス盲学校　183-185
バスティーユ監獄　27
バーミングハム　214
バリアフリー　232
パリ盲学校　46-48, 51, 52
ハル・ハウス　9, 126-131, 157
『ハル・ハウスの20年』　164
ハンセン病　12, 76, 78-82, 244
ピエタ養育院　45
非暴力主義　215, 216
「貧困者のための法律家」計画　93
貧困線　98, 99, 102, 160
貧困戦争　138, 220, 224

262

事項索引

貧困調査　23, 97, 98, 100-103, 141, 163
フェビアン協会　86, 140, 145, 147
フェビアン主義　7, 142
フェミニスト　162-168
福音主義　31, 32, 35, 55-57, 59, 127
福祉権運動　138, 226
福祉国家　7, 10, 88, 89, 97, 111, 125, 129, 134-136, 138-140, 147, 176-179, 198, 200, 201, 203
福者　241, 247
ブライドウェル　19
フランス革命　20, 45, 120
ブリストル孤児院　38, 40, 44
ブレズレン派　40
平和の村　243, 244
『ベヴァリッジ報告』　10, 136, 176-179
ペスト　→黒死病
ベルリン女子社会事業学校　162-165, 167, 168
『法の精神』　6
方面委員制度　22
母性主義　104, 105, 108-110, 167
母性保護法制定促進婦人連盟　109
母性保護連盟　109
母性保護論争　107, 109

ホープ・ブレイス貧民学校　114
ボランタリズム　126
ボランティア　5, 9, 10, 86, 160, 162, 163, 170, 232
ポリオ　234

ま 行

マーケット・バスケット方式　102, 103
マルサス理論　31, 102
民主主義　4, 11, 120, 141, 207, 224
無拠出老齢年金制度　101, 102
メインストリーミング概念　239
メセナ　190
メトレー農業矯正院　58
問題解決理論　191, 194-196
モントゴメリー　212-214, 216

や 行

友愛組合　134, 180
友愛訪問　137, 157, 158
優生学　106, 186
ユニテリアン　98, 147, 156, 157
四つのP　195, 196
ヨハネスシュティフト　53, 56, 57, 59
『ヨーロッパにおける主要な避病院について』　29

ら 行

ラウエハウス　53-59
ラッセル・セイジ財団　155, 159
『リヴァイアサン』　4
リスボン大地震　25
累進課税　119, 120, 122
レッセフェール　→自由放任主義
劣等処遇の原則　21
『恋愛と結婚』　105-109
労働党　60, 95, 136, 140, 145, 179, 202
ロレット修道会　13, 241-243

わ 行

ワシントン大行進　215, 222
私たちの家　169, 171, 172
『私の生涯』　184

欧 文

Barnardo's　117, 118
CIL　236
COS 運動　126
LSE　176, 198-200
MCO モデル　196
Social Policy : An Introduction　199
War Cry　61, 62

《執筆者紹介》(執筆順)

編集協力者

今井小の実(いまい・このみ)
関西学院大学人間福祉学部教授。第12章,第Ⅱ部時代的背景,コラム5執筆。

倉持　史朗(くらもち・ふみとき)
天理大学人間学部社会福祉専攻准教授。第Ⅰ部時代的背景,第1章,年表執筆。

伊藤　文人(いとう・ふみひと)
日本福祉大学社会福祉学部准教授。第2章執筆。

細井　勇(ほそい・いさむ)
福岡県立大学人間社会学部教授。第3章執筆。

小西　律子(こにし・りつこ)
関西学院大学大学院人間福祉研究科研究員。第4章執筆。

二井　仁美(にい・ひとみ)
北海道教育大学教育学部教授。第5章執筆。

嶺山　敦子(みねやま・あつこ)
関西学院大学大学院研究員。第7章執筆。

成清　敦子(なりきよ・あつこ)
関西福祉科学大学社会福祉学部准教授。第9章執筆。

柴田　謙治(しばた・けんじ)
金城学院大学人間科学部教授。第10章執筆。

晝間　文子(ひるま・ふみこ)
元大阪人間科学大学助教。第11章執筆。

三上　邦彦(みかみ・くにひこ)
岩手県立大学社会福祉学部教授。第13章執筆。

池本美和子(いけもと・みわこ)
佛教大学社会福祉学部教授。第14章執筆。

木原　活信(きはら・かつのぶ)
同志社大学社会学部教授。第15章執筆。

金子　光一(かねこ・こういち)
東洋大学社会学部教授。第16章執筆。

藤井　透(ふじい・とおる)
佛教大学社会学部教授。第17章執筆。

日根野　建(ひねの・たつし)
福井県立大学看護福祉学部准教授。第18章執筆。

岡田英己子(おかだ・えみこ)
首都大学東京都市教養学部客員教授。第19章執筆。

田中　和男(たなか・かずお)
龍谷大学非常勤講師。第20章,コラム1執筆。

小峯　敦(こみね・あつし)
龍谷大学経済学部教授。第21章執筆。

川田　素子(かわた・もとこ)
同志社大学社会学部嘱託講師。第23章執筆。

木村　敦(きむら・あつし)
大阪産業大学経済学部教授。第24章執筆。

岩間　伸之(いわま・のぶゆき)
大阪市立大学大学院生活科学研究科教授。第25章執筆。

陳　礼美(ちぇん・りーめい)
関西学院大学人間福祉学部准教授。第26章執筆。

西﨑　緑(にしざき・みどり)
福岡教育大学教育学部教授。第27章執筆。

野村　武夫(のむら・たけお)
京都ノートルダム女子大学非常勤講師。第28章執筆。

谷口　明広(たにぐち・あきひろ)
愛知淑徳大学福祉貢献学部教授。第29章執筆。

杉山　博昭(すぎやま・ひろあき)
ノートルダム清心女子大学人間生活学部教授。第30章執筆。

杉田　菜穂(すぎた・なほ)
同志社大学政策学部講師。コラム2,4執筆。

小笠原慶彰(おがさわら・よしあき)
京都光華女子大学キャリア形成学部教授。コラム6,7執筆。

《編著者紹介》

室田保夫（むろた・やすお）　序論，第6章，第8章，第22章，コラム3執筆

　現在，関西学院大学人間福祉学部教授。社会福祉学博士。1976年，同志社大学大学院修士課程修了。2005〜06年，ハワイ大学客員研究員。
　著書：『留岡幸助著作集』全5巻（共編）同朋舎出版，1979〜81年；『「六合雑誌」の研究』（共著）教文館，1984年；『山室軍平の研究』（共著）同朋舎出版，1991年；『キリスト教社会福祉思想史の研究』不二出版，1994年；『留岡幸助の研究』不二出版，1998年；『社会福祉と聖書』（共著）リトン出版社，1998年；『石井十次の研究』（共編）同朋舎出版，1999年；『人間福祉の思想と実践』（共著）ミネルヴァ書房，2003年；『日本社会福祉の歴史　付史料』（共編）ミネルヴァ書房，2003年；『東アジアにおける公益思想の変容』（共著）日本経済評論社，2009年；『子どもの人権問題資料集成』全10巻（共編）不二出版，2009〜10年；『人物でよむ社会福祉の思想と理論』（編著）ミネルヴァ書房，2010年；『近代日本の光と影』関西学院大学出版会，2012年，ほか。

人物でよむ西洋社会福祉のあゆみ

2013年10月20日　初版第1刷発行　　　　　　〈検印省略〉

定価はカバーに表示しています

編著者	室　田　保　夫
発行者	杉　田　啓　三
印刷者	坂　本　喜　杏

発行所　株式会社　ミネルヴァ書房
607-8494　京都市山科区日ノ岡堤谷町1
電話代表　(075)581-5191
振替口座　01020-0-8076

ⓒ室田保夫ほか，2013　　　冨山房インターナショナル・清水製本

ISBN 978-4-623-06624-7
Printed in Japan

室田保夫 編著
人物でよむ近代日本社会福祉のあゆみ　　　本体2800円

室田保夫 編著
人物でよむ社会福祉の思想と理論　　　本体2800円

清水教惠・朴　光駿 編著
よくわかる社会福祉の歴史　　　本体2600円

菊池正治・清水教惠・田中和男・
永岡正己・室田保夫 編著
日本社会福祉の歴史　付・史料　　　本体3200円
　　──制度・実践・思想──

朴　光駿 著
社会福祉の思想と歴史　　　本体2800円
　　──魔女裁判から福祉国家の選択まで──

━━━━━ ミネルヴァ書房 ━━━━━
http://www.minervashobo.co.jp/